art in context

Kunst heute

BRANDON TAYLOR

DUMONT

Frontispiz: Sherrie Levine, *Large Gold Knot: 2*, 1987. Metallic-Farbe auf Sperrholz, 150 x 120 cm. Sammlung Martin Zimmerman, Chicago

Danksagung

Ich möchte vielen Einzelpersonen und Organisationen für ihren Beistand zur rechten Zeit danken, einschließlich Marion Busch von Museum Boymans-Van Beuningen, Rotterdam; Richard Francis vom Museum of Contemporary Art, Chicago; Victoria Henry vom Canadian Museum of Civilization, Ottawa; Wolfram Kiepe von der Berlinischen Galerie; Portland McCormick vom Museum of Contemporary Art, Los Angeles; Matthew Slotover von Frieze Magazine, London; der Ronald Feldman Gallery, New York; der Andrea Rosen Gallery, New York; der Sidney Janis Gallery, New York; der Galerie Gerald Piltzer, Paris; der Galerie Sties, Kronberg; der Neuen Galerie am Landesmuseum, Graz; dem Martin-Gropius-Bau, Berlin; und den Mitarbeitern der Bibliothek der Tate Gallery, London. Das Manuskript des Buches wurde von Tim Barringer, Adam Clark-Williams, Thomas Crow, Stephen Johnstone und Tim Renshaw gelesen, von denen jeder Vorschläge machte, die den Text bedeutend verbesserten. Meine Assistentin/Mitarbeiterin Liz Atkinson half mir bei zahlreichen, schwer faßbaren Details. Josephine Dobbin-Felici übersetzte aus dem Italienischen. Mein Frau Lucia gab mir wertvolle Ratschläge bei einer frühen Version. Aber insbesondere möchte ich den vielen Künstlern danken, die mir Informationen zu ihrem Werk überlassen haben.

Die deutsche Bibliothek-CIP Einheitsaufnahme
Taylor, Brandon:
Kunst heute / Brandon Taylor. – Köln: DuMont, 1995
(Art in Context)
Einheitssacht.: The art of today <dt.>
ISBN 3-7701- 3545-8

Übersetzung aus dem Englischen: Petra Unnützer

Design und Produktion: Calmann & King Ltd. , London
Druck: Toppan Ltd., Singapur

Printed in Singapur ISBN 3-7701-3545-8

Inhalt

Einleitung

Tradition und Avantgarde

Das seit jeher gespannte Verhältnis zwischen Tradition und Avantgarde nahm im Laufe des 20. Jahrhunderts zeitbedingt jeweils spezifische Formen an. Das vorliegende Buch beschäftigt sich mit der aus heutigem Blickwinkel vielleicht bedeutsamsten Phase, die in den späten 50er Jahren begann und während der 68er-Ära in einer nie dagewesenen Fülle neuer Ansätze kulminierte. Damals formierte sich bei einer kleinen Minderheit von Künstlern in Europa und Nordamerika Kritik gegenüber einer visuellen Kultur, die vor allem von führenden Museumskuratoren und etlichen Kritikern geprägt wurde und sich in zahllosen individuellen (in der Regel männlichen) Haltungen äußerte. Diese geschmacksbildende Kunstelite reduzierte die aufeinanderfolgenden Tendenzen der modernen Kunst – beinahe routinemäßig – auf die rein formale Innovation. Ein erkämpfter Befreiungsakt triumphierte über den nächsten. Gemäß dieser Sicht der Dinge, die wir in dem folgenden Kapitel je nach Kontext mit »Moderne« oder »Modernismus« umschreiben, wurde Kunst seit dem Impressionismus als Erzeugnis einer (männlichen) Künstlerpersönlichkeit verstanden, die in einem langsamen, aber unaufhaltsamen Prozeß zur Abstraktion tendierte. Eine Voraussetzung dieser Entwicklung war der geschulte Betrachter, der sich diesen emotional bestimmten Werken einfühlsam und kontemplativ näherte.

In diesem Sinne manifestierte sich die Moderne damals nicht nur in einer Reihe von Kunstwerken, sondern auch in einem zeittypischen Bezugssystem, das die Rezeption der modernen Kunst bestimmte. Nach dem Zweiten Weltkrieg deckte sich in Amerika das allgemein anerkannte Kunstverständnis in der Hauptsache mit dem Abstrakten Expressionismus, als dessen berühmteste Beispiele Werke von Jackson Pollock und seiner Schüler sowie die Kunstkritik von Clement Greenberg und seiner Anhänger genannt seien.

In den späten 50er und frühen 60er Jahren aber hatten Künstler der Avantgarde in Europa und Amerika bereits begon-

1 Daniel Buren
Inside (Centre of Guggenheim), 1971. Acryl auf Leinen, 20 x 9,10 m. 1971 für einen Tag im Solomon R. Guggenheim Museum, New York, vor der Eröffnung der »International Exhibition« installiert. Sammlung des Künstlers.

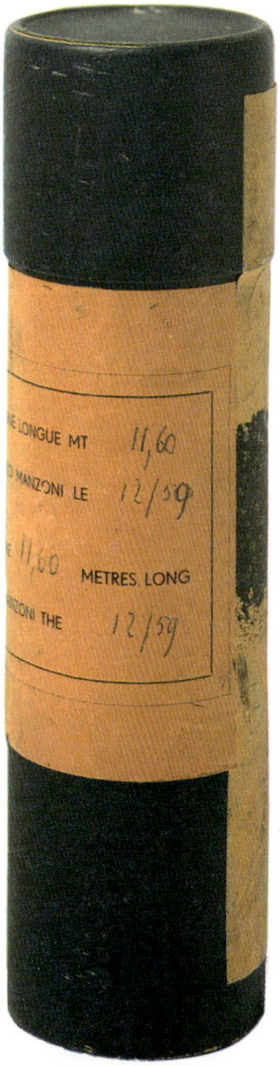

2 PIERO MANZONI
Linea Lunga Metri 11,60, 1959. Tusche auf Papier in zylindrischem Pappbehälter, 20 x 6 cm.

nen, sowohl dem Abstrakten Expressionismus als auch der formalistischen Betrachtungsweise der Moderne den Kampf anzusagen. Die amerikanischen Künstler Robert Rauschenberg, Jasper Johns und Larry Rivers gehörten neben ihren britischen Pendants Peter Blake und Richard Hamilton zu den Pionieren dieser Avantgarde. Die collageähnliche Zusammenhanglosigkeit ihrer Arbeiten orientierte sich an der Bildsprache der Massenmedien. Zeitgleich bereitete die Tendenz zu Performance, Happening und Installation bei amerikanischen Künstlern wie Allan Kaprow, Jim Dine und Claes Oldenburg den Boden für die europäische Fluxus-Bewegung. Die Happenings des wohl berühmtesten Fluxus-Künstlers, Joseph Beuys, können praktisch als vorläufiges Ende der traditionellen Malerei verstanden werden.

Pioniere wie die Italiener Lucio Fontana und Piero Manzoni hatten schon zuvor die Dominanz der Malerei als Hauptpfeiler der modernen Kunst in Frage gestellt. Letzterer ironisierte das Kunstwerk in den frühen 60er Jahren, in dem er schier endlose mechanisch gezogene Linien herstellte, auf Papier übertrug und in einem Behälter aufrollte, so daß man sie nicht sehen, sondern nur von ihnen wissen konnte (Abb. 2). An solche Verweigerungsstrategien schloß sich in den 60er Jahren in Italien die Arte Povera an. Iannis Kounellis, Mario Merz und Michelangelo Pistoletto bezogen Tiere, Pflanzen und Mineralien als Material in ihre Arbeit mit ein, um auf die Absurdität des landläufigen Realitätsbegriffes hinzuweisen. Diese Beispiele aus der Dekade vor 1968 stehen für eine sich als fruchtbar erweisende Mischung aus Witz, Verweigerung und gewollter Konfrontation voneinander abweichender Stile. Typisch für diese Underground-Kultur waren völlig eigenartige Arrangements, die sich aus einem bunten Sammelsurium alltäglicher Gegenstände wie Abfall, Werbung und Fundstücke ergaben. Die freche Pose, die diese Generation für sich in Anspruch nahm, drückte den Werken erst den Stempel eines für sie typischen extravaganten Nihilismus auf.

Diesen provokativen frühen Avantgarde-Bewegungen folgten unmittelbar zwei Strömungen, die sich in den späteren Jahrzehnten als wichtig erwiesen. Amerikanische Minimal-Künstler führten in der Mitte der 60er Jahre einen anderen Ausweg aus der Moderne vor: Sie konstruierten einfache, undekorierte geometrische Objekte, die durch Symmetrie, das Fehlen des traditionellen Kompositionsschemas und die sparsame Verwendung von Farbe charakterisiert waren. Diese »einfachen Objekte« verstand man damals als Herausforderung für das Tafelbild der Moderne: Angesiedelt zwischen Malerei und Skulptur, zielte die Minimal-Art darauf ab, den Betrachter mit seinen eigenen Wahrnehmungsbedingungen, kulturellen Erwartungen und künstlerischen Werten zu konfrontieren. Zudem machten die Minimalisten industriell gefertigte, oft seriell verwendete Elemente endgültig salonfähig (Abb. 3). In den späten 60er Jahren nahmen die sich international durchsetzenden

Konzeptkünstler vorangegangene Tendenzen auf. Sie experimentierten mit vorgefundenem Material, Fotografien und vergänglichen Stoffen. Indem sie das Interesse systematisch von dem im Grunde unbeschreibbaren Vorgang ästhetischer Erfahrung auf die Haltung des Künstlers und den Prozeß der Kunst lenkten, strebten die Konzeptkünstler einen Ort außerhalb der vom Konsum beherrschten Konventionen an.

Als Folge solcher Avantgarde-Experimente hatten Bilder in den 70er Jahren nicht mehr notwendigerweise farbig und flach, Skulpturen nicht mehr vertikal aufgerichtet zu sein. Dem Vorbild Marcel Duchamps folgend, verkündeten die Künstler, daß alles, was in einer Galerie geschieht oder von dort ausgeht – auf den Boden gezeichnete Linien, fotokopierte Dokumente, ein Aktenschrank, eine Gebrauchsanweisung, eine Performance – unter bestimmten Produktions- und Ausstellungsbedingungen zu Kunst werden könnte. Es ging vor allem darum, sich den Mechanismen des Marktes zu verweigern, indem man Kunstwerke schuf, die nicht verkauft, gesammelt oder als Geldanlage benutzt werden konnten.

Als deshalb die Avantgarde Mitte der 70er Jahre erneut hinterfragt wurde, geschah dies – wie wir gesehen haben – vor dem Hintergrund bereits ausgestandener und schon entschiedener Kämpfe. Der Boden für weitere Experimente war vorbereitet. Die politische Lage aber hatte sich insbesondere in den Vereinigten Staaten geändert. Die radikalen sozialen Forderungen der späten 60er Jahre, die für viele künstlerische Aktivitäten der Avantgarde den Kontext geliefert hatten – die Proteste gegen den Vietnamkrieg, die Streiks der Arbeiter und Studenten, die Entwicklung des Feminismus –, rechnete man weitgehend der Vergangenheit zu. Mitte der 70er Jahre wurde die Konzeptkunst regelrecht populär und damit auch gewissermaßen uninteressant. In den späten 70er und frühen 80er Jahren erschien sie vielen bestenfalls als Übungsphase, die mit einer Stimmung der allgemeinen Verweigerung zusammengefallen war, oder schlimmstenfalls als Irrtum. In den frühen 80er Jahren rückten folgerichtig die beinahe abgeschafften Gattungen

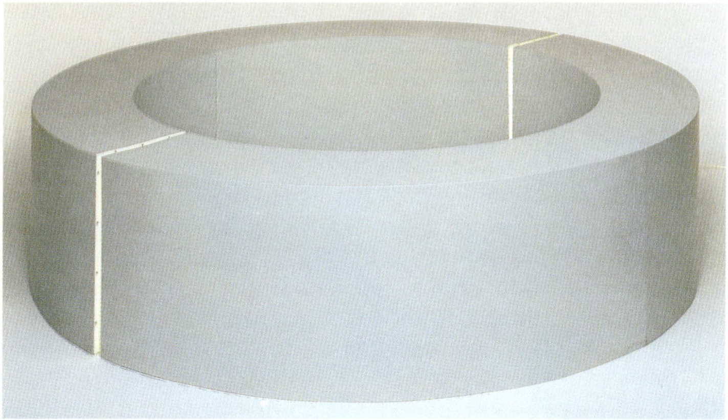

3 Robert Morris
Ohne Titel, 1965/66.
Fiberglas und Neonröhren,
60 x 280 cm. Dallas
Musum of Fine Arts.

Malerei und Skulptur wieder ins Zentrum des Interesses. Das wachsende Publikum goutierte die neue, sich auf europäische Traditionen zurückbesinnende Kunst, bei der gesellschaftliche Veränderung und politisches Engagement nicht mehr auf der Tagesordnung standen. In einem solchen Klima gewann die Avantgarde wieder an Authentizität.

Zum einen wuchs das Interesse an zeitgenössischer Kunst, zum anderen setzte sich ein Zeitgeist politischer und sozialer Reaktion durch. Man würde es sich zu einfach machen, wollte man die politischen Restriktionen nach 1979/80 während der Regierungszeit Ronald Reagans in den USA und der Thatcher-Ära in Großbritannien mit einer Kapitulation vor dem Marktprinzip gleichsetzen. Tatsächlich erwies sich in den 80er Jahren die Beziehung zwischen Avantgarde und Kapital als kompliziert. Die konservative Rückkehr zur Malerei verlief parallel zu öffentlich nicht wahrgenommenen Avantgarde-Projekten, denen wir jedoch den Vorrang geben: Es geht uns um eine komplexe Kunst, die sich auf das Ready-made à la Duchamp beruft, eine Kunst, die sich mit den Möglichkeiten und der Begrifflichkeit der Fotografie auseinandersetzt und die schließlich die Rückkehr zu einer Methode der erzählenden Darstellung propagiert. Solche Ansätze, die sich in den Tagen des Malerei-Revivals diskreditiert sehen mußten, haben in den letzten fünfzehn bis zwanzig Jahren dazu beigetragen, die wohl bedeutendste Kunst unserer Zeit zu schaffen.

Seit den frühen 70er Jahren entwickelte sich parallel zu einem neuen Publikum ein neuer Markt für zeitgenössische Kunst. Dieser erweiterte Kundenkreis bewirkte im Widerstreit zwischen öffentlichem Kulturbetrieb und Avantgarde neue Konflikte. Bislang hatte sich die Avantgarde – seit Kubismus und Surrealismus – relativ einfach in den öffentlichen und kommerziellen Kulturbetrieb einfügen lassen.

Mit der Ausweitung des Kunst-Netzwerkes ging eine verstärkte Ausbildung von Kunsthistorikern, Kritikern und Kuratoren einher, deren Vermittlung von zeitgenössischer Kunst eine Professionalisierung und Institutionalisierung der Avantgarde-Haltung selbst bewirkte. Folglich hatte die Bewahrung von vermeintlicher Avantgardekunst in Museumssammlungen, Überblicksausstellungen und populären Büchern den Effekt, ihr eben diese aufrührerischen und kritischen Qualitäten zu nehmen, durch die sie entstanden war. Der Dreh- und Angelpunkt in diesem Paradox ist die Tatsache, daß der Museumsapparat scheinbar notwendig war, um die unbequeme zeitgenössische Kunst dem interessierten Publikum einsehbar zu machen.

Als frühes Beispiel für einen Konflikt zwischen einer Avantgarde-Haltung und der Institution Museum läßt sich ein Vorfall im Guggenheim-Museum in New York anführen. Im Frühjahr 1971 wurden für die Ausstellung »Guggenheim International« (eine jährlich stattfindende Übersicht aktueller Kunst) zwölf amerikanische Künstler und acht Künstler aus der übrigen Welt ausgewählt. Großes Aufsehen erregte die Arbeit des französischen Künstlers Daniel Buren (Abb. 1) – ein Streifengemälde in zwei Teilen, von denen der größere im Zentrum des Atriums des Museums hing und der kleinere provokanterweise draußen gegenüber, in der 88. Straße. Buren argumentierte, daß seine Arbeit »im Zentrum des Museums plaziert sei, weil sie die geheime Funktion des Gebäudes offenlegt, alles seiner narzißtischen Architektur unterzuordnen«. Das Museum, so Buren – und er hätte über jedes Museum sprechen können –, »entfaltet eine absolute Machtposition, die alles unterjocht, was darin gezeigt wird«. Einige Wochen später wurde eine bereits angekündigte Ausstellung mit dem in Deutschland geborenen Künstler Hans Haacke vom selben Museum zurückgezogen. Haacke hatte für diese Ausstellung eine Fotodokumentation der Immobilien von Manhattan vorgesehen, über die er Informationen aus öffentlichen Archiven herausgesucht hatte (Abb. 4) und die er zusammen mit einer Meinungsumfrage zu den politischen Ansichten der Besucher präsentieren wollte. Der offizielle Sprecher des Museums begründete die Absage mit dem Argument, Haackes Arbeit würde nur »Dreck aufwühlen« und darüber hinaus der Satzung des Hauses widersprechen, in der »ästhetische und erzieherische Ziele, die auf sich bezogen, keine weiteren Zwecke verfolgen« festgeschrieben sind. In diesem Fall wurde das Recht des Künstlers auf freien Ausdruck mißachtet, weil die Museumsleitung das sie umgebende gesellschaftliche Umfeld nur in symbolischen und verallgemeinerten Begriffen darzustellen bereit war.

Seit den 70er Jahren knüpften Gruppen, die sich und ihre Kunst über ihre Geschlechtsidentität definierten, an die bewährte Avantgarde-Mentalität an. Das wachsende feministische Bewußtsein und die Suche nach einer schwulen oder lesbischen Identität haben möglicherweise die folgenreichste Verschiebung des Schwerpunktes in der bildenden Kunst der letzten zwanzig Jahre hervorgerufen. Während dieser zwei Dekaden haben Feministinnen wiederholt unbequeme Fragen zur Rolle von Frauen im Kunstbetrieb aufgeworfen. Warum waren Frauen so lange in den Museen, Ausstellungen und in der wissenschaftlichen Literatur unterrepräsentiert? Als Frauen in gleicher Zahl wie Männer als Künstlerinnen ausgebildet wurden, entstand die Frage nach einer spezifisch feministischen Kunst und deren Rezeption. Und war es sinnvoll, die Kunst von Schwulen als solche zu identifizieren und zu diskutieren? Solche Fragen bedrohten das etablierte System kultureller Produktion, das traditionell ein heterosexuelles männliches Publikum mit einer überwiegend heterosexuellen männlichen Kultur bedient hatte. Aber auch hier stoßen wir auf Paradoxien. Die Pioniere der Pop-, Minimal- und Concept-Art der 60er Jahre waren fast alle männlichen Geschlechts gewesen; wie konnten Frauen – als Gruppe oder als Individuen – Werte der männlichen Kultur umstürzen, wenn die Avantgarde selbst bereits eine Domäne der Männer war? Das Dilemma erwies sich als schwerwiegend; und in den 90er Jahren wird zu Recht immer

228 E 3 St.
Block 385 Lot 19
24 x 105' 5 story walk-up old law tenement

Owned by Harpmel Realty Inc.   608 E 11 St.   NYC
Contracts signed by Harry J. Shapolsky, President('63)
Martin Shapolsky, President('64)

Acquired from John The Baptist Foundation
c/o The Bank of New York, 48 Wall St. NYC
for $237 000.- (also 5 other properties) , 8-21-1963

$150 000.- mortgage (also on 5 other properties) at 6%
interest as of 8-19-1963 due 8-19-1968
held by The Ministers and Missionaries Benefit Board of
The American Baptist Convention, 475 Riverside Dr. NYC

Assessed land value $8 000.- total $28 000.-(1971)

4 HANS HAACKE
Shapolsky et al. Manhattan Real Estate Holdings, a Real-Time Social System, as of May 1, 1971 (Detail), 1971. Fotografie und ein mit Schreibmaschine beschriebenes Blatt Papier.

Als das Guggenheim-Museum sich weigerte, Haackes Arbeit wie geplant auszustellen, enthüllte sich die ganze Sprengkraft seines radikalen Ansatzes. Information sollte Kunst sein. Deutlich wurde auch die Wirkung der Tableaus, die im nachhinein in unterschiedlichen Kontexten gezeigt wurden, um die Verbindungen zwischen Kultur und Macht zu demaskieren.

noch darauf bestanden, daß die frühen feministischen Forderungen sich nicht auch wirtschaftlich niedergeschlagen haben. Mit ihrer jüngsten Aktion protestierten die amerikanischen »Guerrilla Girls« gegen die mangelnde Chancengleichheit und Etablierung im Kunstbetrieb. Auf einer Plakatwand stellten sie die Preise, die einem weißen männlichen Helden der Avantgarde (Jasper Johns) gezahlt wurden, denen gegenüber, die für die Kunst von weißen wie farbigen Künstlerinnen vergeben wurden (Abb. 5). Solcher Aktivismus reagierte auf die Verflechtung eines weiterhin mächtigen Patriarchats mit einer kapitalistisch funktionierenden Wirtschaft. Es muß jedoch dahingestellt bleiben, inwieweit es den politischen Arbeiten von Frauen und sexuellen Minderheiten gelang, das männlich dominierte Machtkartell aufzuweichen oder gar zu erschüttern.

Die feministische Anklage der Guerrilla Girls widerspricht sich jedoch gewissermaßen selbst. Eingedenk des übergeordneten Ziels der »Entmännlichung« der Kultur, dürfte der homosexuelle Jasper Johns keine Zielscheibe sein, sondern ein Verbündeter. Von der schwulen Sensibilität eines Johns, Rauschenberg und Warhol beeinflußte weibliche und männliche Künstler haben die Sehgewohnheiten revolutioniert, die Fotografie und die Massenkultur in die Kunst einbezogen, neue Ansprüche und Stilfragen gestellt. Sie setzten dekorative Elemen-

5 Guerrilla Girls
Ohne Titel, Poster, 1989.
42,5 x 54,5 cm.

te ein, spielten Stilpluralismus und verschiedene Sinn-Ebenen gegeneinander aus; sie haben für die bildende Kunst eine neue Dimension erschlossen. Das souveräne Kultivieren eines gewissen Grades an Inkompetenz, frecher Illusionismus und eine indifferente Haltung gegenüber den etablierten Rahmenbedingungen umreißen die wesentlichen Qualitätsmerkmale dieser Zeit. Für unseren Begriff von Avantgarde hat diese Entwicklung Folgen. Es stellt sich die Frage, ob der Pluralismus und die Geschlechterdifferenz mit dem historischen Konzept von Avantgarde überhaupt vereinbar sind. Während der hier zur Sprache kommenden Zeitspanne setzte sich die Auffassung durch, daß nicht eine einzige jeweils aktuelle Künstlerbewegung Anspruch auf den Avantgarde-Titel erheben darf, sondern nur die frei fließende Vielfalt verschiedener Ansätze.

Die Vorstellung von einem Strudel miteinander konkurrierender Minderheitenkulturen mit einem stabilen Zentrum erscheint auf jeden Fall zu schematisch. Im Laufe der Geschichte der Moderne – wie auch immer man sie verstehen will – sind die Beziehungen zwischen Randgruppen und Mittelpunkt immer dialektisch gewesen. Was sich seit den 70er Jahren verändert hat, ist nicht die pure Existenz der Avantgarde, sondern ihre inzwischen unproblematisch gewordene Erscheinung. Der Rückgang des politischen Radikalismus, der Pluralismus der visuellen Kultur und der Aufstieg des vermittelnden Kurators verhinderten, daß die nun salonfähig gewordene Avantgarde weiterhin mit bestimmten streitbaren Individuen oder Gruppen identifiziert werden konnte. Es war auch kaum mehr möglich, eine von der Linie abweichende Kultur »politisch« zu interpretieren, aber es wurde dagegen immer mehr zur Gewohnheit, ihren reflexiven und theoretischen Qualitäten zu applaudieren.

Dieser Wandel hat das Wachstum einer visuellen Kultur gefördert, die sich als ökonomisch wirkungsvoll wie philosophisch herausfordernd erwies. »Wie kann es sonst sein«, legte Thomas Crow dar, »daß umfassende Informationen über die kleinste Veranstaltung in einem Atelier in einer Seitenstraße Brooklyns oder einer schmalen Gasse in Venice Beach menschliche Energien, finanzielle Transfers und intellektuelle Information auf einem globalen Level mobilisieren kann? Diese Art von kultureller Hebelwirkung, deren Tragweite auf verschiedenen Ebenen gemessen werden müßte, ist neu (...). In dieser Hinsicht scheint die bildende Kunst mit ihren niedrigen Eingangsunkosten und dem Potential für exponentielle Gewinne der Computer-Software, der mächtigsten Form intellektuellen Eigentums unseres Zeitalters, nahezustehen.«

Im Zuge der sich ausbreitenden Informationskultur hat es eine die Kommentatoren verwirrende Entwicklung gegeben: das Wiederaufleben ikonographischer Lesarten. Damit ist der Kontrast zwischen den Minimal-Arbeiten aus der Mitte der 60er und Projekten der 90er Jahre benannt, der beispielsweise bei den Arbeiten des polnischen Künstlers Miroslaw Balka, (Abb. 6) beobachtet werden kann. Man könnte sagen, daß Objekte der Minimal-Art von sich aus nichts ausdrükken, auf wenig verweisen und nur wenig suggerieren. Man könnte den industriell hergestellten Objekten nachsagen, daß sie per se stumm und unerklärbar sind. Zumindest laut ihrer ursprünglichen Intention beruhte die Minimal-Art auf der Anwesenheit des Betrachters. Der hatte allerdings einer abstrakten, neutralen Personifikation zu entsprechen, war gedacht als notwendiger Dialogpartner, mit dem das Werk erst vollendet werden kann. Wenn man sich vor Balkas Arbeit, *190 x 60 x 11, 190 x 60 x 11* befindet, wird man im Gegensatz zur Minimal-Art beinahe gezwungen, das vieldeutige Objekt persönlich zu erleben. Das bettähnliche Format und sein Umfang, die Spuren alltäglichen Gebrauchs auf den Marmorplatten und die elektrischen Drähte, die sie beheizen, all das verweist auf Funktionen des menschlichen Lebens wie Liegen, Schlafen, Überleben und den Bau einer Heimstatt. Während die Minimalisten versuchten, die Wahrnehmungsparameter des Betrachters zu erschüttern, suggeriert Balkas Arbeit körperlich wahrnehmbare und auf die Welt verweisende Lesarten.

6 Miroslaw Balka
190 x 60 x 11, 190 x 60 x 11, 1992/93. Terrazzo, Stahl, Heizkabel und Filz, 190 x 60 x 11 cm. Lannan Foundation, Los Angeles.

Die Bedeutung dieses Unterschiedes darf nicht unterschätzt werden. Der kalkulierte Widerspruch zwischen Form und Erwartungshaltung, wie er in den späten 60er und frühen 70er Jahren breit angelegt war, wurde benutzt, um eine Art Standard für die Bewertung aktueller Kunst festzusetzen. Dennoch könnte dieser Schock, den Minimal- und frühe Concept-Art inszenierten, heute nicht ohne Veränderung wiederholt werden. Was folgt aus dieser Erkenntnis? Daß der revolutionäre Geist der 60er Jahre bestenfalls in ein äußerst vielfältiges, kraftvolles Feld verwandelt wurde, das – wie sich herausstellt – überraschende geistige Tiefen besitzt. Diese Tendenzen können sich zudem auf eine eher angepaßte Beziehung zu ihrem sachverständigen Publikum verlassen. Der Stand der Dinge läßt zwei Wege offen. Einen davon verfolgt dieses Buch.

Kapitel 1:

Alternativen zur Moderne: die 70er Jahre

7 JUDY CHICAGO
Christina of Sweden, 1972.
Acryl, gesprüht, auf Leinwand, 110 x 110 cm.
Sammlung Janet Bajan, Santa Fe, New Mexico.

Judy Chicago nahm den Namen ihres Geburtsortes an, um sich eine neue Identität als unabhängige Künstlerin zu schaffen. Sie versuchte in ihrer Serie *Great Ladies*, »daß (...) Form, Sprache und Farbe etwas wirklich Spezifisches über eine bestimmte Frau der Geschichte enthüllen sollten (...) die ganze Qualität einer Persönlichkeit«. Zu dieser Serie gehörten die Königinnen Marie Antoinette, die Zarin Katharina und Queen Victoria.

In den frühen 70er Jahren waren die Aussichten für Avantgardekunst in der gesamten westlichen Welt in der Tat prächtig. Insbesondere für die jüngeren Künstler, die von der Anti-Stimmung zur etablierten Kultur in den späten 60er Jahren mitgerissen worden waren, schienen die gegen die traditionelle Malerei und Skulptur gewonnenen Siege den Schlüssel zu zahllosen neuen philosophischen und ästhetischen Möglichkeiten zu enthalten. Dennoch hatte sich gegen Ende des Jahrzehnts die Stimmung verändert. Nicht nur der politische Radikalismus der späten 60er und frühen 70er Jahre hatte sich gelegt, auch waren neue Prioritäten aufgetaucht, die den Radikalismus als deplaziert oder bestenfalls utopisch erscheinen ließen.

Dem offiziellen Ende der amerikanischen Einmischung in den Vietnamkrieg 1973 und dem Watergate-Skandal, der die Präsidentschaft Nixons beendete (Abb. 8), folgte durch die Anhebung des Ölpreises und gesellschaftliche Krisen – ausgelöst durch Wohnungsnot, Frauenrechtsforderungen, die Befreiung ethnischer und sexueller Minderheiten sowie Spannungen zwischen der Ersten und der Dritten Welt – eine Serie von Einbrüchen in der internationalen Wirtschaft. Die allgemeine Desillusionierung über die weiterhin patriarchalisch geprägte Kultur wurde von der Einsicht begleitet, daß die gesellschaftlichen und künstlerischen Alternativen der 60er Jahre nicht mehr trugen. Die Stimmung in der westlichen Kunstszene könnte gegen Ende der 70er Jahre als »disparat« bezeichnet werden. Bei dem Versuch, den Zustand der Kunst am Ende des Jahrzehnts zusammenzufassen, beendete eine New Yorker Kritikerin ihren Vortrag über die Schlüsselbegriffe der Periode – Minimal, Formalismus, Post-Minimal, Prozeßkunst, Earthworks, Konzept-

8 Präsident Nixon in seinem Büro im Weißen Haus im April 1974, umgeben von den Beweisstücken, die zur Unterstützung seiner Behauptung beigebracht wurden, daß er an der Vertuschung des illegalen Einbruchs im Hauptquartier der Demokratischen Partei, dem Watergate Centre, während des Wahlkampfes von 1972 nicht beteiligt war. Auf öffentlichen Druck hin trat er kurz danach zurück.

kunst, Body-Art, Fotorealismus – mit dem verzweifelten Ausruf, daß »nach den frühen 70er Jahren die Worte versiegen; das Vokabular löst sich auf (...) es gibt keine Begriffe mehr, die wirklich greifen«. Indem sie von »Schizophrenie«, »Bewußtseinsspaltung« und »Double Bind« sprach, ließ sie durchblicken, daß die Künstler alle erprobten Alternativen zur Moderne für überstrapaziert und erschöpft hielten – bei gleichzeitiger Verunsicherung darüber, welche Richtung einzuschlagen sei.

Zwischen den ersten Trieben der Hoffnung und der auf dem Fuß folgenden Erfahrung der Erschöpfung lag eine weites Feld künstlerischen Experiments. Auch im Laufe des Jahrzehnts, in dem der Trend der breiten Kultur in eine entgegengesetzte Richtung ging, propagierte eine Minderheit den früheren Radikalismus und versuchte ihn zu erweitern.

Feministische Kunst

Die vielleicht bedeutendste Innovation in der bildenden Kunst der letzten zwanzig Jahre resultierte offenbar aus der Reflexion der Geschlechtsidentität. In den frühen 70er Jahren wuchs die Vertrauenskrise gegenüber der traditionell männlichen Kultur unter Künstlerinnen, die dem Feminismus in jeglicher damals geläufigen Variante verbunden waren. Beeinflußt durch Vorreiterinnen von der Westküste, wie Miriam Schapiro und Judy Chicago, waren auch in New York Frauengruppen aktiv geworden. 1969 ging die Gruppe »Women Artists in Revolution« (WAR) aus der umfangreicheren »Art Workers Coalition« (AWC) hervor. Ihr folgte das 1970 gegründete »The Women's Art Committee«. Die Kritikerin Lucy Lippard und der schwarze Künstler Faith Ringgold protestierten, als offenkundig wurde, daß die Jahresausstellungen des Whitney-Museums Frauen diskriminierten; sie und andere unternahmen Schritte, eigene Ausstellungen zu organisieren und eigene Galerien zu betreiben.

Der 1971 in »Art News« publizierte Essay von Linda Nochlin, »Warum hat es keine großen Künstlerinnen gegeben?«, formulierte etliche kritische Schlüsselgedanken über die Kunst von Frauen; ebenso Lucy Lippard im Katalog für die Ausstellung »26 zeitgenössische Künstlerinnen«, den sie als Kuratorin des Aldrich-Museums/Connecticut herausgegeben hatte. Nochlin setzte sich mit der vieldiskutierten Frage auseinander, ob es eine bestimmte »weibliche« Sensibilität oder einen wesentlich weiblichen Bestandteil in der Kunst von Frauen geben könnte. Sie plädierte nachhaltig dafür, daß dies unwahrscheinlich ist. Sie gab zu, daß es keine »großen« Künstlerinnen vom Schlage eines Michelangelo oder Manet gebe, jedoch lenkte sie die Aufmerksamkeit auf die Ursachen, die in den männlich dominierten Ausbildungs- und Institutionsstrukturen begründet lagen. Tatsächlich war bemerkenswert, daß Frauen dies alles nun erreicht zu haben schienen, bedenkt man, daß Konzepte wie »Genie«, »Meisterschaft« und »Talent« von Männern erdacht und auf Männer angewandt worden waren.

Lippards Ansatz zu diesem Thema verkörpert fast das genaue Gegenteil: »Ich habe zwar kein klares Bild von dem, was ›Frauenkunst‹ ausmacht, wenn es überhaupt so etwas gibt«, schrieb sie, »obwohl ich überzeugt bin, daß es einen latenten Unterschied in der Sensibilität gibt (...). Ich habe aber gehört, daß der gemeinsame Faktor eine vage ›Erdverbundenheit‹, ein Hang zu ›organischen Bildern‹, ›Schlangenlinien‹ und am überzeugendsten der zentralisierende Fokus ist.«

»Zentralisierender Fokus« war ein Begriff der West-Coast-Künstlerin Judy Chicago, die in ihren Arbeiten der frühen 70er Jahre die symbolische Bedeutung von (wie auch Tabus um) Formen der Vagina (Abb. 7) erforschte. Mit Blick auf Georgia O'Keeffes frühe Ansätze, die dunklen Seiten weiblicher Identität zu erhellen, schrieb Lippard: »Es gibt nun Beweise, daß viele Künstlerinnen eine zentrale Öffnung definieren, deren Form oft eine Metapher für den Körper der Frau ist.« Um 1973 hatte Lippard eine allgemeinere Richtung weiblicher Bildsprache identifiziert; sie umfaßte »eine vereinende Dichte, eine allumfassende Struktur, die oft sinnlich, taktil ist und sich häufig wiederholt – bis hin zur Obsession –, eine Vorliebe für runde Formen und einen zentralen Fokus (manchmal im Gegensatz zu dem ersten Aspekt). Zudem eine allgegenwärtige lineare ›Sack‹- oder Parabel-Form, die nach innen eingedreht wird, Schichten oder Lagen, keine Perfektion in der Ausführung; eine neue Vorliebe für Pink- und Pastelltöne und flüchtige Wolkenfarben, die bislang tabu waren.«

Der Kritiker Lawrence Alloway widersprach der Idee, »Frauenkunst« über ihren Bezug zu einer alten Symbolik oder zu Ritualen definieren zu wollen. Er stellte dagegen herablassend fest, daß »die Flut weicher Skulpturen, Fetische und simulierter Schutzräume eher einer bestimmten Generation als einem Geschlecht zuzuschreiben ist. Diese Arbeiten werden größtenteils von jungen Künstlerinnen produziert, die von dem Glauben an ein Leben mit einer nicht spezialisierten Technologie durchdrungen sind, motiviert durch den Gedanken, daß wir von unseren persönlichen Ressourcen leben können«. Der Einwand war sicher teilweise an die kalifornische Künstlerin Lynda Benglis adressiert, deren eingefärbte und gegossene Schaumstoff-Arbeiten offenbar die männlich dominierte Minimal-Art mit ihren zahlreichen technologischen und mathematischen Bezügen widerlegen sollten. Benglis selbst aber fühlte sich weiterhin in einem Kunstsystem unterrepräsentiert, das überwiegend von Männern betrieben wurde; 1974 konfrontierte sie mit einer berühmt-berüchtigten Geste »männliche« Werte mit Inseraten für ihre Arbeit, in denen sie als Pin-up-Girl (Abb. 9) posierte. Damit parodierte sie die sexistischen Sehgewohnheiten von Männern. In der letzten Anzeige trug sie nichts weiter als ihre Sonnenbrille und einen gigantischen Latex-Dildo.

9 LYNDA BENGLIS
Einladungskarte für eine Ausstellung der Paula Cooper Gallery, New York, 4.–19. Mai 1974. Foto: Annie Liebowitz.

Parallel zu dieser forschenden Suche nach einer weiblichen Ästhetik – die während der 70er Jahre entwickelt wurde –, beschäftigte sich Kunst von Frauen auch mit dem Körper und den Unterschieden zwischen männlicher und weiblicher Kunst. Fotoarbeiten von Martha Wilson, Rita Myers und Ketty La Rocca beispielsweise, die Geschlecht und Identität untersuchten, standen natürlich formal und vom Material her in völligem Gegensatz zu dem strengen technischen Minimalismus eines Donald Judd oder Carl Andre. Eine Hommage an die fragilen Boden- und Wandarbeiten von Eva Hesse (die 1970 an Krebs starb) zeigt die Skulptur *Symphony* (Abb. 10) von Rosemary Castoro, ein Gebilde aus Epoxyd, Glaswolle und Stahl aus dem Jahre 1974. Einige Arbeiten Castoros verweisen auf Tanz: Sie studierte Choreographie und arbeitete gelegentlich mit der Experimentaltänzerin und -filmerin Yvonne Rainer. Solche Werke zeigen nicht nur die latente Vitalität, die in den vielen unterschiedlichen Materialien und Kombinationen lag, sondern auch, daß die Tendenz der amerikanischen männlichen Ästhetik – den Körper zu verleugnen – auf keinen Fall zu verallgemeinern war.

Diese neue amerikanische Frauenkunst aus den frühen 70er Jahren war aus vielerlei Gründen von Bedeutung. Sie bezeichnet die erste Phase einer ausgesprochen theoretischen Positionsbestimmung von Künstlerinnen im Hinblick darauf, wie Feminismus in die Kunst eingegliedert werden könnte. Künstlerinnen problematisierten die Frage, ob Frauen unmittelbar mit ihren Körpern oder anhand von Körperbildern weibliche Identität benennen können. Dabei mußte vermieden werden, sich der Beschuldigung auszusetzen, daß sie mit den voyeuristischen Reaktionen spielten, die sie ja aus anderen Gründen ablehnten. Gleichzeitig machte die Zusammenarbeit von Künstlerinnen auch die institutionellen Rahmenbedingungen durchlässiger: Ausbildung, Ausstellungen, das Publikum und die Kunstkritik. Projekte wie das »Womanhouse« am kalifornischen »Institute of the Arts« von 1971, das 1972 ein riesiges skulpturales Environment von Frauen für Frauen errichten ließ, oder 1973 die Ausstellung des »New York Cultural Center«, »Frauen wählen Frauen«, oder die Gründung des Magazins »Heresies« in New York (ab 1975 geplant und Anfang 1977 zum ersten Mal herausgegeben) zeigten, daß Kunst sehr gut ohne die ständige Präsenz von Männern auskommen konnte. Kunsthistorische Untersuchungen wie Carol Duncans Essay »Männlichkeit und Dominanz in der Avantgarde-Malerei des frühen 20. Jahrhunderts«, der Ende 1973 in »Artforum« veröffentlicht wurde, artikulierte eine dringend notwendige Skepsis gegenüber dem männlichen Avantgarde-Establishment. Ein diesen Überlegungen zugrunde liegender Gedanke postulierte, daß fortschrittliche, kritische Kulturarbeit sich mit Fragen der Geschlechtsidentität und dem ideologischen Zusammenhang von Geschlecht und Politik sowie von Geschlecht und Macht in der Kunstwelt zu beschäftigen habe.

Eine ähnliche Idee arbeiteten amerikanische Künstlerinnen durch Kunstformen heraus, die das Anliegen der männlichen Minimal-Art variierten, den Betrachter in eine reflexive Beziehung zum Kunstwerk einzubinden. Um die Aufmerksamkeit von durch das Kunstwerk ausgelösten philosophischen Spekulationen auf ein physisches Einfühlungsvermögen zu verlagern, färbte die belgische Künstlerin Marie-Jo Lafontaine – die später Videoarbeiten, Bilder und Installationen schuf – Baumwolle für die Leinwände ihrer frühen Arbeiten schwarz, bevor sie diese verarbeitete. War das Material erst einmal verwebt und als Serie monochromer Leinwände aufgehängt, zeugten die Arbeiten von dem angeblich weiblichen Vermögen, sich repetitiver, anstrengender Arbeit hingeben zu können, aber zugleich von der Weigerung, eine bereits an sich existierende Oberfläche mit komponierten Formen zu schmücken (Abb. 10). In Amerika näherte sich Jackie Winsor intuitiv mit sorgsam ausgeführten Variationen des Bindens, Knotens oder Nagelns von Garnen, Seilen und Ästen ihrer Kindheit an der Küste Neufundlands. Winsors Mitte der 70er Jahre sorgfältig gebaute Würfel,

10 Rosemary Castoro
Symphony, 1974.
Pigmentiertes Epoxid und Glaswolle über Styropor- und Stahlgestänge, 190 x 320 x 840 cm.

die »innen« wie »außen« ihren Hang zum Detail zeigen, liefern ein weiteres Beispiel für eine vielleicht »weiblich« zu nennende Darstellungsform und stellten insofern eine Herausforderung für die männliche Ästhetik dar (Abb. 12).

11 Marie-Jo Lafontaine
Monochrome Noir, 1977.
Gewebte Baumwolle,
200 x 200 cm.

Andere Künstlerinnen beschäftigten sich unmittelbar mit der Erde. Alice Aycock trug Formen der Minimal-Art in oder unter die Erdoberfläche, indem sie Höhlen und unterirdische Strukturen schuf, die als Metaphern für Suche, Innerlichkeit oder für den atavistischen Impuls, sich selbst zu begraben, interpretiert werden können. Um Mary Miss' Arbeit *Untitled* auf einer unbebauten Landzunge am Hudson anschauen zu können, war eine mühsame Fahrt in Kauf zu nehmen. Bei Lucy Lippard löste sie eine wenig beeindruckte und »irgendwie enttäuschende« Erfahrung aus, bis endlich die tief vergrabenen Kreisformen durch eine Linie vereint wurden (Abb. 13). Die Abstände zwischen den Holzplanken von *Untitled* waren durch Linien schwarzen Teers miteinander verbunden, deren Struktur die verlassene Landschaft nachahmte. Andererseits waren die Bretter nur hohle Fassaden. »Wenn bestimmte Teile der Arbeit ein geometrisches Element enthalten«, sagte die Künstlerin, darauf bedacht, jede Assoziation zu den Minimalisten zu entkräften, »dann nicht, weil es irgendein Interesse an dieser speziellen Form gibt. Obwohl eine stark materielle Basis meiner Skulptur existiert, ist es nicht meine Absicht, ein Objekt herzustellen.«

Obwohl die amerikanische Frauenkunst vom Anfang bis zur Mitte der 70er Jahre den Spannungen zwischen dem Formalismus der Moderne und der antiformalistischen Haltung der Minimal-Art entgegenwirkte – Kunstformen, die von Männern produziert wurden und mit denen sich Männer kritisch auseinandersetzten –, gab es für viele Frauen dennoch niemals Grund, wie Männer über die praktizierten Ansätze auf theoretischer Ebene zu streiten.

Außerdem war nur die Minderheit der Künstlerinnen marxistisch geschult. Zudem richtete sich der Schwerpunkt marxistischer Analyse auf die Verteilung der Produktionsmittel und die Bildung von Klassen, vernachlässigte also weitgehend das feministische Anliegen. Die britische feministische Kritikerin Griselda Pollock drückte es so aus: »Das Wesen von Gesellschaften, in denen Kunst produziert wurde, war nicht nur feudalistisch oder kapitalistisch, sondern auch patriarchalisch und sexistisch.« Eine Verbindung von Feminismus und neu formulierten marxistischen Anliegen schien unausweichlich.

12 Jackie Winsor
Fifty-Fifty, 1975. Holz und Nägel, 1,10 x 1,10 x 1,10 m. Privatbesitz, New York.

Winsor nagelte ihre Würfel aus dünnen Holzstücken zusammen. Sie spielte damit auf die Firma ihres Vaters an. Solche persönlichen Referenzen waren den Minimalisten ein Greuel, deren Forderung nach Geometrie diese Arbeiten trotz allem mit ihnen gemeinsam haben.

13 Mary Miss
Ohne Titel, 1973. Holz, 180 x 360 cm große Teile im Abstand von 17,50 m. Battery Park, New York.

Lucy Lippard schrieb, daß die Löcher von Mary Miss' Arbeit »sich wie eine Halle mit Spiegeln oder eine Luftsäule, die in der Erde verschwindet, in einen immensen ›inneren‹ Raum ausdehnen (...) man wird in ihren Brennpunkt hereingezogen, und die Perspektive wird auf magische Art und Weise erweitert«.

Eine zweite Schwierigkeit für Feministinnen war das Konzept der Avantgarde. Das utopisch-revolutionäre Gedankengut implizierte eine »Außenseiter«-Position, von der aus man einen Anschlag auf die traditionellen Bastionen der Macht und der Klassengesellschaft arrangieren wollte. Diese Position hatten seit der Romantik weitgehend Männer okkupiert, und einige Feministinnen wiesen darauf hin, daß Frauen schon immer Außenseiter gewesen seien. Wenn überhaupt, dann komme für sie nur eine bedeutende Rolle innerhalb des Mainstream in Frage.

Mit den Mitteln der Konzeptkunst – insbesondere der Fotografie – ließ sich diese Position festmachen. Unter den frühsten Fotoarbeiten von Martha Rosler gab es eine Collagenserie, die Bilder aus dem Vietnamkrieg mit Szenen aus dem häuslichen Amerika derselben Zeit konfrontierte. Unter dem Titel *Bringing the War Home: House Beautiful* (1967–1972), erschien die Serie in den frühen Siebzigern

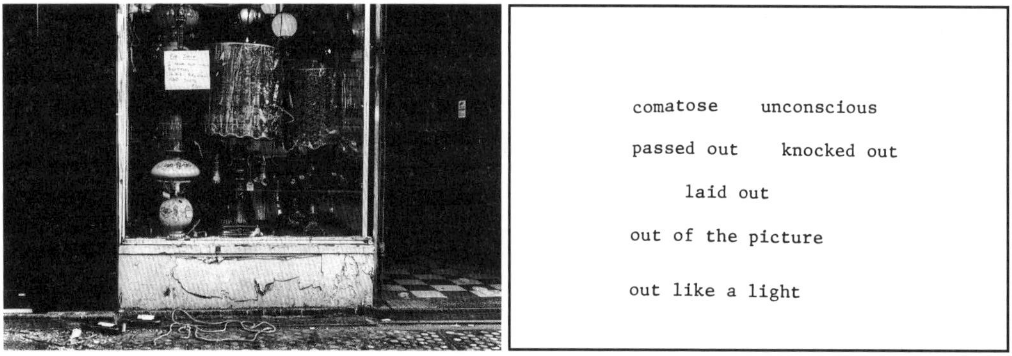

14 Martha Rosler
The Bowery: in two inadequate descriptive systems
(Detail mit zwei Fotos), 1974/75. 45 Fotografien.

Martha Rosler: »Diese Fotos sind eine radikale Menotymie mit einer Anordnung, die den Zustand des Rausches an sich beinhaltet (...) Wenn Verarmung hier ein Thema ist, geht es im wesentlichen um die Verarmung von Repräsentationsstrategien, die ins Wanken geraten, und nicht so sehr um eine Form zu überleben.«

in der alternativen Kunstpresse. Sie war Roslers Antwort auf die Distanz zur persönlichen Verantwortung des Lesers (und der Überprüfung von möglichen Reaktionen), wie sie durch die Berichte in »Life« und anderen Mainstream-Publikationen erzeugt wurden.

In einer Serie mit dem Titel *The Bowery: in two inadequate descriptive systems* (1974/75) wollte Rosler die Lebensrealität von Stadtstreichern auf den Straßen von Lower Manhattan einfangen. Jedes Diptychon zeigt die fotografische Aufnahme einer heruntergekommenen Ladenfront auf der Bowery und ein »Lexikon« mit Begriffen, die den Alkoholrausch beschreiben (Abb. 14). Sie setzte ihre Arbeit gegen das, was sie als »Opfer-Fotografie« des dokumentarischen Journalismus bezeichnete, die »auf der greifbaren Realität von Armut und Verzweiflung beharrt«. Da bei dieser gängigen Form der Fotografie sich die »Opfer der Kamera – das heißt dem Fotografen – meist unterwerfen«, lokalisierte Rosler das Problem des Abbaus sozialer Werte in einer Politik der Repräsentation. Wie Rosler selbst sagt:

»Die Worte existieren bereits außerhalb der Welt des billigen Vergnügungsviertels und gleiten in sie hinüber, so wie man denkt, daß Leute in den Alkoholismus reinschlittern und bis ans Ende der Leiter abrutschen. Das Projekt ist eine Arbeit der Verweigerung. Es ist kein trotziger Anti-Humanismus. Es ist ein Akt der Kritik: Der Text, den man liest, läuft parallel zu einem anderen deskriptiven System. Es gibt keine gestohlenen Bilder von Pennern (...) was könnte man da auch noch lernen, was man nicht ohnehin schon wußte?«

Die Arbeit *The Bowery* folgte dem strukturalistischen Denken des Anthropologen Claude Lévi-Strauss. Gemäß der strukturalistischen Analyse in anderen Bereichen, versuchte Rosler die Aufmerksamkeit von der repräsentierten Sache auf die repräsentierenden Systeme selbst zu verlagern.

Vergleichbare Motive liegen der mehrteiligen Arbeit *Post-Partum Document* (1973–1978) der britischen Künstlerin Mary Kelly zugrunde. Kelly schildert in *Document* (Abb. 15) die Betreuung eines männlichen Säuglings, indem sie in bestimmten

Zeitabständen seinen Körperabdruck auf verschiedenen Materialsorten – von Windeln bis zu Schreibpapier – reproduziert; ferner enthalten sind Aufzeichnungen über die Ängste der Mutter um ihren Sohn und Teile ihres Tagebuchs, die ihre Aktivitäten als Künstlerin in Relation zu ihrer Rolle als Mutter festhalten. Unterschiedliche Gedanken über das heranwachsende Kind werden bestimmten Schriftbildern zugeordnet und umsichtig arrangiert, so daß man sie lesen kann und sich auch ein visueller Effekt ergibt, den Kelly den »scripto-visuellen« Stil nannte. Nicht allein das Thema von *Document* brach ein Tabu, seine Form und die theoretische Basis überboten alles, was eine europäische feministische Künstlerin bis dahin erreicht hatte. Die philosophische Dimension von *Document* liegt in dem Versuch, zwei Auffassungen von weiblicher Subjektivität vereinen zu wollen. Eine stammt aus den Schriften Freuds über Narzißmus, die andere aus einer Schrift von Lacan über Freud. Die Arbeit sollte zudem die Schritte kommentieren, durch die sich – wie Kelly es formulierte – »eine mütterliche ›Weiblichkeit‹

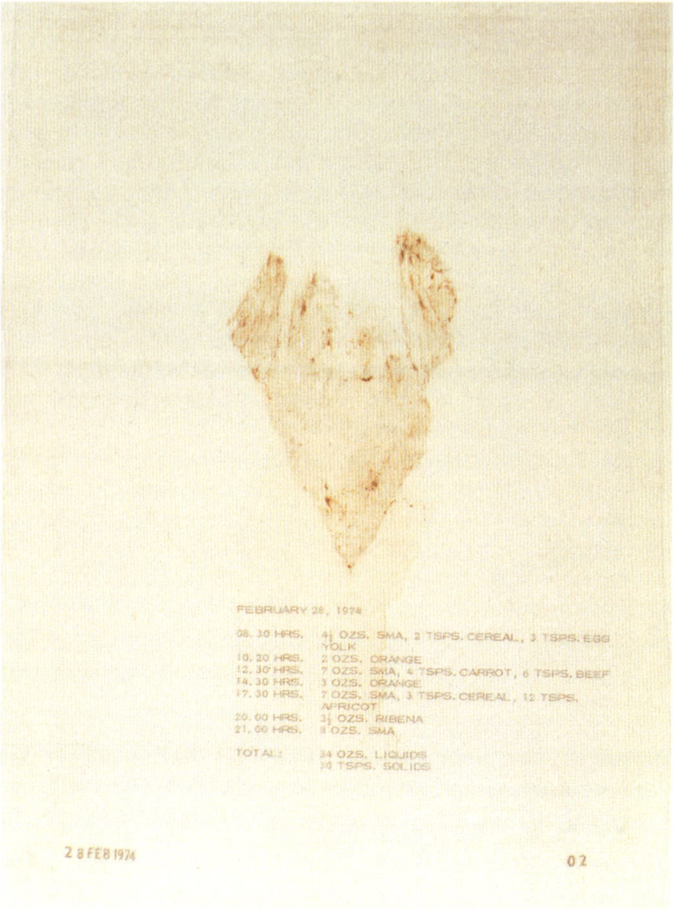

15 Mary Kelly
Post-Partum Document, Documentation I, 1974. Mischtechnik, 28 Einheiten, jede 35,6 x 28 cm. Art Gallery of Ontario, Kanada.

innerhalb der Mutter-Kind-Beziehung heranbildet«, und den Prozeß der allmählichen Identitätsbildung eines Kindes, nämlich die Beschäftigung mit und der Eintritt in die symbolische Ordnung: die Sprache.

Die beiden letztgenannten Projekte zeigen, daß die amerikanische Frauenkunst in den 70er Jahren vom Konzept her zum Empirischen, Positivistischen und Deskriptiven neigte, während die europäischen Arbeiten zum Psychoanalytischen, Privaten und Subjektiven tendierten. Aber beide, Rosler und Kelly, vertreten die Position eines starken theoretischen Engagements im Bereich alternativer Praktiken, die weitgehend als Avantgarde wahrgenommen wurde. Indem sie Themen oder Formen der Repräsentation aufzeigten, die gegen die Interessen des Patriarchats gerichtet waren, stellten sie eine Verbindung zwischen Frauenpolitik und visueller Umsetzung zu einer Zeit her, in der solche Zusammenhänge nicht einmal andeutungsweise bewußt waren.

Performance

Die während der 70er Jahre von Frauen und Männern verwendete Performance bietet aufgrund ihrer offenen Struktur Beispiele, wie feministische oder andere »radikale« Inhalte in alternativen Formen und Medien integriert werden konnten. Aus Dada, alternativem Theater und den Happenings der 60er Jahre hervorgegangen, widersetzte sich die Performance der Konsumierbarkeit (sie konnte weder ge- noch verkauft werden), indem sie die normalen Materialien der Kunst allein durch den Körper des Künstlers ersetzte. Performances zogen in den späten 60er und 70er Jahren ein kleines, aber einflußreiches Kunstpublikum an, blieben jedoch nur in speziellen Sammlungen, Fotodokumentationen und Augenzeugenberichten lebendig. Im Rückblick erscheinen einige Projekte – die auch für den Vergleich zwischen amerikanischen und europäischen Formen von Bedeutung sind – exemplarisch.

16 Carolee Schneemann
Interior Scroll (Innere Schriftrolle), 1975. Performance.

Interior Scroll wurde 1975 zum ersten Mal auf Long Island vor einem Künstlerinnen-Publikum aufgeführt. »Die Lesung erfolgte auf dem Tisch, ich nahm eine Reihe von ›Aktionsposen‹ eines lebenden Modells ein und balancierte das Buch in meinen Händen«, sagte Schneemann. »Am Ende ließ ich das Buch fallen und stand aufrecht auf dem Tisch. Die Schriftrolle wurde langsam Zentimeter für Zentimeter herausgezogen, während ich daraus vorlas.«

Für Lucy Lippard zum Beispiel war von Anfang an klar, daß europäische Body- und Performance-Art andere Charakteristika aufwiesen als die der Amerikaner. Die europäische Body-Art verwies auf die unterschiedlichen gesellschaftlichen und philosophischen Traditionen und deren zeitgenössische Krisen in beiden Kontinenten: Sie erscheint bei Themen wie Schmerz, Verwundung, Vergewaltigung und Krankheit kompromißloser, körperlich herausfordernder, bedrohlicher als die eher feierlichen nordamerikanischen Arbeiten.

In den Vereinigten Staaten verfolgte Carolee Schneemann den Ansatz ihrer seit 1963 verdichteten Performances, in denen sie den Körper symbolisch und als Quelle ihrer Formensprache einsetzte. In ihrer Arbeit *Interior Scroll* von 1975 (Abb. 16) benutzt sie ihren Körper als ein »entkleidetes, undekoriertes menschliches Objekt«. In Schneemanns Worten: »Ich trat bekleidet an den Tisch heran, trug zwei Tücher über dem Arm. Ich zog mich aus, wickelte mich in ein Tuch ein, legte das andere über den Tisch und sagte dem Publikum, ich würde aus ›Cezanne, sie war eine große Künstlerin‹ (ein feministischer Text der Künstlerin von 1974) vorlesen. Ich ließ das Tuch fallen, stand da und malte in großen Strichen die Konturen meines Körpers und Gesichtes nach.« Die Performance erreichte ihren Höhepunkt, als sie eine Textcollage verlas, die sie aus ihrer Vagina hervorzog. Die Vorstellung von einem ›inneren Wissen‹ schien für Schneemann »mit der Macht des Namengebens zu tun zu haben – die Entwicklung vom inneren Gedanken zu äußerer Bedeutung, und der Verweis auf die sich einrollende Schlange, auf aktuelle Information (wie eine Papierfahne aus einem Nachrichtenticker, die Thorarolle, der Kelch beim Abendmahl, die Chorempore, das Senkblei, der Glockenturm, der Nabel und die Zunge)«. Der Körper wird zur Quelle der Selbsterkenntnis und der Wahrheit. »Ich nahm an«, sagt Schneemann, »daß die eingeritzten weiblichen Figuren auf alt- und mittelsteinzeitlichen Artefakten von Frauen geschnitzt worden waren (...), daß die Erfahrung der Komplexität ihres eigenen Körpers die Quelle war für die Konzeption oder den Umgang mit den Materialien, für das Imaginieren der Welt und das Komponieren ihrer Bilder«.

Im Kontrast dazu hatte in Europa ein auf die Geschlechtsidentität bezogener Konzeptualismus Fotoarbeiten zum Thema Sexualität hervorgebracht, in denen Künstler wie Urs Lüthi (Schweiz) und Katharina Sieverding (Deutschland), Annette

Messager (Frankreich) und Renate Weh (Deutschland) Körperhaltungen und Posen vor der Kamera inszenierten. Film- und Videoarbeiten von Ulrike Rosenbach (Deutschland) und Marina Abramovic (Jugoslawien) hatten das Genre um konservierbare bewegte Bilder erweitert. Abramovic bezog ihre persönliche physische Gefährdung in eine ihrer Arbeiten ein. Sie schluckte Tabletten, die bei Schizophrenie verschrieben werden, und zeichnete ihren dadurch ausgelösten Zustand und die Reaktionen des Publikums auf. Rebecca Horns Filme aus der Mitte der 70er Jahre, wie etwa *Dreaming Under Water* (1975), zeigen folterähnliche Apparaturen, wie verlängerte Finger, Kopfbedekkungen, Käfige und Rüstungen, die, am Körper angebracht, bedrohlich sadistisch und zugleich zärtlich wirken.

In Amerika ragt der Kalifornier Chris Burden unter jenen männlichen Künstlern hervor, die wie Vito Acconci, Dennis Oppenheim oder Barry Le Va Verwundbarkeit und Vergänglichkeit des menschlichen Körpers thematisierten und gelegentlich sogar eine Art Draufgängertum zelebrierten. So endete 1971 eine Performance von Burden, die einen Streifschuß vorsah, mit der ernsthaften Verwundung des Künstlers. Burden setzte solche Formen der Selbstgefährdung Mitte der 70er Jahre fort. In der Dokumentation seiner Performance *Kunst Kick* auf der »Art Basel« 1974 (Abb. 17) ist der Vorgang festgehalten: »Bei der Eröffnung (der Kunstmesse) für das allgemeine Publikum (...) um zwölf Uhr mittags, legte ich mich in der Mustermesse an das obere Ende der Treppen, die über zwei Stockwerke gingen. Charles Hill trat meinen Körper immer wieder die Treppen hinunter, jedesmal zwei oder drei Stufen.« Die Beschreibung selbst zeigt, wie der Künstler sich zu einem »Körper« reduziert, der durch Streß oder Mißhandlung verletzt wird, was bei seinen oftmals eher kleinen – aber voyeuristischen – Zuschauergruppen zu einer gespaltenen Reaktion zwischen (Mit)Schuld und Distanz führte. Burdens unbewegter Ton bei der Beschreibung des Vorgangs deutet auf eine gewisse Ironie oder Pseudo-Wissenschaftlichkeit hin. Man könnte glauben, daß er die konkrete menschliche Erfahrung einer fortgeschrittenen technologischen Gesellschaft parodiert.

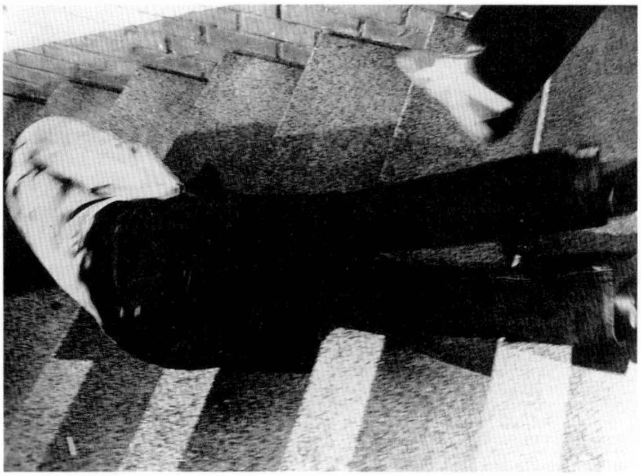

17 Chris Burden
Kunst Kick, 19. Juni 1974. Performance während »Art Basel«, Schweiz.

Für Europa kann der Engländer Stuart Brisley als Chris Burdens männliches Gegenstück gelten – nimmt man einmal die »Wiener Aktionisten« aus, zu denen u.a. Hermann Nitsch, Günter Brus, Arnulf Rainer und Valie Export gehörten. Mitte der 70er Jahre entwickelte Brisley Formen eines erweiterten Körperrituals, das sich mit der Konfrontation von Macht und Auto-

18 Stuart Brisley
Survival in Alien Circumstances, mit Christopher Gericke, 1977. Performance während der documenta 6, Kassel.

Sensibel für die Zurschaustellung offensichtlicher Verschwendung, verlagerte Brisley seine Performance aus dem Zentrum von Kassel an die Peripherie, als er von dem Projekt Walter de Marias hörte, ein 1 Kilometer tiefes Loch in den Friedrichsplatz bohren zu lassen, das den amerikanischen Sponsor angeblich 300.000 Dollar kostete.

nomie, Kontrolle und Freiheit, Konsum und Verzicht beschäftigte. In *Ten Days*, 1972 erstmals in Berlin aufgeführt und dann 1978 in London wiederholt, verweigerte der Künstler über die Weihnachtsfeiertage zehn Tage lang die traditionell üblichen Speisen und beobachtete dabei, wie die ihm servierten Mahlzeiten langsam verfaulten. In *Survival in Alien Circumstances* (Abb. 18), das bei der documenta 6, 1977, in Kassel aufgeführt wurde, hob er eine zwei Meter tiefe Grube aus und stieß auf Schutt, menschliche Knochen von Kriegsopfern und Grundwasser. Auf dem Boden der Grube errichtete Brisley eine hölzerne Struktur, in der er für zwei Wochen allein lebte.

Als umstrittenster Fall von Body-Art müssen die an die Grenzen der menschlichen Leidensfähigkeit gehenden Aktionen von Gina Pane in Paris angesehen werden. Seit 1968 – während der Blüte der Performance-Periode – benutzte Pane ihren Körper als Ort ihrer Kunst, wobei sie vor Publikum und laufender Kamera Teile ihres Körpers verletzte und quälte (Abb. 19). Damals schrieb sie, daß »in seinem Körper zu leben bedeutet, seine Schwäche zu entdecken, die Tragik seiner Grenzen und die ihm dadurch auferlegte unbarmherzige Sklaverei, sein natürlicher Verschleiß und seine Instabilität; es bedeutet, sich seiner Trugbilder bewußt zu werden, die nichts anderes sind als die Reflexionen von Mythen, die die Gesellschaft geschaffen hat: eine Gesellschaft, die die Sprache des Körpers nicht akzeptieren kann, ohne zu reagieren, weil er nicht in den Automa-

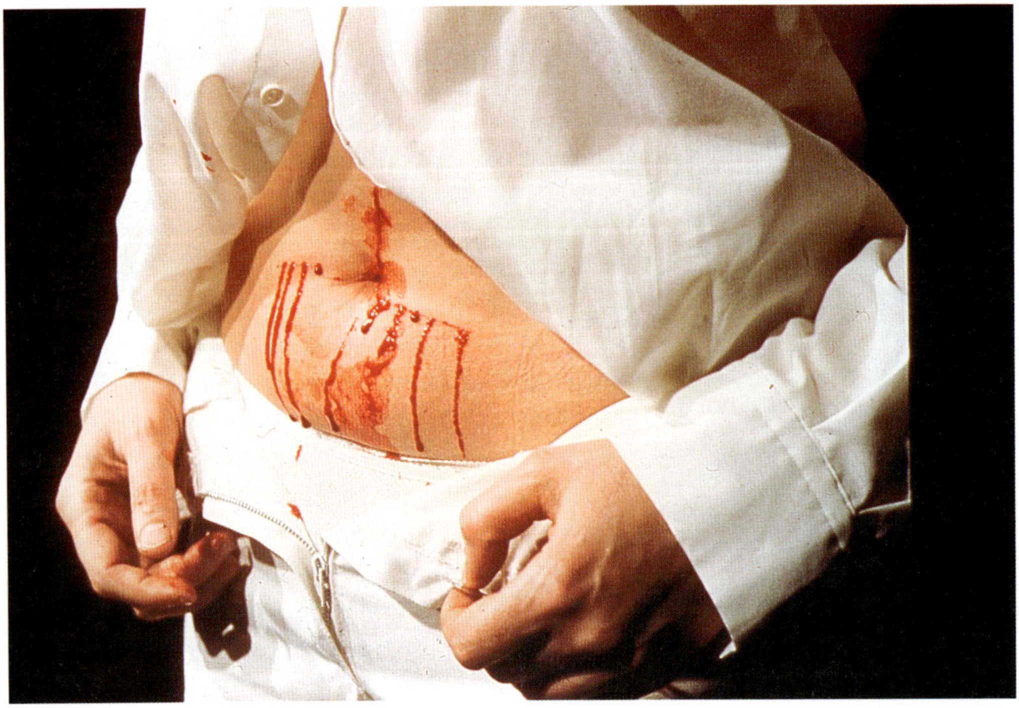

19 Gina Pane
Psyche, 24. Januar 1974.
Performance in der Galerie Stadler, Paris.

tismus paßt, der für das Funktionieren des Systems notwendig ist.« »Die Wunde ist das Gedächtnis des Körpers«, notierte sie später, »es war unmöglich für mich, ein Bild des Körpers zu rekonstruieren, ohne daß das Fleisch dabei war, ohne daß es frontal, unverhüllt und ohne Übergang plaziert wurde.« Pane benutzte den Fotografen als Zeugen und als »notwendige Unterstützung« bei der Dokumentation des selbst zugefügten Schmerzes. »Es trifft den Kern jener Dialektik, die besagt, daß ein Verhalten dann bedeutend wird, wenn es mitteilbar für eine Gesellschaft wird.«

Mitte der 70er Jahre fehlte der westlichen Kunstszene die gemeinsame Basis radikalen Protests, so daß die Verbindungen zwischen europäischer und amerikanischer Kunst immer spärlicher wurden. Symptomatisch für das Bedürfnis, sich dieser Entfremdung entgegenzustellen, war der Auftritt von Joseph Beuys in der New Yorker Kunstwelt im Mai 1974. Beuys war schon als Mitglied der ikonoklastischen Fluxus-Bewegung bekannt und hatte in den USA eine gewisse Reputation für seine charismatischen Vorträge und seine rituellen »schamanischen« Aktionen erlangt. Bereits im Januar desselben Jahres hielt er in einer New Yorker Galerie einen Vortrag, in dem er seine Botschaft von der Kreativität eines jeden Menschen entwickelte, die es – wenn man sich ihrer bewußt ist – ermöglichen würde, über die gesellschaftliche Konditionierung hinauszugehen. Bei seinem zweiten Besuch kam er für eine dreitägige Aktion mit dem Titel *I like America and America likes me* (Abb. 20) in die Galerie René Block in SoHo. Beuys benutzte einen Heuhaufen, zwei Platten Filz, eine Taschenlampe, ein Paar Handschuhe, einen Triangel, fünfzig täglich neue Ausgaben des »Wall Street Journal« und einen gebogenen Hirtenstab, mit dem er einem von einer Tierfarm in New Jersey ausgeliehenen Kojoten Zeichen gab und versuchte, mit ihm zu sprechen. Beuys ließ sich am Kennedy-Flughafen in Filz einrollen und in einem Krankenwagen zur Galerie fahren. Drei Tage lang schlug er immer wieder den Triangel, den er um den Hals trug, als Signal, eine Tonbandaufnahme mit lautem Turbinenlärm zu starten. Dann spielte er mit dem Kojoten, indem er seine Handschuhe nach ihm warf. Er wickelte sich wieder in den Filz, der »alles bedeckte bis zum oberen Rand seines Hutes, um zu einer umhüllten menschlichen Plastik zu werden. Sein Stab schaute oben heraus wie eine Wünschelrute, mit der er versuchte, Zugang zu dem Kojoten zu finden. Beuys drehte und wendete sich entsprechend der Aktionen des Kojoten, der an den Enden des Filzes zog und zerrte. Beuys spielte eine Serie von ausgewählten Positionen durch, als ob er in Zeitlupe eine tiefe Verbeugung vor dem Tier machte; als er den Boden erreichte, legte er sich hin, immer noch ganz eingewickelt.« Dieser Augenzeugenbericht übermittelt, wie ein europäischer Künstler authentische Naturkräfte beschwor, die im technologisch und kapitalistisch ausgerichteten Amerika von der Auslöschung bedroht waren.

Konzeptuell bauten solche Arbeiten auf radikalen Voraussetzungen der Avantgarde auf. Wie andere Performance-Künstler beider Kontinente zielte auch Beuys darauf ab, das künstlerische Produkt von einem vermarktbaren Tauschobjekt in eine Serie von Aktionen zu verwandeln, die allein das Werk des

20 Joseph Beuys
I Like America and America Likes Me, 23.–25. Mai 1974. Aktion in der Galerie René Block, New York.

Für Beuys verwies die Anwesenheit des Kojoten auf die indianische Geschichte wie auf »die gesamte Beziehung zwischen den USA und Europa«. »Ich wollte mich nur auf den Kojoten konzentrieren. Ich wollte mich isolieren, abschirmen, nichts anderes von Amerika sehen als den Kojoten (…) und mit ihm die Rollen tauschen.«

Künstlers ausmachten. Es ging weder um Theater noch um Skulptur, noch um ein wirkliches Ritual. Vielmehr enthüllten solche Events ein neues und bedeutendes Paradoxon in der Kunst: das des Künstlers, der die dominierenden Institutionen der kulturellen Macht am Ort und mit der autorisierten Einwilligung selbiger Institutionen attackierte. Das Paradoxon der wechselseitigen Abhängigkeit von subversivem Künstler und etabliertem Kunstsystem blieb die 70er Jahre hindurch eine Quelle hitziger Debatten derer, die sich als Vorreiter einer politischen Avantgarde-Tradition sahen.

Konzeptkunst als Prozeß

Angesichts der neuen Bereitschaft der Museen und Galerien, radikale wie feministische Kunst, Performance und diverse Konzeptkunst unterzubringen, ergab sich speziell für jüngere Künstler, die an der Tradition der Avantgarde interessiert waren, das Dilemma, wie und in welcher Gestalt die entsprechenden Widerspruchsformen entwickelt werden konnten.

Der wachsende Druck der Feministinnen auf beiden Seiten des Atlantiks zielte darauf ab, das kapitalistische Klassenmodell abzuschaffen, und zwar zugunsten einer auf Geschlechtsidentität beruhenden Kultur, die auch Aspekte der regionalen Identität miteinbezieht. Der auf Teilaspekten des Konzeptualismus beruhende männliche Radikalismus geriet schnell unter Beschuß – allein durch die Tatsache, daß Museen und kommerzieller Kunstbetrieb sich begeistert zu seinen Fürsprechern gemacht hatten. Das nur kurz existierende, aber um so bedeutsamere Magazin »The Fox«, das in kleiner Auflage von einem ehemaligen Mitglied der englischen Konzeptkunst-Gruppe »Art & Language« in New York herausgegeben wurde, pflegte den rhetorischen Stil eines an sich selbst zweifelnden Konzeptualismus, der bis an die Grenzen einer mehr und mehr frustrierten marxistischen Analyse der Kunst getrieben wurde. »The Fox« analysierte das Dilemma, daß sogar die radikalsten Ansätze am Ende dazu verurteilt seien, zum Subjekt kapitalistischer Okkupation und der begleitenden gesellschaftlichen Machtverhältnisse zu werden. Einige Mitglieder dieser Gruppe verließen bald schon den Kunstbereich, um im Lehrbetrieb oder in der Basispolitik zu arbeiten. Die anderen fanden sich bald wieder in England zusammen, überraschenderweise, um eine Malerei zu praktizieren, die sie jedoch als kritische Annäherung an die traditionelle Bildgattung verstanden.

Andere von den späten 60er Jahren geprägte Künstler mußten sich der unangenehmen Tatsache stellen, daß sich für sie mit dem Schwund des revolutionären Geistes in der westlichen Gesellschaft ein Dilemma für die Zukunft ergab. Dazu gehörte Gordon Matta-Clark, der von 1969 bis 1972 leerstehende Häuser destabilisierte, indem er Teile oder ganze Wände herauslöste. Damit veranschaulichte er die zunehmende Verödung der Innenstädte. Bis zu seinem frühen Tod 1978 setzte er die

subtile Vernichtung ehemals bewohnter Häuser fort. Diese Strategie berührte ebenso Aspekte im Surrealismus seines Vaters, Robert Matta, wie auch Elemente der avantgardistischen Kunstbewegungen der 60er Jahre. In seiner doppeldeutig betitelten Arbeit *Splitting* von 1974 (Abb. 21) teilte Matta-Clark ein Haus in New Jersey in zwei Teile. Die Mieter waren von heute auf morgen gewaltsam vertrieben worden, um für ein geplantes (aber niemals fertiggestelltes) städtisches Sanierungsprojekt Platz zu machen. Die Wohnraumproblematik war Mitte der 70er Jahre nach der Explosion der Grundstückspreise durch unkoordinierte Stadtplanung und wachsende Arbeitslosigkeit für viele Künstler – dies- und jenseits des Atlantiks – zum Thema geworden. Dennoch gerieten solche ambitionierten Projekte in Gefahr, zu Routineübungen zu verkommen – und damit Kritiker wie Kunsthändler zu ermüden. Die beunruhigende Allianz von künstlerischem Radikalismus und seiner den Marktgesetzen gehorchenden Nachfrage zeigte schon erste Anzeichen von Ermüdung.

Der kalifornische Künstler Michael Asher spielte in einer exemplarischen Projektreihe Möglichkeiten einer »situationsbezogenen Ästhetik« durch. Indem er das Museum oder die Galerie als eine Art physikalische Quelle auffaßte, so daß er in deren fühlbar materiellen Charakter eingreifen konnte, gelang

21 Gordon Matta-Clark
Splitting (in Eaglewood), 1974. Cibachrome, 110 x 80 cm. Privatbesitz.

Die Künstlerin Alice Aycock erinnert sich: »Man begann am Fuße der Treppe, wo der Riß noch schmal war. Wenn man hoch ging (…) wurde er immer größer, bis man den Weg nach oben geschafft hatte, wo der Riß 30 bis 60 Zentimeter auseinanderklaffte (…) man erfuhr den Abgrund kinästhetisch und psychologisch.«

22 MICHAEL ASHER
Projekt in der Claire Copley Gallery, Los Angeles, 1974.

Dieses Foto zeigt den Raum, der geschaffen wurde, indem man die Trennung zwischen Büro- und Galerieraum entfernte. »In dem vereinigten Büro/Ausstellungsraum«, sagte Asher, »schienen die Mitarbeiter der Galerie sich ihrer Tätigkeiten und die Betrachter sich ihrer selbst als Betrachter bewußt zu werden.«

es ihm, die Prozesse des Betriebssystems Kunst zu enthüllen. Am Otis Art Institute in Los Angeles handelte Asher 1975 mit einer Galerie aus, daß sie für die Dauer der »Ausstellung« geschlossen bleibe: In der Eingangslobby hatte er ein Hinweisschild angebracht, auf dem stand: »In der derzeitigen Ausstellung bin ich die Kunst.« So vermischte er die Identität des Produzenten mit der des Betrachters und enttäuschte die Erwartung auf kathartische Läuterung, die ein Ausstellungsraum per se erweckt. Ein Jahr zuvor hatte Asher ebenfalls in Los Angeles in einer privaten Galerie die Trennwand zwischen Galerie und Büroräumen beseitigt. Die daraus resultierende Unterbrechung des Teppichbodens und des Anstriches machte er unkenntlich, so daß unwillkürlich der gesamte, im Ausstellungsteil leere Raum für die ganz konventionell am Ende des Büros aufgehängten Gemälde zu Verfügung stand (Abb. 22). Sein Ziel war es, die Trennung von ästhetischer Erfahrung und Kommerz abzubauen. »Die Besucher wurden mit einer Präsentationsform konfrontiert, mit der sie in traditioneller Manier eingelullt wurden, Kunst zu betrachten, und gleichzeitig trat die Galeriestruktur und ihre Arbeitsweise hervor (...). Ohne dieses Hinterfragen bleibt ein Kunstwerk eingeschlossen in seinem abstrakten ästhetischen Kontext; indem eine solche Situation geschaffen wurde, verbirgt sich dem Betrachter dessen reale und historische Bedeutung.« Gleichzeitig bewirkte Ashers Dekonstruktion bezüglich der Urheberschaft des Kunstwerkes eine Verlagerung vom Individuum zum Team. Von nun an würde der kooperierende Kurator zum Bestandteil der Arbeit.

Ashers Projekte konnten nicht ge- oder verkauft werden und überlebten fragmentarisch in Dokumentation und Kunstkritik. Dennoch zeigte sich, daß die meisten Galerien und Museen es für angebracht hielten, konventionellere Relikte der Konzeptkunst – Texte, Notizen, Diagramme, Anleitungen, Fotografien – als Kunstwerke anzuerkennen. Sie nahmen diese wenig anspruchsvollen Dinge zum Vorwand für eine noch schnellere kommerzielle Vermarktung als je zuvor. Da solche Skizzen unproblematisch zu transportieren, auszustellen und zu versichern waren, riskierten solche Formen der Konzeptkunst, ungewollt einer ständigen Nachfrage der Kunsthändler nach geistiger Innovation gerecht zu werden.

Eine derartige Bewertung von Konzeptkunst konnte sich auf internationalem Niveau nicht durchsetzen. Die Vorgeschichte der polnischen und russischen Arbeiten – um zwei signifikante Beispiele anzuführen – kann nicht mit der ihrer Pendants im Westen verglichen werden. Das sowjetische Betriebssystem Kunst, der Stellenwert der Galerien und der Verbände lassen sich aus westlichem Blickwinkel nur schwer einschätzen.

In solchen Ländern existierte der Markt nicht, der sich für Künstler des Westens als so zentral wie problematisch erwies. In der Sowjetunion bedeutete die staatlich anerkannte Version des »Sozialistischen Realismus« – in den späten 60er Jahren noch immer die Norm – Bilder über den glorreichen Vormarsch des Kommunismus und die glückliche Unterwerfung des Individuums unter den Staat. Die Fortdauer dieser die Kunstproduktion regelnden Maschinerie hatte seit dem Jahre 1945 wie ein erstickendes Tuch über der Kunst Osteuropas gelegen. Abstrakte Kunst war offiziell verbannt und in ihren Details nicht bekannt.

Die Atmosphäre der Moskauer Avantgardekreise in den frühen 70er Jahren kann zum Teil nach dem Ausmaß beurteilt werden, in dem oppositionelle Kunst die staatlichen Autoritäten provozierte. Das wichtigste Beispiel dafür ist wohl das legendäre Planieren einer Avantgarde-Ausstellung von 1974 im Beljaevo-Park durch den KGB. Die dadurch ausgelöste Publizität trug paradoxerweise genausoviel zur Befreiung der jüngeren Generation wie zu ihrer Einengung bei: Die Ausstellung wurde mit weit mehr öffentlichem Interesse zwei Wochen später erneut eröffnet. Zu dieser Zeit hatten die Moskauer Künstler den Begriff »Soz-Art« (Russisch für »sozialistisch«) geprägt, der die unbarmherzige Pop-Art-Imitation des offiziellen sozialistischen Realismus bezeichnete. Die »Soz«-Arbeiten des noch bis heute kooperierenden Duos »Komar & Melamid« benutzten eine Mischung von Ideen Duchamps und Minimal- und Pop-Art, die sie durch westliche Kunstzeitschriften kennengelernt hatten und mit einem einheimischen Zynismus kombinierten, der auf eine absurde Literatengruppe aus den 20er Jahren, die »Oberiu«, zurückgeht. In einem Gemälde von 1972, das eine Art Ost-Konzeptkunst zeigte (Abb. 23), nahmen sie einen offiziellen kommunistischen Slogan als Grundlage und reduzierten jeden Buchstaben auf ein monochromes Rechteck, so daß der Inhalt des Slogans buchstäblich unverständlich wurde. Auf einer anderen Ebene charakterisierte die minimalistische Wiederholung von leeren Feldern die fehlende Botschaft selbst – was immer sie war. Die »offizielle« Realität wurde zum Gegenstand, der aber innerhalb des Kunstkontextes parodiert wurde, was gleichzeitig Voraussetzung für die Künstler war, der Aufmerksamkeit der Zensur zu entgehen.

Für die meisten sowjetischen Künstler, die nicht in den Westen reisen konnten und dennoch gelegentlich Informationsfetzen aus der New Yorker Kunstszene und von anderswo erhielten, nahm die Arbeit von bestimmten westlichen Konzept-, Land-Art-Künstlern und Musikern eine fast schon mystische Bedeutung an. Die Moskauer Gruppe um Andrej Monastyrskij, bekannt als »Kollektive Aktionen«, begann Mitte der 70er Jahre, Ideen von John Cage über den Stellenwert des Zufalls in eigenen Kompositionen weiterzuentwickeln. Interessenten wurden eingeladen, an einen Ort außerhalb Moskaus zu reisen, wo die Gruppe »Kollektive Aktionen« ritualisierte, rätsel-

23 Vitaly Komar und Alexander Melamid (Komar & Melamid) *Zitat*, 1972. Öl auf Leinwand, 80 x 120 cm. Privatbesitz.

hafte Aktionen aufführte, die vorher nicht angekündigt worden waren. In *Erscheinung* (1976) zum Beispiel kamen zwei Performer aus dem Wald heraus und überreichten den Teilnehmern einen Zettel, der ihre Teilnahme an der Veranstaltung bestätigte (ein Beispiel für die russische Tendenz, bildende Kunst mit Sprache zu verbinden). In *Lieblich* aus demselben Jahr gab es eine elektrische Klingel, die unter dem Schnee erklang, sobald der Betrachter sich ihr näherte: Das Konzept der »Tönenden Stille« war direkt von John Cage inspiriert. In *Dritte Variante* (Abb. 24) führten mehrere Personen leere Aktionen und Befreiungsgesten vor, wie das In-einem-Graben-Liegen (eine Geste, die man auch in Carlos Castanedas »Reise nach Ixtlan« und Samuel Becketts »Molloy« findet), bis das Publikum aus eige-

24 ANDREJ MONASTRYRSKY und »KOLLEKTIVE AKTIONEN« *Dritte Variante*, 1978. Performance.

In dieser Performance kam eine violett gekleidete Person aus dem Wald, ging über einen Platz und legte sich in einen Graben. Der Kopf einer zweiten Person wurde (in Form eines Ballons) aufgeblasen, und auch sie legte sich in den Graben. Die beiden blieben dort liegen, bis das Publikum wegging.

nem Antrieb verschwand. Solche Kunstformen lagen jenseits der Grenzen von offizieller wie auch oppositioneller Kunst, und lediglich die Reise zur Veranstaltung und die Teilnahme verliehen den Aktionen rituelle Bedeutung.

Die russische Ironie angesichts der Westkunst äußerte sich auch in den Moskauer Performances der Künstler Mikhail Roshal, Viktor Skersis und Gennady Donskoy. Sie erstellten u.a. ein Dokument, in dem sie vorgaben, die Seele von Andy Warhol für 100 Rubel gekauft zu haben. Eine andere Aktion dieses Trios mit dem geistreichen Titel »Underground Art« von 1979, fand in demselben Park statt wie die Planierraupen-Ausstellung fünf Jahre zuvor. Die Künstler, die zum Teil im Boden begraben waren, redeten per Mikrofon über ihr Leben als Künstler in der Sowjetunion und malten über ihren Köpfen mit Schlamm auf einer Leinwand. Eine Videoaufzeichnung der Veranstaltung, 1979 noch eine neue Form der Dokumentation in Rußland, zeigt, wie die Künstler aus einer Grube emporsteigen und fragen: »Wo ist Chris Burden, wenn wir ihn brauchen?« Solche sich selber verspottenden Gesten der Kunstszene suggerieren, obwohl sie kaum veröffentlicht und zum Teil sogar nicht einmal aufgezeichnet wurden, daß die universelle Ironie der westlichen Konzeptkunst in allerlei Situationen ohne weiteres adaptiert werden konnte, wie entfernt oder unähnlich diese Situationen auch immer schienen.

Das Spektrum der affirmativen Malerei

Das letzte Beispiel zeigt, daß die Malerei unter dem Einfluß der Konzeptkunst über ihren Gegenstand und ihre Grenzen hinausweisen konnte. »Underground Art« zeichnete zum Teil ein nihilistisches Bild über die Malerei selbst. Im Vergleich dazu erschien die offensiv affirmative Malerei, wie die sinnlichen Farb-

abstraktionen von Jules Olitski in Amerika oder von John Hoyland in Großbritannien, blaß und wenig überzeugend: dabei war das Problematischste ihr mangelnder kritischer Ansatz, den die Konzeptkunst ermöglicht hatte.

Mitte der 70er Jahre jedoch konnte man bestimmte Künstler entdecken, die das Medium an Grenzen des Vorstellungsvermögens und der Technik brachten: Sigmar Polke und Gerhard Richter in Deutschland oder die amerikanischen Künstler Brice Marden, Robert Ryman sowie der heute in Rom lebende Cy Twombly, dessen undeutliche, gekritzelte Abstraktionen alle Merkmale jener Unentschlossenheit aufwiesen, die für die zeitgenössische Neudefinition der Malerei notwendig war (Abb. 25). »Es ist, als ob das Gemälde einen Kampf gegen die gesamte Kultur führt«, sagte der französische Theoretiker Roland Barthes über Twomblys Arbeit, »es wirft seine hochtrabenden Gedanken über Bord und behält nur seine Schönheit.« In der Absicht, diesen Stil an den anti-individualistischen Stil der Ostkunst anzugleichen, sagte Barthes, daß »diese nach nichts greift: ihr Platz ist festgelegt, sie fließt und treibt zwischen Verlangen, das nach subtiler Mode die Hand lenkt, und Höflichkeit, die die diskrete Verweigerung jeder fesselnden Ambition ist.« Twomblys Ethik konnte »außerhalb der Malerei, außerhalb des Westens, außerhalb der Geschichte an den Grenzen der Bedeutung« festgemacht werden, so Barthes.

Einen anderen Ausweg aus dem Drang der Minimal-Malerei zur Reduktion und zum leeren, flexionslosen Monochrom bot die Tendenz des Amerikaners Frank Stella Mitte der 70er Jahre, der seine Bildoberflächen in einer zunehmend pompösen Manier zusammensetzte. Nach gestreiften Minimal-Bildern in Schwarz und Aluminium (1958 bis 1960) und kubistisch anmutenden Mauerreliefs der frühen 70er Jahre wechselte Stella mit seiner Serie *Exotische Vögel* (Abb. 26) zu unregelmäßigen Kur-

25 Cy Twombly
Turn and Coda (Umkehr und Schlußsatz), 1974. Außenwandfarbe auf Ölbasis, Öl, Wachsmalstift und Bleistift auf Leinwand, 250 x 200 cm. Privatbesitz.

26 Frank Stella
Bermuda Petrel (Bermuda Sturmvogel), 1976. Lack und Öl auf Metall, 1,50 m x 2,10 m x 35,50 cm. Leo Castelli Gallery, New York.

Die größten Arbeiten der »Exotic Bird«-Serie erforderten fabrikgefertigte Aluminiumflächen, die mit Glasstaub und Lack behandelt wurden, die der Künstler lediglich in Auftrag gab. »Ich konnte das strukturelle Schema für solche Bilder machen, indem ich einfach die Schablonen auf der Fläche des Bildes hin- und herschob«, erinnerte sich Stella. Für Konzeptualisten sah Stellas Kunst nach seiner minimalistischen Phase zunehmend barock und schwerfällig aus.

27 Joyce Kozloff
An Interior Decorated, 1980/81. Installation in der Renwick Gallery, Smithsonian Institution, Washington, D.C.

»Wir brauchen eine Kunst, die unmittelbare Bedeutung offeriert, ohne die visuelle Komplexität zu opfern, eine Kunst, die etwas anderes als Verweigerung, naturwissenschaftliche Präzision und einen erkenntnistheoretischen Standpunkt ausdrücken will«, schrieb der Kritiker John Perrault. Kozloff hat ihre Methode neuerdings als »urbanes Design« bei Projekten für die Gestaltung von Fußwegen und Piazzas umgesetzt.

ven, wilden Pinselstrichen und heftigen Farben. Stellas Reputation als einer der intelligentesten und vorausschauendsten Maler seiner Generation garantierte, daß seine neuen Werke in vielen Ateliers als Richtung registriert wurden, die man zu beobachten hatte.

Zu dieser Zeit kultivierten viele abstrakte Maler eine bestimmte Redundanz, die allein um der Veränderung willen extreme Formen annahm. Ein ähnliches Urteil wurde auch über eine bestimmte Malerei von Frauen gefällt, die gegen Ende der 70er Jahre international in Erscheinung trat und als »Pattern-Art« bekannt wurde. Sie entwickelte farbenfrohe, sich wiederholende Muster auf grundsätzlich großen Formaten (Abb. 27). Kritiker, die diese Arbeiten unterstützten, ebneten ein gutes Stück des Weges aus den öde anmutenden Anwendungen der Konzeptkunst heraus, den sie anbot. »Wir brauchen eine Kunst, die Formen der Dritten Welt anerkennt und/oder solche, die traditionell als Arbeiten von Frauen betrachtet werden: eine Kunst, die ein steriles Umfeld beleben wird (...) Nackte Flächen werden ausgefüllt«, schrieb der Kritiker des »Artforum«, John Perrault. »Die Gitter der Minimal-Bilder werden in Netze verwandelt, die sinnlich sind und Inhalte haben, die jenseits von Selbstreferenz liegen.«

Gefeiert in Ausstellungen wie »Pattern-Painting«, eine Präsentation von zwanzig Künstlern in der New Yorker »PS1 Gallery« im November/Dezember 1977, antwortete diese Richtung eher auf eine Stimmung (das Verlangen nach Sinnlichkeit und Farbe am Ende eines Jahrzehnts) als auf einen Gedanken. Sie verwies auf die Wirkung ethnischer Dekoration (keltisch, indianisch, islamisch) und zelebrierte dies auf eine Art und Weise, die nicht mehr und nicht weniger bedeutete, als einen Stil an ein Format zu binden. Auch Installationen wie die von Cynthia Carlson, in der sich die komplette Galerie dem Drang zu eklektizistischem Überfluß unterordnen mußte, funktionierten eher wie ein Modellbausatz für eine Architektur, die ihre Formensprache erneuern wollte, denn als Beitrag zur Kunst. Pattern-Painting erreichte aber, daß der Wunsch von Künstlerinnen demonstriert wurde, außerhalb der beengenden Anweisungen der modernistischen kritischen Direktiven zu arbeiten.

Das relativ schwache Stehvermögen von Pattern-Painting in den späten 70er Jahren spiegelte aber unmittelbar nach der Popularisierung von Konzeptkunst eine tiefgreifendere Veränderung in der Kunstszene. Denn schon bald wurde offensichtlich, daß mehr als bloße Sinnlichkeit nötig war, um die Verdrossenheit, die die Kunstwelt damals schwächte, zu überwinden. Die direkteste Herausforderung, die sich an die Regeln der formalistischen Kunst der Moderne richtete, lag nicht in der größtmöglichen Abstraktion als Weg, die minimalistische Abstraktion zu übertrumpfen, sondern in einer Rückkehr zu verschiedenen Formen der Figuration, was den vollständigen Rückzug aus der Abstraktion bedeutete.

Kapitel 2:

Malerei und Politik: 1976 – 1990

28 GERHARD RICHTER
Abstraktes Bild (576/3), 1985. Öl auf Leinwand, 180 x 120 cm. Privatbesitz.

»Hier«, sagt Richter, »habe ich versucht, konstruktive Elemente der Malerei mit Flächen, die destruktive Elemente enthalten, zu verbinden – ein Gleichgewicht zwischen Komposition und Anti-Komposition.« Von einem vergleichbaren früheren Bild sagte er: »Hier gibt es etwas Dekonstruktivistisches und merkwürdig Ungleichgewichtiges neben etwas anderem, das sorgfältig komponiert wurde.«

Um 1975 galt die Malerei weitgehend als wiederbelebbare Ressource der Kunst. Doch befand sie sich zu diesem Zeitpunkt in einer scheinbar unlösbaren Zwangslage: Auf der einen Seite gab es die gegenüber den Errungenschaften der Konzeptkunst aufgeschlossenen Künstler, die den Zusammenbruch der traditionellen Moderne in den späten 60ern begrüßt hatten und eine rein intuitive »Qualität« von Malerei bezweifelten. Auf der anderen Seite meldeten sich jene zu Wort, die sich einen Ausweg aus der wachsenden Lethargie im Lager der Konzeptualisten wünschten.

In Lucy Lippards Katalogbeitrag für die 9. Biennale von Paris, 1975, finden sich unverhüllt Gründe für eine Wiedereinführung des figurativen Gehalts in die bildende Kunst. Lippard bemerkte, daß Frauenkunst »Wege zurück zu einer fundamentaleren Verbindung zwischen Künstler und realem Leben aufzeigen könnte (...) Wenn wir uns wieder mit anderen Sehweisen konfrontieren, werden wir uns viel schneller mit dieser ungestümen Version einer unterdrückten Bildsprache anfreunden können, die heute so selten akzeptiert wird.« Trotz ihrer weitgehend feministischen Argumentationsweise erwies sich ihre Bemerkung in vielerlei Hinsicht als prophetisch. Natürlich hatte die Malerei in den späten 60er und frühen 70er Jahren nicht einfach aufgehört. Gemeinsam war diesen theoretisch hinterfragenden wie praktisch experimentierenden Neuinterpretationen um 1975 der Umgang mit Öl oder Acryl auf Leinwand, wobei vieles dem Abstrakten Expressionismus ähnelte. Diese neue Malerei bezog häufig die menschliche Gestalt mit ein. Daß die neue gegenständliche Kunst in ihrer Mehrheit von Männern stammte, verkomplizierte die Lage um so mehr.

Die Rückkehr von Figur und »Expression«

Die Arbeit des Amerikaners Leon Golub, für den Aufrichtigkeit und Engagement, vor allem aber die Frage nach der Möglichkeit von »politisch« figurativer Kunst wichtige Anliegen waren, kann als beispielhaft für wiedererlangtes Vertrauen und neue Kraft in der Malerei gesehen werden. Angesichts der Kritik an den traditionellen Stilen und Medien in den 60er Jahren schien bereits die Idee einer figurativen Kunst überholt, bestenfalls nostalgisch. Mehr noch, die kulturelle und diplomatische »Eiszeit« zwischen der Sowjetunion und den USA hatte verhindert, daß ein ernsthaft engagierter gegenständlicher Realismus im Westen möglich erschien. Vielleicht konnte deshalb nur ein älterer Künstler einen verantwortungsvollen politischen »Realismus« entwickeln. Der 1922 geborene Leon Golub hatte Mitte der 30er Jahre an der gegenständlich orientierten WPA (Works Progress Administration) Kunst studiert und schon während der 40er und 50er Jahre international ausgestellt. In den späten 60ern trug er zu den Künstlerprotesten gegen den Vietnamkrieg bei: 1968 forderte Golub, daß aus Protest gegen die Bombenpolitik der Vereinigten Staaten in Vietnam Picassos Bild *Guernica* aus dem Museum of Modern Art in New York entfernt werden solle. Golubs Bilder aus dem folgenden Jahrzehnt vermieden jegliche Abstraktion und wandten sich statt dessen dem Thema des politischen Kampfes zu: seine *Assassins* (Attentäter) von 1972 und die *Mercenaries-Serie* (Söldnertruppen-Serie) aus dem Jahre 1976 verweisen auf soziale und politische Gewalt im allgemeinen, speziell aber auch auf den

von der CIA unterstützten Terrorismus im Chile des Generals Pinochet oder auf den Genozid in Pakistan (Abb. 29).

Gegen Golub sprach jedoch der unbequeme Verdacht, daß insbesondere die narrativ-politische Malerei zwar ein mutiges, aber hoffnungsloses Unterfangen geworden war, nachdem Fernsehen und Fotografie sämtliche Details des Vietnamkrieges bereits festgehalten hatten. Diese Erkenntnis entsprang natürlich der Vorstellung, daß Malerei – wie die von Golub praktizierte – primär als Illustration funktioniere, weniger als ästhetische Konstruktion, die kritisch am Illustrationsbegriff des Publikums arbeite.

Für viele der im Anschluß an die Konzeptkunst gegenständlich arbeitenden Maler kam dem Vergleich ihres Stils mit traditionellen figurativen Malweisen entscheidende Bedeutung zu. Unter dem Einfluß der Konzeptkunst faßte man Gemälde als figurativ redundante Objekte auf. Man glaubte, daß alle möglichen gegenständlichen Stile bereits stattgefunden hatten und daß deshalb die wiederbelebte Gestalt höchst unglaubwürdig sein müßte. Hatten nicht Pioniere der Moderne, wie Picasso und Duchamp, bereits gezeigt, wie diese realistische Darstellung abgelöst werden konnte? War nicht gerade der Akt des gegenständlichen Malens unlösbar verflochten mit (männlichen) Institutionen, der Ausübung politischer und persönlicher Macht, der Unterdrückung von Minderheiten und Frauen, sowie den Mechanismen des kapitalistischen Marktes?

Viele dieser Fragen wurden 1976 in London anläßlich der Ausstellung »The Human Clay« (der Begriff stammt aus einem Gedicht von W.H. Auden: »To me Art's subject is the human clay«) gestellt, die der frühere Pop-Art-Künstler R.B. Kitaj zusammengetragen hatte. Kitaj zeigte eigene Bilder und Zeichnungen, dazu Werke u.a. von Leon Kossoff, Lucian Freud und Francis Bacon, die man daraufhin die »School of London« nannte. Kitaj wandte sich gegen das, was er »provinzielles und orthodoxes Genredenken« nannte. Damit war post-Duchampsche Kunst gemeint, die New Yorker Szene und vieles mehr. Kitajs Parteinahme für die gegenständliche Malerei war aber begleitet von unverhohlen traditionalistischen Forderungen. »Der Samen ging nie richtig auf«, sagte er, bezogen auf eine Maltradition, in deren Mittelpunkt die menschliche Figur stand. »Es ist nicht so, daß ein menschlicher Instinkt, angelegt in einer Zeit lange vor Sassetta und Giotto, an sein Ziel gekommen wäre.« Die Rückkehr zur figurativen Malerei war für Kitaj auch ein Weg, »gemeinsame Sache mit den Arbeitern zu machen (...). Es scheint mir zumindest ebenso fortschrittlich oder radikal, eine gesellschaftlich engagierte Kunst auszuprobieren, als dies nicht zu tun.« Trotz allem blieb »The Human Clay« ein in traditionellen Mustern verhafteter Versuch von Männern, weibliche Akte zu zeichnen oder zu malen (weniger häufig malten Männer sich gegenseitig). Lucian Freud, der bereits in den frühen 40er Jahren auszustellen begann und bis in die 70er Jahre hinein als einflußreicher Maler galt, wurde als Künstler ge-

29 Leon Golub
Mercenaries III (Söldner), 1980. Acryl auf Leinwand, 300 x 405 cm. Eli Broad Family Foundation, Los Angeles.

Golub: »Die dargestellten Soldaten wurden in unseren Raum und wir in ihren Raum versetzt. Das ist, als ob man die Grenzen zwischen dem dargestellten und dem tatsächlichen Raum einreißt (...) Es antwortet auf ein Ressentiment und konfrontiert die Gesellschaft mit einer Aggressivität, die sie im Grunde toleriert.«

schätzt, der eine Tradition der figürlichen Malerei belebt hatte, in der das Nackte, Klassenlose und Triebhafte des Menschen zum Ausdruck kommt. Böse Zungen behaupteten dagegen, Freuds Malerei würde sich in merkwürdig arrangierten, unterwürfig wirkenden Frauengestalten erschöpfen, die vorzugsweise in unangenehmen Orange- und Brauntönen gemalt sind, wobei die Präsenz des Malers dominiert, der, oftmals sich selbst porträtierend, von oben auf die zum Teil laszív hingestreckten Körper schielt (Abb. 30).

Aber die Londoner Schule war (und ist) eine Sackgasse der Kunstgeschichte. Dennoch wurde offenkundig, daß die um 1977/78 propagierte »Rückkehr« der Malerei zu seinerzeit verlorengegangenen Möglichkeiten die Aufmerksamkeit der Kuratoren in Europa und Nordamerika erregt hatte. In der Bundesrepublik und in Italien – aber auch auf breiter internationaler Ebene – wurden Bilder gezeigt, die eine scheinbar informierte und parodierende Haltung hinsichtlich historischer Stilarten einnahmen. Der Berliner Georg Baselitz hatte ein Jahrzehnt lang die Spannung zwischen abstrakter und gegenständlicher Malerei untersucht, indem er Fragmente über die Leinwand verteilte oder – nach 1969 – seine grob skizzierten Figuren auf den Kopf stellte. In Berlin lebte damals auch Markus Lüpertz, Autor des »Dithyrambischen Manifests« (1966), der eine aus der deutschen Geschichte hergeleitete Ikonographie – Stahlhelme, Kanonen und Situationen aus dem Zweiten Weltkrieg – in seine im wesentlichen abstrakte Kunst einbrachte. Der in Dresden lebende A.R. Penck (sein wirklicher Name ist Ralf Winkler) konnte während der 60er Jahre nicht direkt am westlichen Kunstsystem teilnehmen. Er wurde vielmehr durch seine Kontakte zu der Kölner Galerie Werner, zu Kaspar König und Dieter Koepplin sowie durch seine Freundschaft mit Baselitz und Immendorff zunehmend in den westlichen Kunstkontext integriert, obwohl er bis 1980 die DDR nicht verlassen hatte. Zur selben Zeit stellte man zunächst in Italien, dann auch in der Schweiz und in der Bundesrepublik italienische Künstler wie Enzo Cucchi, Francesco Clemente, Mimmo Paladino und Sandro Chia neben Nicola de Maria, Luigi Ontani und Ernesto Tatafiori aus, die in Italien bald schon als »Transavantgardia« bekannt werden sollten. Ihre Arbeiten waren mehr und mehr eklektisch, nostalgisch und ironisch, obwohl sie die großen Formate der Abstrakten der 50er Jahre beibehielten.

Die neue Aufbruchsstimmung wird offenkundig, vergleicht man die von Harald Szeemann für die documenta 5, 1972, getroffene Malerauswahl, die sich im Rückblick wie ein Handbuch der Konzept-Künstler liest, mit der Entscheidung von Manfred Schnekkenburger für die documenta 6, 1977. Schnekkenburger bezog einige Maler wieder mit ein, die Szeemann nicht berücksichtigt hatte: Bacon, Baselitz, Lüpertz und Penck wurden Seite an Seite mit neuen Arbeiten von Nancy Graves, Andy Warhol, Jasper Johns, Frank Stella, Roy Lichtenstein und Willem de Kooning gezeigt. Von den Italienern war noch nichts

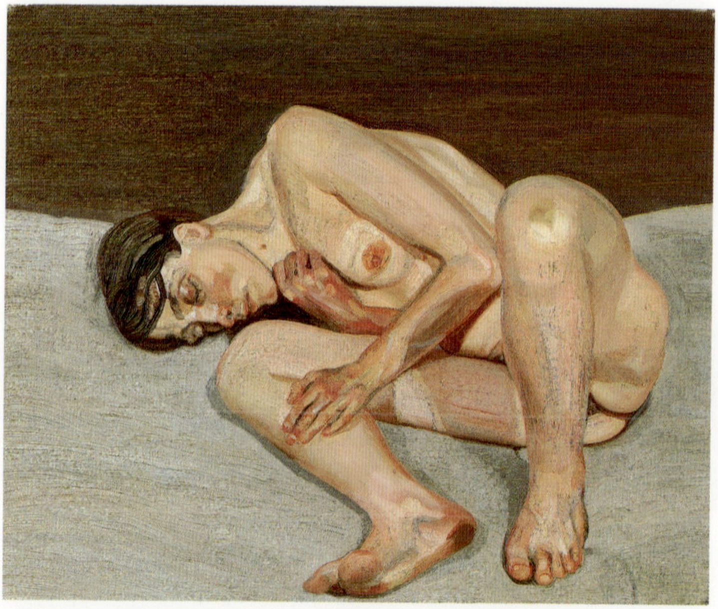

30 Lucian Freud
Small Naked Portrait,
1973/74. Öl auf Leinwand,
22 x 27 cm. Ashmolean
Museum, Oxford.

zu sehen. Doch Francesco Clemente und Sandro Chia stellten 1979 gemeinsam und 1980 zusammen mit Enzo Cucchi in der Sperone Westwater Fischer Gallery in New York aus. Beide Ausstellungen wurden von den Kunsthändlern und Kritikern mit Begeisterung und Erleichterung aufgenommen, waren sie doch der strengen Einfachheit der Konzeptkunst überdrüssig geworden. Zur Biennale von Venedig 1980 hatte sich die Kuratorengemeinde mit ganzem Herzen der neuen, »neo-expressionistischen« Malerei verschrieben, die jedoch historisch stark vorbelastet war. Skeptisch reagierten jene, für die eine Rückkehr zu »narrativer, malerischer Expression« gleichzeitig das Ende ernsthaft-kritischen Engagements bedeutete.

Die unterschiedlichen Standpunkte der Kritik lassen sich anhand der Reaktionen auf zwei große, hochrangige Gruppenausstellungen gut verdeutlichen. Die eine wurde 1981 von Norman Rosenthal, dem Ausstellungsleiter der »Royal Academy« in London, die andere 1982 von dem Berliner Kunstkritiker Christos Joachimides in Berlin organisiert. Die Berliner Veranstaltung nannte sich »Zeitgeist« – nach einem aus der deutschen Philosophie entlehnten Begriff. Die Londoner Ausstellung mit dem pompösen Titel »A New Spirit in Painting« zeigte so unterschiedliche Künstler wie Georg Baselitz, Karl H. Hödikke, Rainer Fetting, Markus Lüpertz, Sigmar Polke und Gerhard Richter aus der Bundesrepublik; Pierpaolo Calzolari, Mimmo Paladino und Sandro Chia (Abb. 30) aus Italien; Brice Marden, Julian Schnabel und Frank Stella aus den USA; und Francis Bacon, Alan Charlton, David Hockney, Howard Hodgkin und R.B. Kitaj aus Großbritannien. Werke von Künstlern der älteren Generation wie Picasso, de Kooning und Matta sollten den

31 SANDRO CHIA
Fumatore con quanto giallo, 1980. Öl auf Leinwand, 150 x 130 cm. Galerie Bruno Bischofberger, Zürich.

Chia bezeichnete sein Atelier in Italien als »den Magen eines Wals«. Er beschrieb seine Werke als »unverdaute Reste einer früheren Vergangenheit (...). Ich bin ein Löwenbändiger unter diesen wilden Tieren, und ich fühle mich den Helden meiner Kindheit, Michelangelo, Tizian und Tintoretto, nahe«.

Arbeiten der jüngeren Generation als Legitimation dienen. Die Londoner Ausstellung umfaßte Bilder von Baselitz (Abb. 32), furios-sinnliche Bilder mit dick aufgetragenen Farben von Fetting, eklektische Leinwand-Performances von Stella, Picassos strahlendes Spätwerk, an Lolitas erinnernde Figuren von Balthus und monochrome Tafeln von Alan Charlton, Gotthard Graubner und Robert Ryman. Selbstbewußt präsentierte die Ausstellung »New Spirit« »einige der heute lebendigsten und bekanntesten Maler der Welt« und stellte drei Hauptgedanken in den Mittelpunkt: Erstens, daß die Malerei in den 50er Jahren von der New Yorker Szene dominiert worden war, was zu einer Marginalisierung der europäischen geführt hatte. Zweitens, daß die kulturell wie politisch hohen Ansprüche der 60er Jahre einer baldigen Revision bedurften. In Joachimides' Worten: »Die übertriebene Idee der Autonomie in der Kunst, die die Minimal-Art und ihr extremes Anhängsel, die Konzeptkunst, her-

vorbrachte, war bald hart umkämpft: Schnell zur Avantgarde der 70er Jahre avanciert, mit ihrem engen, puritanischen Anspruch, bar aller Sinnlichkeit, verlor sie ihren kreativen Impetus und begann zu stagnieren.« Drittens, daß es trotz der anhaltenden Bedeutung der Abstraktion notwendig war, sich erneut einer figurativen Tradition zu versichern. »Es ist sicherlich undenkbar«, schrieben die Kuratoren der Londoner Ausstellung, »daß die Darstellung menschlicher Erfahrung, mit anderen Worten die Darstellung von Menschen und ihren Emotionen, Landschaften und Stilleben, für immer aus der Malerei ausgeschlossen werden kann.« Die Erneuerung der von den Kuratoren ausgegrabenen »Nordischen expressionistischen Tradition«, zum Teil in Anlehnung an den deutschen Expressionismus des frühen 20. Jahrhunderts mit Ernst Ludwig Kirchner, Karl Schmidt-Rottluff und Emil Nolde, infizierte die Künstler. Sie bekräftigten, daß solche Themen »auf Dauer wieder ins

32 Georg Baselitz
Akt Elke, 1974. Öl auf Leinwand, 250 x 250 cm. Privatbesitz.

Ausgebildet in der figurativen Tradition der DDR, begann Baselitz seine Motive auf dem Kopf zu malen, um »von allem Ballast, von der Tradition befreit zu sein«.

Zentrum malerischer Auseinandersetzung rücken müßten«. Vor diesem Hintergrund strebte Joachimides danach, eine »Position in der Kunst zu präsentieren, die bewußt traditionelle Werte wie individuelle Kreativität, Verantwortlichkeit, Qualität zu bedenken gab«. Er ging so weit, die »Zeitgeist«-Ausstellung, die ein Kassenknüller wurde, einen »Akt des Widerstandes« zu nennen, der »im wahren Sinne progressiv« sei.

Aber »A New Spirit in Painting« etablierte zu Anfang der 80er Jahre die Malerei erneut als männliche Domäne (alle 38 Künstler waren Männer), die sich durch Merkmale wie Kraft, Ehrgeiz, zelebrierte Sinnlichkeit und eine bewußte nationale »Tradition« auszeichnete. Die Deutschen schienen ähnlich wie zu Zeiten des Expressionismus von Ängsten und Obsessionen beherrscht, die Amerikaner selbstsicher und pluralistisch, die Briten als die Romantiker des Nordens mit der Figur beschäftigt, die Italiener hatten die Arte Povera überstanden, um zu noch älteren Wurzeln zurückzukehren. Nationale Stereotypen in einem traditionellen Rahmen: Die männliche Künstlergemeinde der NATO-Staaten war in die kulturelle Operation »Rückkehr zur europäischen Kunst« eingebunden, die vorrangig expressionistischen Tendenzen folgte. Zu diesem Zeitpunkt bewirkte das Zusammentreffen der Wirtschafts- und Geldpolitik von Thatcher in Großbritannien und der »Reaganomics« in den USA eine rasante Belebung des internationalen Kunstmarktes, der nach der Ölkrise Mitte der 70er eine Zeitlang stagniert hatte (Abb. 33). In der neuen politischen Ordnung wurde der Besitz von großformatigen, kraftvoll erscheinenden Bildern ebenso modern wie »Menschen und ihre Emotionen, Landschaften und Stilleben«, die sie zu zelebrieren vorgaben.

33 Ein erfolgreiches Gebot bei einer Auktion russischer Avantgarde- und zeitgenössischer sowjetischer Kunst von Sotheby's am 7. Juli 1988 in Moskau. Diese Veranstaltung markierte die Öffnung des Eisernen Vorhangs für Kunst und Künstler und warf ein Licht auf die Zwänge und Erwartungen des westlichen Kunstmarktes.

Unmittelbar nach der Londoner Ausstellung ergaben sich erfolgreiche Verbindungen zwischen der neuen »Transavantgardia«, um Achile Bonito Olivas Begriff zu benutzen, und einflußreichen Händlern jenseits des Atlantiks. Im Sommer und Herbst 1981 folgten die Deutschen den Italienern nach New York: Es gab Einzelausstellungen von Georg Baselitz, Anselm Kiefer, Markus Lüpertz, Rainer Fetting und dem schillernden Salomé, der auch Performances und mit seiner Band »Geile Tiere« Musik machte. Bald danach folgten Jörg Immendorff, A.R. Penck, Troels Wörsel und andere. Einflußreiche europäische Galeristen wie Michael Werner in Köln, Gian Enzo Sperone in Rom, Konrad Fischer in Düsseldorf sowie Institutionen wie das Museum Folkwang in Essen und die Hamburger Kunsthalle zeigten die Vertreter des »New Spirit« und stießen auf eine große Resonanz in der Kritik.

Der umstrittene Expressionismus

Die Debatte über die Werte und Prioritäten der neuen Malerei spielte sich auf beiden Seiten des Atlantiks aggressiv und parteiisch ab. Die Fürsprecher insbesondere der deutschen Malerei sahen darin einen Weg aus der künstlerischen und ästhetischen Sackgasse. Was sich äußerlich als Plädoyer für einen neuen Hedonismus ausgab, muß gleichzeitig als typisch mitteleuropäische Reaktion auf die eigene jüngere Vergangenheit gewertet werden. Bazon Brock in der Bundesrepublik und Donald Kuspit in den USA plädierten für die Einordnung der neuen Malerei in eine Avantgarde, die »uns zwang, das scheinbar traditionell Vertraute auf völlig neue Art zu sehen« (Brock) und eine komplexe, erzwungene Naivität zeigte, eine »politische Geste, die die Hilflosigkeit des Individuums angesichts sozialer Kräfte außerhalb seiner Kontrolle spiegelte« (Kuspit). Die Arbeiten von Penck und Immendorff enthielten in seinen Augen die Potenz einer »welthistorischen Kunst. Ein scheinbar umfassender, dominierender Stil, der alles vorherige wegwischt (...) der die Kunst der 60er und 70er Jahre, die bis dato so erhaben schien, enthauptet und auf den Müllhaufen der Geschichte verbannt.«

Auf solche Begeisterungsstürme folgte eine wirkungsvolle Serie von Angriffen auf die neue Malerei, die das marxistisch orientierte theoretische Magazin »October« ab 1976 in New York veröffentlichte. Schon die frühen Aufsätze über Fotografie von Douglas Crimp und Craig Owens in »October« implizierten ihre Opposition zur Malerei. Im Frühjahr 1981 traf die explizite Kritik von Crimp und Benjamin Buchloh ins Schwarze. »Nur ein Wunder kann noch verhindern, daß es mit ihr (der Malerei) zu Ende geht«, schrieb Crimp im Zusammenhang mit Burens Duchampscher Haltung und entgegengesetzten Forderungen hinsichtlich der neuen farbigen Bilder von Frank Stella.

Buchloh erläuterte, was Buren und die Konzeptkunst generell implizierten, nämlich daß »expressive« Malerei von ihrer Intention her reaktionär war und mitschuldig an reaktionärer Unterstützung von elitären und undemokratischen Machtzentren sowohl in der Kunst als auch in der Politik allgemein. »Wenn die Konventionen der Wahrnehmung von mimetischen Darstellungen (...) wieder etabliert werden können, wenn die Glaubwürdigkeit von bildhaften Verweisen erneut bestätigt wird und wenn die Hierarchie in den Beziehungen von Figur und Grund auf der Bildebene wieder als eine ›ontologische‹ Bedingung präsentiert wird«, sagte Buchloh über die Rückkehr des Klassizismus in den 20er Jahren nach der innovativen Periode des Kubismus, »welches andere Ordnungssystem außerhalb des ästhetischen Diskurses müßte dann auf den Plan gerufen werden, um die neuen visuellen Formen mit historischer Authentizität zu durchdringen?« Für Buchloh griff die Rückkehr des Gegenständlichen in den frühen 80er Jahren einen früheren Moment der Avantgarde auf, der ein »großes Potential zur kritischen Demontage der herrschenden Ideologie gehabt hatte«. Für einen überzeugten linken Kritiker, der eine Malereipraxis der revolutionären Dechiffrierung unterstützen wollte, war die neue deutsche Malerei bestenfalls apolitisch und undialektisch; schlimmstenfalls unterstützte und bestätigte sie stillschweigend die allgemeine zeitgenössische politische und kulturelle Restauration. »In der armseligen Kraft ihres Wiederholungszwangs«, klagte Buchloh, »profitiert die Schein-Avantgarde der zeitgenössischen europäischen Maler jetzt von der Ignoranz und Arroganz einer Bande von Kulturparvenus, die es für ihre Pflicht hielten, die Politik eines rigiden Konservatismus über kulturelle Legitimation zu sichern.« »October« war zuweilen gnadenlos. In jedem Fall kultivierte man eine äußerst selektive Wahrnehmung, aus der heraus man entschied, ob man Künstler unterstützte oder überhaupt erwähnte. Es wurde sogar der Verdacht geäußert, die Malerei könne per se nicht mehr zur Avantgarde gehören.

Ausnahmen bestätigen jedoch die Regel. Eine war Gerhard Richter. Richter war in Dresden zu Zeiten der DDR aufgewachsen und im Geiste des Sozialistischen Realismus zum Maler ausgebildet worden, bevor er 1961 nach Düsseldorf zog, zwei Monate vor dem Mauerbau. Er hatte die Arbeiten von Jackson Pollock und Lucio Fontana bereits auf der documenta 2, 1959, gesehen. Nachdem er sich im Westen niedergelassen hatte, arbeitete er mit Sigmar Polke und Konrad Lueg (später Konrad Fischer) an einer frühen Pop-Art-Version, die unter dem ironischen Begriff »Kapitalistischer Realismus« bekannt wurde und mit vorgefundenen Symbolen aus der Werbung und dem urbanen Kontext operierte.

Richter interessierte sich in den folgenden fünfzehn Jahren in seiner Arbeit für die Grenzen der Darstellbarkeit. Angesiedelt zwischen Malerei und Fotografie, implizierten seine Bilder, daß sie keines von beidem sein wollten. Eine Serie aus den frühen 70er Jahren enthielt graue Verwischungen; die *Spiegel*-Arbeiten von 1981 setzten sich aus großen, farbig beschichteten Glasteilen zusammen, die telefonisch für die jeweilige Ausstellung bestellt wurden. Von 1978 oder 1979 an brachte seine teils verzweifelte, teils forschende Arbeitsweise Richter an neue Grenzen; im Zusammenhang mit der Diskussion um die Tradition der »Malerei« auf der Basis herkömmlicher Ästhetik sagte er: »Die Malerei steht allen Ausdrucksformen im Wege, die unserer Zeit entsprechen.« Er selbst produzierte nun abstrakte farbige Werke und solche, die auf reproduzierbaren Bildern wie Schnappschüssen und Zeitungsfotos basierten.

Richters abstrakte Bilder sind in unorthodoxer Manier komponiert: Schichten von relativ einfachen reinen Farben werden mit großen Spachteln oder Gummiwischern über die Fläche verteilt und gezogen. In ihrer Vielfalt scheinen sie sich über die Farbenlehre hinwegzusetzen und gleichzeitig in ihrer beiläufig-mechanischen Art der Produktion die Idee der Komposition widerlegen zu wollen (Abb. 28). In seinen von Fotografien inspirierten Bildern fand Richter zu einer ähnlich eigensinnigen Künstlerposition: Er machte klar, daß er bewußt den Anschein von Fotografien mit den falschen Mitteln hervorruft. Diese Bilder imitieren unprofessionelle Farb- oder Schwarzweißfotos bis hin zu deren ungenauer Einstellung der Entfernung und mangelnder Tiefenschärfe. Ein bemerkenswerter Zyklus aus den späten 80ern, fünfzehn graue Bilder mit dem Titel *18. Oktober 1977*, sind Reflexe auf journalistische Fotos der Verhaftung der RAF-Mitglieder (Rote-Armee-Fraktion) Andreas Baader, Gudrun Ensslin, Ulrike Meinhof und Jan-Carl Raspe und deren Tod im Gefängnis von Stammheim. Richter sagte, daß er betroffen war von »den Ambitionen dieser Leute, ihren nicht privaten, unpersönlichen ideologischen Motiven (...) der unglaublichen Kraft, der beängstigenden Macht, eine Idee zu ver-

34 GERHARD RICHTER
Erschossener (2), 1988.
Aus der Serie *18. Oktober 1977*. Öl auf Leinwand, 100 x 140 cm.

folgen bis zu dem Punkt, an dem man dafür stirbt«. Sie waren »Opfer nicht einer spezifischen Ideologie von links oder rechts, sondern ihres ideologischen Verhaltens an sich«. Überzeugt davon, daß die meisten Fotos »Grauen auslösen«, sah Richter die daraus entstehenden lebensgroßen Bilder als mitfühlende Meditation über den Tod – möglicherweise den Selbstmord – der gefangenen Terroristen. Der Zyklus als Ganzes bildet ein metaphorisches Tableau (Abb. 34).

Das Erstaunliche an der frühen Richter-Rezeption war ihre gesetzmäßige, teils dogmatische Qualität. Buchloh schrieb in »October«, Richters Strategien seien der ironische Versuch, sich mit politischer Geschichte nach bester Avantgarde-Manier auseinanderzusetzen. Richter seinerseits bestand darauf, daß die Rote-Armee-Fraktion ihn als politische Gruppe nicht interessierte. »Ich bin interessiert an der ›raison d'etre‹ einer Ideologie, die soviel in Bewegung gesetzt hat. (...) Politik ist

35 Art & Language
Portrait of V.I. Lenin with a cap, in the Style of Jackson Pollock, I, 1979.
Öl und Lack auf Karton, auf Leinwand montiert, 1,70 x 1,20 m. Privatbesitz, Paris.

Solche Bilder spielen mit der Kollision zweier Bildwelten und deren möglicher Zerschlagung. »Action Painting« und »partiinost« werden zitiert anhand von Schablonen, die das gestische Moment und die offizielle Ikone der kommunistischen Partei simulieren.

nichts für mich«, insistierte der Künstler in einem Interview mit Buchloh, »weil Kunst eine ganz andere Funktion hat (...) Ich argumentiere nicht mit soziologischen Begriffen, weil ich Bilder malen und keine Ideologie produzieren will. Es ist immer Sachlichkeit, die ein Bild zu einem guten Bild macht (...) man kann es konservativ nennen, wenn man will.« Dennoch erkannte Richter, daß seine Malerei neben den vorherrschenden Konventionen der Dokumentation und der Fiktion radikal sei. In einer Zeit der Bilderflut galt sein Hauptinteresse der Idee der Repräsentation an sich und wie die Fotografie in eine Tradition der Malerei integriert werden konnte, die nun mehr und mehr zum Gegenstand der Reflexion über ihre eigenen Ressourcen wurde.

Eine vergleichbare Auffassung vertrat die britische Gruppe »Art & Language«, deren Mitglieder während der späten 60er und frühen 70er Jahre an theoretischen Diskussionen teilgenommen und Minimal- und Konzept-Art-ähnliche Arbeiten produziert hatten. Sie schrieben u.a. Texte, was zwei Kunsthistoriker der Gruppe ironischerweise als »eine Art post-Frankfurter und post-logischen Atomismus«, definierten, »der sich zu einer kulturkritischen ›sloganisation‹ mit logischen Details entwickelt hat«. Um 1978/79 war die Gruppe auf drei Mitglieder zusammengeschrumpft, die Künstler Michael Baldwin und Mel Ramsden sowie den Kunsthistoriker Charles Harrison. Sie diskutierten die Frage, wie sich überhaupt Bedeutung in Bildern einstelle. Von da aus gelangte man schnell zur nächsten Frage, wie ein Bild (jedes Bild) seine unterschiedlichen Beziehungen zu seinen Bestandteilen entwickeln würde. Die Antwort, abgeleitet von der zeitgenössischen philosophischen Analyse der »Benennung«, wurde in Begriffen von Ursache und Wirkung ausgedrückt. »Keine der Antworten auf die Frage, woraus ein Bild besteht, kann als hinreichend angesehen werden (...) solange es eine Unterdrückung der Information über das Bild oder zur Untersuchung der Entstehungsgeschichte dieses Bildes gibt«, schrieben sie. Wollte man jedoch diesem Zusammenhang der Entstehungsgeschichte (über praktische Bezüge, malerische und theoretische Kompetenz bei Künstler und Betrachter) folgen, kollidierte man häufig mit der bloßen Ikonographie eines Bildes, vorausgesetzt, diese Ikonographie war offengelegt und definiert.

1980 ergab sich mit der Einladung zu einer Ausstellung in den Niederlanden für »Art & Language« die Gelegenheit, die Bedeutung und die Resultate solcher Kollisionen zu testen. So begannen sie mit einem Projekt, das an aktuelle Fragen anknüpfte und ihre vorangegangene Grundlagenforschung zur Kunst weiterführte. Es handelte sich um eine Serie von Gemälden mit genrebezogenen Titeln wie *Portrait von V.I. Lenin mit Mütze im Stil von Jackson Pollock* (Abb. 34). Auf diese Weise verbanden sie eine Ikone des Sozialistischen Realismus mit den abstrakten Farbdrippings von Jackson Pollock aus den späten 40er Jahren. In einer Selbstdarstellung der Gruppe wur-

den sie als »monströse stilistische détente zwischen zwei vermeintlich antagonistischen Teilen eines sich gegenseitig stärkenden kulturellen Paares« beschrieben. Die Gemälde der Serie sollten zeigen, daß »expressionistische« Bilder auch ohne expressionistische Technik produziert werden konnten: »Art & Language« benutzte Zeichnungen und Schablonen für ihren »Expressionismus«, in dessen abstrakten Mustern durchaus auch ein Bild von Lenin auftauchen konnte. Die skandalöse Austauschbarkeit von amerikanischer Abstraktion und sowjetischem Realismus zielte darauf ab, ein zentrales Tabu der formalistischen Moderne in den 50er Jahren zu brechen, widerstand aber jeder anderen affirmativen Behauptung, ausgenommen einer ironischen oder komischen.

Es ist deutlich geworden, daß das Malerei-Revival der frühen 80er für einige Künstler schon in den rezessionsgeschüttelten 70er Jahren einsetzte und sich keineswegs als Ganzes unter den dubiosen Thesen der »Transavantgarde« subsummieren läßt. Weiter ist klar, daß der frühe Konzeptualismus von »Art & Language« die Voraussetzungen der Moderne innerhalb, nicht außerhalb der Kunst zu widerlegen versucht hatte. Sowohl »Art & Language« als auch Richter forderten neue Bedingungen für die Malerei. Charles Harrison schrieb über die V.I. Lenin-Serie: »Als sich für ›Art & Language‹ aus dem Vermächtnis der Konzeptkunst die Möglichkeit der Malerei als einer praktikablen Kunstform aufgetan hatte, (...) stand uns die Malereigeschichte für eine Wiederentdeckung und Revision offen (...) Die »Kultur« des Malens, so schien es, konnte nun von der Malerei kritisch betrachtet werden.« Harrison beschäftigte sich intensiv mit der These, daß nach dem »Ende der Malerei« in den 60ern, der Akt des Malens »zweitrangig« sein mußte, und zwar nicht nur als Ergebnis einer Reflexion über den Zustand der Malerei »von außen«, sondern als Beschäftigung mit dem Wesen der Malerei und ihrem historischen wie kritischen Zustand »von innen«. Zur Zeit des Aufbruchs von Minimalismus und Konzeptualismus lag auf jeder künstlerischen Entscheidung, wie es Thomas Crow, ein anderer wohlwollender Beobachter, nannte, »die Last des historischen und theoretischen Selbstbewußtseins«. Die Malerei mußte nun, nach Harrison, »in der Rezeption und Beschreibung so komplex werden wie in ihrem Entstehungsprozeß«.

Aber eine solche Version der Moderne-nach-der-Moderne konnte nur denjenigen gefallen, die eine Handvoll Nachkriegskünstler und -kritiker (wie Pollock und Greenberg) für maßgebend hielten. Für andere, insbesondere Künstler, die abseits dieser lauten, in Englisch geführten Debatte über die Moderne ausgebildet wurden, hatte dieser Kanon ohnehin nie existiert, jedenfalls nicht in dieser absoluten Form. Viele Frauen konnten überhaupt nichts mit einer theoretischen Position anfangen, die von einer durch männliche Kunst ausgelösten Problematik geprägt war. Auch eignete sich der trockene, akademische Ton der Debatte kaum dazu, diejenigen anzusprechen, die in

36 SIGMAR POLKE
Das Vermessen der Steine im Bauch des Wolfes und das Vermahlen der Steine zu Kulturschutt, 1980/81. Mischtechnik auf Stoff (Gips und/oder Acryl-Modellierpaste, Acrylfarbe als Paste benutzt, irisierende Mylar-Folie auf Filz und synthetischem Fell, 1,80 x 1,20 m. Art Gallery of Ontario, Toronto.

philosophischer Kritik nicht geübt waren. Die Nuancen der Wiederherstellung eines besseren »Modernismus« waren zumindest für solche Künstler letztlich irrelevant.

Die sogenannte Postmoderne

Eine Bewegung, die einen Weg jenseits der orthodoxen, abstrakten Moderne zu finden versuchte, stützte sich weniger auf Ironie als auf den konstatierten Pluralismus und die Heterogenität der Massenmedien. Diese wegen ihrer offenen Exzentrik, ihrer historisierenden Nachahmung und ihrer Ablehnung einer hohen kulturellen Ernsthaftigkeit manchmal als »Postmoderne« bezeichnete Malerei zog Künstler an, die die offizielle Moderne als einengend und doktrinär empfanden. Zwei der prominentesten Maler, die eine gemischte, aus den Medien entlehnte Bildsprache benutzten, waren Sigmar Polke und der Amerikaner Julian Schnabel. Die Kritik stand vor dem Problem, eine Unterscheidung zwischen Beispielen einer passiven, angepaßten stilistischen Heterogenität und denen zu treffen, die tatsächlich etwas zu sagen hatten.

Sigmar Polke, der zum ersten Mal 1963 in Düsseldorf mit der Gruppe »Kapitalistischer Realismus« ausstellte, ironisierte in den späten 60er Jahren mit seinen Werken existierende Zeitungsbilder, offensichtlich um der Tendenz deutscher Künstler entgegenzuwirken, eine schlappe Version surrealistischer Abstraktion oder des Informel fortzusetzen, die er für einen Import aus Paris hielt. Polke praktizierte eine kritische Aufarbeitung kultureller Veränderungen, indem er sein Bildmaterial den Massenmedien, dem Film oder der Kulturgeschichte entnahm und es durch bewußte Mißhandlung verdarb. In den späten 60er und 70er Jahren benutzte er vielfach billige Tischdecken, schwarzen Samt, Leopardenfell-Imitat und ähnliches als Leinwand, u.a., um die fetischisierten Leinwände der modernen Malerei ins Lächerliche zu ziehen (Abb. 36). Ähnliches wurde etwa zehn Jahre später bei den Arbeiten von Julian Schnabel als skandalös eingestuft.

Polke nahm stets eine sarkastische Haltung gegenüber den Exegeten seiner Bilder ein. Dennoch offenbarte er neben Zynismus und Verzweiflung sein Vertrauen in eine sich übereinanderschichtende Bildsprache, in die Kraft der Veränderung und den Fluß der Zeit. »Zuerst mußt du schauen (...) du mußt sie (die Bilder) beobachten. Nimm sie mit ins Bett, und laß sie niemals aus den Augen. Sei zärtlich zu ihnen, küsse sie, und bete, mach' irgendwas. Du kannst sie auch treten, blas ihnen die Lichter aus. Jedes Bild verlangt eine bestimmte Behandlung – egal welche.« Obwohl Polke mit seinen Arbeiten der 80er Jahre in einen Naturmystizismus abzudriften schien, hatte er schon genügend rätselhafte und offenkundig kulturkritische Bilder gemalt, um sich als Archetypus des widerspenstigen, spöttischen und nonkonformistischen Künstlers – vielleicht sogar als der eigentliche spielerische Postmodernist – zu etablieren.

Im Unterschied zu Polke war Schnabel Anfang der 80er trotz eines wenig bedeutenden oder zumindest zweifelhaften Rufes in der Kunstwelt bereits mit einer internationalen Reputation belastet. Schnabel hatte seine erste Einzelausstellung Anfang 1979 in der Mary Boone Gallery in New York; im selben Jahr stellte er einige seiner *Teller*-Bilder aus, Bilder, die mit zerbrochenem Geschirr bestückt waren. Beispiele aus dieser Serie wurden sowohl in »A New Spirit in Painting« als auch in »Zeitgeist« gezeigt. Charakteristisch für Schnabels meist großformatige Bilder der 80er Jahre ist die Flut wahllos zusammengemixter Materialien und Stilarten, die vom texanischen »Funk« herrühren, den er als Student in Houston in sich aufgesogen hatte. Diese Arbeiten machten einen unbekümmerten und verwirrenden Eindruck. Sie enthielten, abgesehen von dem zerschmetterten Porzellan, Holzstücke und andere Materialien,

37 Julian Schnabel
Prehistory: Glory, Honor, Privilege, Poverty, 1981.
Öl und Geweihe auf Fohlenhaut, 320 x 450 cm.
Saatchi Collection, London.

Der Titel und die Maße dieser Arbeit evozieren epische, widersprüchliche Geschichten von klaustrophobischer Dichte, die ein wohlmeinender Kritiker als »sich windende, pulsierende Bilder« bezeichnete, »deren Effekt ein Ersticken, Exzeß und Verfall ist«.

die er mit unkonventionellen »Leinwänden« wie Samt, Linoleum und synthetischen Pelzen verband. Die »Flächigkeit« (Greenberg) der Leinwand wurde durch eine Vielzahl von Ebenen und hervorstehenden Objekten, hier Geweihe (Abb. 37), aufgebrochen. Zitate aus Gemälden alter Meister existierten neben wenig überzeugenden, halbfertigen Passagen, die nicht zusammenpaßten. Schnabels Absicht war es, collageähnliche, banale und manchmal sogar infantile Bilder zu schaffen. Sie wurden jedoch in der Kunstszene, die jetzt für einen neuen, vermarktbaren Stil bereit war, zunächst als provokanter Irrweg aufgenommen.

Die kritische Reaktion auf Schnabel war auf eine entwaffnende Art verschieden. Einerseits dienten seine umstrittensten Bilder dazu, die bereits aufkeimende Kunstdebatte über Originalität und Intention auf den Punkt zu bringen: Man fragte, welche der vielen von ihm benutzten Stilarten denn nun sein ureigener Stil sei. Dies implizierte zugleich, daß der einheitliche »Autor« in der Kunst tot war und mit ihm (es war normalerweise ein »Er«) die Idee eines authentischen, kreativen Stils. Diejenigen, die Schnabels Bedeutung in dieser Hinsicht konstatierten, betrachteten ihn als Vertreter einer Tendenz zum Eklektizismus und ständig wechselnden Historismus, die als »Postmoderne« bekannt wurde. Andere sahen ihn als Expressionisten. Die heterogenen Mosaiken des spanischen Architekten Antonio Gaudí (1852–1926) im Park Güell in Barcelona hatten Schnabel begeistert. Auch er wollte »ein Mosaik machen, aber eines, das nicht nur dekorativ war«. »Ich mochte die aufgewühlte Fläche«, bemerkte er in einem Interview 1987, »sie war nach meinem Geschmack (...). Diese Bilder handeln nicht von der aggressiven Fläche, sondern von bildnerischer, konzentrierter Undeutlichkeit, die sich in heftiger Bewegung äußert.« Schnabel sprach auch von seiner »Besorgnis (...) dem Gefühl, daß die Dinge nicht so sind, wie sie sein sollten«. »Ich will etwas in die Welt setzen, das dies so konzentriert und knapp ausdrückt, daß es letztendlich explosiv wird.« Andere Kritiker beschuldigten Schnabel, daß er seine Kunst einer anmaßenden persönlichen Ambition opfere; daß er Effekte aus den Massenmedien und postmoderne Gleichzeitigkeit vortäusche, ohne sie der kritischen Beurteilung zu unterziehen, die dies verlange. Eine Zeitlang war Schnabel ein Enfant terrible, das sich von niemandem festnageln ließ.

Die Diskussion über die Rolle der Malerei im Medienzeitalter verlief hitzig und rasant. Während Douglas Crimp und die Autoren des »October« auf das – für sie unausweichliche – Ende der figurativen, expressiven Malerei drängten, versuchten andere, die Malerei in einer im wesentlichen fotografisch begriffenen Welt einzuordnen. Der junge Maler und Kritiker Thomas Lawson argumentierte 1981 in »Artforum«, daß »die Arbeiten der Pseudo-Expressionisten (er bezieht sich zum Teil auf Schnabel), indem sie andauernd nicht zusammenpassende Elemente und Ansichten zusammenbringen, mit Gegensätz-

38 David Salle
Lampwick's Dilemma, 1989. Acryl und Öl auf Leinwand, 240 x 340 cm.

Das *Dilemma* verweist auf die Kinderfabel von C. Collodi, in der Pinocchios sündhafter Schulfreund Lampwick eine Reise in das Land des Spaßes vorschlägt, wo es keine Schulen und Bücher gibt und wo man die Tage mit Spielen verbringt. Als sie dort ankommen, entdecken sie jedoch, daß die ewig Spielenden sich in Affen verwandelt haben. In dem Bild Salles kann man ein Spiel mit Bildern sehen, bei dem eine afrikanische Maske, eine historische Figur, die einen Stock hält, und ein Fragment eines Bildes von Lucian Freud auftauchen.

lichkeit spielen, aber nicht darüber hinausgehen (...) mit expressionistischer Direktheit wird ein retardierender Mimetismus präsentiert.«

Lawson bevorzugte die Strategie des New Yorker Künstlers David Salle, der zum ersten Mal 1980 in einer Einzelausstellung und 1981 nochmals in der Galerie von Mary Boone (mit Julian Schnabel) zu sehen war. Salles Bilder setzten sich, wie Lawson beobachtete, aus Einzelbildern zusammen, die er neben- oder übereinanderplazierte, so daß sie wie planlose, gleichgültige Kombinationen aussahen (Abb. 38). Sie schienen auf den ersten Blick dem neuen Stil zu entsprechen, bemerkte Lawson; aber »die Bilder, die Salle auf diese Weise präsentiert, wirken emotional und intellektuell beunruhigend«. »Sein Themenspektrum konzentriert sich auf weibliche Akte, die er wie Objekte präsentiert. Selten malt er Männer. Bestenfalls sind diese Darstellungen der menschlichen Natur oberflächlich, beiläufig; schlimmstenfalls sind sie brutal, verunstaltet (...) Bedeutung wird angedeutet, aber qualvoll zurückgehalten (...) es sind leblose, plumpe Beispiele für die Unfähigkeit zur Leidenschaft in einer Gesellschaft, die Selbstdarstellung institutionalisiert hat.« Für Lawson und andere linksgerichtete Intellektuelle konnte David Salles intuitiver Eklektizismus, obwohl er oftmals als destabilisierend und emanzipatorisch verstanden und gerühmt wurde, zeitweise auf das Niveau von Dekoration oder bloßer Untersuchung absinken.

Doch Lawsons vorsichtige Verteidigung Salles ist im Kontext einer allgemeineren Argumentation zu sehen: Man wollte erreichen, daß die inflationäre Malerei zugunsten fotografischer Strategien aufgegeben würde – jedoch in einer Form, die nicht als weiterer Avantgarde-Vorstoß abgetan werden konnte. Die Künstler waren in der Lage, Unmögliches möglich zu machen, indem sie fotografische oder auf Fotos basierende Bilder in der Malerei selbst – dem Medium, von dem man am wenigsten erwartete, daß es sich für die Fotografie engagierte – integrierten. »Es ist die perfekte Tarnung«, schrieb Lawson, dessen eigene Bilder aus dieser Zeit sich unbeirrbar an Medienbildern wie einem Titelfoto der »New York Post« (Abb. 39) orientierten. »Wir wissen, wie alles mögliche aussieht, aber nur aus einer großen Entfernung (...). Obwohl die Fotografie die Realität von uns fernhält, läßt sie sie doch unmittelbar erscheinen, indem sie uns ermöglicht, den Moment einzufangen. Der Begriff des Moments ermöglicht, sich mit den Folgerungen aus diesem Paradox zu beschäftigen.« Der Weg für eine Neubewertung der Malerei im Kontext war vorbereitet.

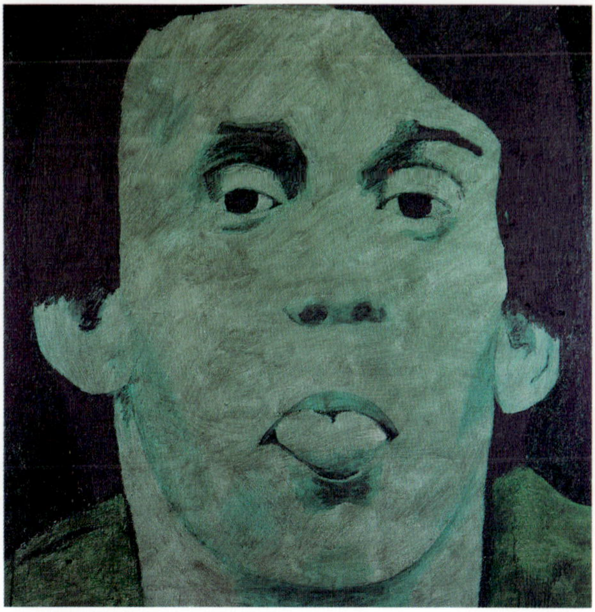

39 Thomas Lawson
Burn, Burn, Burn, 1982.
Öl auf Leinwand,
120 x 120 cm.

Die Kritikergemeinde der frühen 80er Jahre begrüßte die »Appropriation« als potentiell parodistisch und dennoch subversiv gegenüber dem Mythos der modernen Malerei mit ihren obsessiv bearbeiteten Flächen und ihrem Anspruch auf Authentizität. Andererseits sah man, daß die kritische Moderne plötzlich aufhörte, auf ironische Art die Leere oder den »schlechten Geschmack« zu feiern. Malerei zu Beginn der Konzeptkunst hatte schwierig zu sein und nicht unterhaltsam, über ihre Grenzen hinauszuweisen. Auf einen Nenner gebracht: Sie mußte »so komplex in der Rezeption und der Beschreibung sein wie in ihrem Entstehungsprozeß«. Logischerweise war es unwahrscheinlich – und das schadete zweifellos Salles und Schnabels Reputation als Vertreter der Avantgarde –, daß Kunst, die auf direktem Wege bei den Museen oder auf dem Markt populär wurde, substantielle, weiter auslotbare Tiefen besaß. Malerei konnte sich die selbstironische Haltung leisten, Malerei zu sein und zugleich etwas anderes. Aber sie mußte aufpassen, daß diese Ironie sich nicht in bloßen Sarkasmus oder überzogene Theatralik auflöste.

Der Unterschied erwies sich als lebenswichtig. Die Chicagoer Schule der »schlechten« Malerei, die in den 70er Jahren von Ed Paschke und Jim Nutt geleitet wurde, galt im wesentlichen als naiv. Von 1982 bis 1985 wurde in New York »East Village«-Kunst und in Amerika und Europa »Graffiti«-Kunst produziert, daneben gab es auch neuartige Skulpturen und verschiedene andere Adaptionen aus der Straßenkunst und dem »streetlife«. Im »East Village«, einem Viertel südlich der 14. Straße zwischen Broadway und Tompkins Square gelegen, hatten schon früher Künstler gewohnt. Jetzt unterstützte eine Mischung von Restaurants, Clubs, kleinen Galerien und exotischen Einzelhandelsgeschäften eine Generation junger Künstler, die schon aus dem Karrierekarussel der Uptown-Galerien und -Magazine herausgefallen waren. Sie lösten eine kurze Euphorie für dekorative und modisch-schrill gestaltete Arbeiten aus. Das blieb nicht ohne Auswirkungen auf die Diskussion über die Bedeutung des Avantgarde-Begriffs.

Die besondere Ausstrahlung der East-Village-Kunst fußte auf dem sozialen und ökonomischen Erbe eines vernachlässigten Stadtviertels, das ihr eloquentester Verfechter, Walter Robinson, als »die einzigartige Mischung von Armut, Punk Rock, Drogen, Brandstiftung, Hell's Angels, Säufern, Prostituierten und verwahrlostem Wohnen« bezeichnete. Mit dem Chaos wirklichen Straßenlebens als Maßstab schlugen die East-Village-Künstler in einer wahren Orgie von Positionen und technischen Exzessen alle Vorsicht in den Wind. Sie wurden unterstützt von non-profit-Galerien mit exotischen Namen wie Fun, Civilian Warfare, Nature Morte, New Math, Piezo Electric, Sensory Evolution und Virtual-Garrison-Galerie. Die East-Village-Kunst kultivierte die spielerische Nachahmung unterschiedlichster Vorbilder und signalisierte damit eine hedonistische Ausweitung künstlerischer Quellen, etwa ein neues Interesse an marginalen Stilen wie Psychedelia und Op-Art. Die in der Pat Hearn Gallery ausgestellten Arbeiten beispielsweise von George Condo und Peter Schuyff spielten mit Motiven der Surrealisten Salvador Dalí, René Magritte und Yves Tanguy. In der Fun Gallery von Patti Astor feierte man seit Ende 1981 zu den Eröffnungen »Minifestivals der Slum-Kunst« mit Rap-Musik, Breakdance und Arbeiten von Jean-Michel Basquiat (einem ehemaligen Mitarbeiter Andy Warhols), Fab Five Freddy, Keith Haring, Kenny Scharf und Les Quinones. Die Galerien Nature Morte und Civilian Warfare zeigten Fotoarbeiten von Gretchen Bender, Richard Milani, und sogenannte expressionistische Malerei von Huck Snyder und Judy Glantzman. Die Gracie Mansion Gallery stand im Mittelpunkt des Interesses: Die populären Arrangements von Rhonda Zwillinger und Rodney Greenblat wurden von der East-Village-Szene gefeiert. Sie parodierten sich selbst, indem sie sich billig und bewußt kitschig gaben. Solche Lokalitäten schossen wie Pilze aus dem Boden.

Vielleicht erzielte nur Mike Bidlo mit seinem Anschlag auf die nach wie vor gültige Konvention der Autorenschaft wirklich paradoxe Ergebnisse. Auf den ersten Blick erscheinen seine Umsetzungen als Kopien schlechter Reproduktionen bekannter

40 Mike Bidlo
Picasso's Women, 1988.
Ausstellung in der Leo Castelli Gallery, New York.

Für diese Ausstellung studierte Bidlo fast alle Bilder Picassos, in denen Frauen dargestellt sind, von der Blauen Periode bis zu Mougins. Da Bidlos Werke nach schlechten Reproduktionen neu erarbeitet sind und so die Form, Farbe und Textur des Originals verfälschen (obwohl er sie in demselben Format malte), kann man sie weder als Kopien noch als Fälschungen bezeichnen, sondern als eine Art Mimikry.

Meisterwerke von Brancusi, Morandi, Kandinsky, Léger, Schnabel und Warhols Factory und geben nicht mehr her als niedere Pop-Art, die in Nonsens und Ironie umschlägt. Eine Bidlo-Installation von 1982 in der PS1 Gallery stellte Jackson Pollocks berüchtigte Geste nach, als er einmal völlig betrunken in Peggy Guggenheims Kamin pinkelte. Bidlos Arbeiten spielten auf die Beziehung zwischen Kopie und Original an, die Haltung der Modernisten zur »Originalität« und deren Beeinflussung des allgemeinen Geschmacks und Kulturkonsums. Schließlich lieferten sie dem Markt billige Kopien wertvoller Gemälde (Abb. 40).

Eine Zeitlang versprach die Kunst des East Village, den endgültigen Sieg über die Strenge der Moderne und ihre traditionell männliche Ausrichtung davonzutragen. Die außerhalb des Kunstbetriebes um die Uptown-Museen etablierten Netzwerke erschienen den jungen Künstlern, die nach einem Durchbruch suchten, als vielversprechender Fluchtweg. Aber die Blütezeit der East-Village-Kunst war kurz. Ihre Tendenz, die für sie interessanten Phänomene – Graffiti, Kitsch und Metaphern der Verwahrlosung wie Desorientierung – auf deren Überhöhung und/oder Gleichgültigkeit zu reduzieren, ermüdete die links en-

gagierten Kritiker. Für einige war die Voreingenommenheit des East Village gegenüber den Medien (Kenny Scharf ist dafür eine Beispiel) an sich schon Zeichen eines entfremdeten Bewußtseins, das jeden Versuch, die Welt, die es erzeugt hatte, kritisch zu untersuchen, beseitigt hatte. Ein drittes Argument wies darauf hin, daß die East-Village-Avantgarde nicht in Opposition der allgemeinen Nivellierung geschlechtsspezifischer, regionaler und kultureller Unterschiede stand, sondern an ihr teilnahm. Man warf der East-Village-Kunst vor, daß sie diese gerade erlangte Differenzierung anhand der stereotypen Produkte der Kulturindustrie zu einer bunten Mischung aus sinnentleerter Vielfalt und Kinderei nivellierte.

Diese Position des »October«-Autoren Craig Owens ist wichtig für ein Avantgarde-Konzept, dessen Ansprüchen die meisten East-Village-Künstler und vergleichbare anderswo einfach nicht genügten. Die klassische europäische Avantgarde hatte eine Haltung wirklicher Zweideutigkeit aufgebaut zwischen einer kultivierten Mittelklasse – aus der viele Avantgardekünstler geflüchtet waren – und verschiedenen Subkulturen in den Randbezirken, denen sie sich angeschlossen hatten. Für Daumier, Degas und Manet waren dies im 19. Jahrhundert in Paris die Lumpensammler, die Prostituierten und Straßensänger gewesen. Im Gegensatz dazu hatten die Abenteurer aus dem East Village eine modische Haltung angenommen, die nicht nur für sich selbst warb und kommerziell erfolgreich war (Owens wenig schmeichelhafte Beschreibung: »eine Miniaturreplik des heutigen Kunstmarktes«), sondern auch völlig ungeeignet war, ethnische oder die Geschlechtsidentität betreffende »Unterschiede« als kulturelle Oppositionskraft hervorzurufen. Es war nun Sache einer traditionell-avantgardistischen Methode, ein institutionalisiertes Avantgarde-Produktionsmodell nicht etwa zu kopieren, sondern zu entfernen. Das Pendant zur East Village-»Enfantgarde« war die Gruppe »Political Art Documentation/Distribution« (PAD/D), deren Produktionen typischerweise weder kommerziell verwertbar waren, noch als gemalte Bilder daherkamen (Abb. 41).

Die Debatte über die Lebensfähigkeit der parodierenden Malerei in den frühen 80er Jahren wurde zu einem internationalen Phänomen. In Frankreich, wo François Mitterrand 1981 zum Präsidenten gewählt wurde und kulturelle Investitionen auf breiter Ebene in Gang setzte, wurde die Malerei durch den jungen Gérard Garouste repräsentiert, der einen banalen, von Picasso, de Chirico und Tintoretto abgeleiteten Manierismus praktizierte (Abb. 42).

41 Jerry Kearns
Koochie, Koochie, Kochie: Project Against Displacement, 1984. Gedrucktes Offset-Poster, 45 x 61 cm. Für PAD/D's Ausstellung »Not For Sale«, New York.

Garouste betonte, daß die Malerei nach der Konzeptkunst auf den ersten Blick fremd erscheinen mußte. »Nach Buren«, sagte er, »gab es keine Originalität mehr (...). Wir müssen zu der ursprünglichen Struktur unserer Kultur zurückkehren, sehen, was die Geschichte der Malerei umfaßt und alle Archetypen mit neuer Bedeutung ausstatten.« Garouste bezog sich indirekt auf die klassische narrative Malerei – eine Irrlehre der Moderne. Er wurde mit Unterstützung deutscher Galerien schnell von einem rasant expandierenden internationalen Mainstream aufgesogen. »Wenn ich den Mythos des Orion (Sohn des Poseidon) darstelle, ist nicht die Tatsache relevant, daß ich Orion der griechischen Mythologie entnommen habe, sondern daß ich heute etwas über ihn zeichne anhand einer Mythologie, die aus der Tiefe unserer Kultur stammt.« Die Differenz zwischen Garoustes beschworener Rückkehr zu den Wurzeln der Kultur und seiner Inauthentizität geht jedoch gegen Null.

Der in der Tschechoslowakei geborene Milan Kunc produzierte in der Bundesrepublik Arbeiten, deren intendierte Banalität auf die unmögliche, absurde Schnittstelle zwischen west- und osteuropäischer Avantgarde und auf die weitverbreiteten

42 GÉRARD GAROUSTE
Orion le Classique, Orion l'Indien, 1981/82. Öl auf Leinwand, 250 x 300 cm. Musée National d'Art Moderne, Paris.

»Mich interessiert Banalität«, sagt Garouste. »Es geht darum, mit dem, was sich klassische Malerei nennt, zu spielen, als ob das die Sprache der Malerei wäre. Mit dieser Sprache schreibe ich einen Roman (...). Ich sehe mich als Teil einer Generation, die das ganze Spiel des Modernismus abgekürzt hat.«

Anzeichen eines kulturellen Zusammenbruchs des Ostblocks verweisen sollte (Abb. 43). Kuncs karikaturhafter Stil und sein Nihilismus, der dem der Chicagoer Schule der 70er oder den heutigen Arbeiten des niederländischen Künstlers Rob Scholte ebenbürtig war, soll nicht besonders hervorgehoben, aber als Symptom einer existentiellen Haltung gelesen werden. Wenn Kunc sagte, daß »es um 1930 mit der modernen Kunst aus und vorbei war«, daß »Kunst seitdem postmodern gewesen ist«, wollte er die zwangsläufige Degradierung aller Stilarten durch überstrapazierenden, wiederholten Gebrauch signalisieren. Seine eigenen Bilder standen dennoch eindeutig für einen Vorstoß des »Kitsch«, als ob sich aus der Trivialkultur nichts anderes als ein guter Witz gewinnen ließe.

Das andere Extrem vertrat der Schotte Ken Currie, der im Lager kritischer Vermittler Sympathien sammelte. Currie ragte aus einer Gruppe Glasgower Maler hervor, die in den frühen 80er Jahren heftig umworben wurde. Er malte heroische Szenen der Arbeiterklasse, beschrieb die Solidarität unter den Gewerkschaftlern in Anlehnung an relativ altmodische narrative Vorbilder. Er wurde von einigen als der »Realist« begrüßt, der fähig war, die Tugenden und Möglichkeit der Identifikation mit einer traditionellen, allerdings im Verschwinden begriffenen politischen Kultur zu würdigen. Eine nähere Betrachtung seiner Methode aber zeigt, daß auch er sich einer parodistischen Wiederholung verpflichtet hatte, mit einem Unterschied: Seine grellen, schreienden Farben, die funkelnde Atmosphäre und

43 MILAN KUNC
Venus, 1981/82. Öl auf Leinwand, 160 x 260 cm.

die rebellischen männlichen Arbeiter wiederholen nur einige Aspekte des proletarischen Realismus der 30er Jahre. Curries Wandgemälde *People's Palace* (Abb. 44) wurde sofort im Sinne der Brechtschen Tradition des Widerspruchs und der Komplexität in Dienst genommen (es zeigt Arbeiter im internationalen politischen Theater). Andere sahen in dem Wandbild einen illusionistischen Realismus des Typischen repräsentiert, wie ihn der ungarische marxistische Kritiker Georg Lukács beschrieben hat. Currie äußerte lediglich, daß seine Bilder »eine demokratische Sprache sprechen«, daß er »Kunst über Arbeiter für Arbeiter« machen wolle, eine Kunst, die »entmystifiziert, popularisiert und gesellschaftlich relevant« sei, die »dem Künstler die Möglichkeit gibt, eine nützliche soziale Funktion zu erfüllen«. Diese Sprache entfremdete Ken Currie schnell von denen, für die eine sozialistische Kunst kritisch zu sein hatte. Eine wichtige Frage für die Maler wie für die politisch ambitionierte Klientel drehte sich um die Frage, ob die Direktheit seiner Bilder ihrem Inhalt abträglich sein könnte. War diese Kunst eine Kritik der abstrakten Moderne innerhalb des Gegenständlichen und »Populären« oder nur eine weitere Manifestation von vermarktbaren »guten Absichten«?

44 Ken Currie
The People's Palace History paintings. Panel 6: Fight or Starve ... wandering through the thirties, 1986. Öl auf Leinwand, 220 x 380 cm. The People's Palace, Glasgow Museums, Schottland.

Malerei und Feminismus

Alle Bilder, die bisher in diesem Kapitel diskutiert wurden, stammen von Männern. Dahinter steht die Auffassung, daß die Malerei als Medium der 80er Jahre unweigerlich von Männern bevorzugt wurde: Umgekehrt assoziiert die weibliche Kunst Fotografie, Performance und einige Formen von Skulptur. Aber diese Einteilung ist zu holzschnittartig, wie eine Reihe von optimistischen Ansätzen zeigt, die sich Malerinnen in Amerika und Europa unlängst zu eigen machten.

Angesichts der Assoziation von »Malerei« mit einer authentisch männlichen Tradition in der Geschichte der Moderne nahm es nicht Wunder, daß Künstlerinnen einen Weg suchen mußten, ihren Ausschluß zu beenden, und zwar, indem sie praktikable künstlerische Richtlinien aus der Idee des originär »Weiblichen« ableiteten. Diese Suche begann unter der Prämisse, daß »das Weibliche« existiert. In den Schriften von Shirley Kaneda zum Beispiel wurde theoretisch begründet, daß »weibliche« Abstraktion wenig oder gar nichts mit Vaginalbildern (Hannah Wilke, Judy Chicago) oder mit handwerklichem Geschick (Faith Ringgold, Joyce Kozloff) zu tun hat. Nach dieser These will »weibliche« Malerei vernachlässigte und verunglimpfte Qualitäten neu artikulieren. Eine solche Malerei macht sich das Experiment und das Unbeständige zu eigen (das Weibliche), mehr als das Absolute oder das Ausgewogene (das Maskuline). Sie begrüßt Eigenschaften wie Intuition und Passivität, statt unter ihnen zu leiden. Sie bindet die Komposition der Arbeit mehr an den Körper (weiblich) als an den Verstand (maskulin). Sie insistiert auf Beurteilungskriterien, die die Bilder eins nach dem anderen kommentieren, anstatt alle in einen Topf zu werfen. Sie tendiert mehr zum Additiven als zum Subtraktiven. Sie erreicht Erhabenheit eher durch Sinnlichkeit (weiblich) als durch Reduktion, Geometrie oder »Negation« (alle maskulin). Sie hemmt oder vervollständigt selten. Sie gibt aus Prinzip dem Exzentrischen oder Prinziplosen nach. Schließlich beharrt sie darauf, daß die Ergebnisse »weiblicher« Malerei nicht vom Geschlecht des Malers, sondern von der Qualität der Arbeit abhängig sind.

Philip Taaffes jüngste Bilder könnten nach dieser Logik für die »weibliche« Malerei reklamiert werden, weil sie sich dem reduzierenden guten Geschmack der »männlichen« Kunst widersetzen und Beliebigkeit und dekorative Wirkung als Werte zelebrieren, die keinen festen Platz im männlichen ästhetischen Pantheon haben (Abb. 45). Die empfindlichen Gitternetze von Agnes Martin stehen für das »Weibliche«, weil sie das autoritäre System der männlichen Architektur der Moderne aufbrechen, es atomisieren und für Ruhe und Poesie öffnen. In ähnlicher Weise gleichen die jüngsten Arbeiten von Valérie Jaudon oberflächlich den Strukturen Sol LeWitts; allerdings beschäftigt sich die Künstlerin mit Subjektivität und Geschmack, anstatt beidem auszuweichen (Abb. 46). (Interessanterweise kann man jüngste Stellungnahmen zur Arbeit von Sol LeWitt aufteilen nach männlichen Kritikern, die sie reduziert und theoretisch finden, und weiblichen, die in ihr einen inszenierten Verzicht auf Kontrolle sehen, der nach Verschiedenheit, Unordnung, ja sogar Farbe geradezu schreit.)

Unter der Voraussetzung, daß Expressivität ein männliches Privileg der Moderne war, schienen die Möglichkeiten, die eine

»weibliche« und expressive Malerei eröffnete, beschränkt. Männlicher Ausdruck wurde immer mit dem Ehrgeiz gleichgesetzt, »die Natur« philosophisch zu durchdringen – eine Qualität, die Männern vorbehalten zu sein schien. Doch forderte die écriture féminine (also der »weibliche Duktus«) von Thérèse Oulton und Joyce Pensato (Abb. 47) die Etablierung von Sehweisen, die das Weibliche schätzen und legitimieren, nicht als ein weiteres »Exponat« der Kunstwelt, sondern nach seinen eigenen Begriffen und nur um seiner selbst willen. Natürlich trifft diese Forderung auf das Problem, daß die gesellschaftlichen Strukturen der Kultur weitgehend maskulin definiert sind – auch wenn sich das in manchen Bereichen der Avantgarde schon ändert. Es muß allerdings dahingestellt bleiben, in welchem Maße »weibliche« Malerei eine Welt beeindrucken kann, die von einer überwiegend männlichen Strategie dominiert wird. Die moralischen Ansprüche der »weiblichen« Malerei scheinen auf den ersten Blick über die Möglichkeiten der Kunst hinauszugehen. Bis heute gibt jedoch die »Gender-Debatte« der Frage nach den Ursprüngen männlicher Zielsetzungen einen wichtigen Kontext vor. Farbe auf Leinwand birgt per se die Möglichkeit in sich, einen durch Konventionen bestimmten Wert anzunehmen. Es mag richtig sein, daß dieses Medium anderen an Lebensdauer, Mobilität und »Aura« im Sinne von Benjamins Essay aus dem Jahre 1936 überlegen bleibt. Wenn dem so ist, könnte man sagen, daß andere Medien in erster Linie in ihren Abweichungen von der Malerei bedeutsam werden. Das ist ein Grund, warum die »Rückkehr« der Malerei nach der Konzeptkunst so überzeugend wirkte, wenn sie von ihr selbst beseelt war. Nicht das Revival an sich war revolutionär, sondern die Neudefinition der Malereipraxis angesichts neu entdeckter Möglichkeiten.

45 PHILIP TAAFFE
Nefta, 1990. Mischtechnik auf Leinwand, 150 x 120 cm. Privatbesitz.

Taaffe beschrieb seine Haltung gegenüber der Dekoration – der Fluch des modernistischen Formalismus – als »pluralistisch, völlig anti-autoritär und nicht offen, als eine das Heroische oder das Männliche preisende Haltung«. Taaffe bemerkte, daß »Maler die besten Philosophen der Massenkultur sind (…) die eher eine kritische Haltung einnehmen als die eines Entertainers«.

46 Valérie Jaudon
Ballets Russes, 1993. Öl auf Leinwand, 2,30 x 2,70 m.

Jaudon, die in den späten 70er Jahren im Stil des Pattern Painting malte, hat neuerdings eine Serie von Hieroglyphen in ihre Arbeiten eingebaut, die auf einen vielfältigen Rhythmus hinweisen. Sie sieht darin eine soziale Konstruktion und eine feministische Strategie. »Die Welt geht so schnell zugrunde, weil sie eine von Männern geschaffene Welt ist (...) es sind ihre Brücken, die einstürzen.«

47 Joyce Pensato
Ohne Titel, 1990. Öl auf Leinen, 230 x 180 cm. Besitz des Künstlers.

Kapitel 3:

Entwendete Formen: 1976 – 1990

48 Boyd Webb
Nourish, 1984. Farbfotografie, 150 x 120 cm. Southampton City Art Gallery, Großbritannien.

Solche Fotoarbeiten täuschen den Stellenwert eines Ölgemäldes vor, konstruieren einen Gegensatz zwischen unwahrscheinlichen Ereignissen und dem Realitätsanspruch der Farbfotografie. Webb griff zunehmend Themen des menschlichen Überlebens auf. Hier saugt ein bekleideter Mann am Nippel eines Wals. Die »Haut« des Wals ist in Wahrheit eine gummierte Verkleidung und der Nippel ein indisches Gemüse.

Zwischen 1975 und 1990 wurde ein ungewöhnliches Maß an ästhetischer Energie in das Konzept des »Ready-made« investiert. 1913 hatte Marcel Duchamp ein gewöhnliches Fahrrad-Rad auf einen herkömmlichen Schemel montiert. 1914 kaufte er einen Flaschentrockner und stellte ihn aus. 1919 nahm er eine fotografische Reproduktion der Mona Lisa und fügte einen Ziegen- und einen Schnauzbart hinzu. Von all diesen Objekten – darunter das berühmte Pissoirbekken, das er 1917 bei einer Ausstellung in New York eingereicht hatte – behauptete Duchamp, es handle sich um Kunst. Die »Ready-mades« erlaubten ihm, »die Idee der ästhetischen Schöpfung in den Dienst des Geistes zu stellen und nicht auf die Genialität der Hand zu vertrauen, der ich mich in vielen Gemälden verweigert hatte«. In den 60er und 70er Jahren ging der Geist Duchamps in die Konzeptkunst ein. Der Schwerpunkt lag auf der Wahl bereits existierender Objekte und Phänomene. Gleichzeitig wurde die der Kunst zugrunde liegende Ideenstruktur über das rein Visuelle gestellt.

Vor diesem allgemeinen Hintergrund führte die Konzeptkunst in mindestens drei Bereichen der Kunstproduktion – Fotografie, Skulptur und Malerei – zu »Ready-made«-Praktiken. Die Kamera behandelt die Ausschnitte der Welt, für die sie ihr Objektiv öffnet, genaugenommen sowieso als Ready-mades. Das Ready-made als ein zur Skulptur gewordenes Objekt existiert unter der Voraussetzung, daß das repräsentierte Objekt ästhetisch viel eindringlicher sein kann als ein neu hergestelltes Kunstwerk – wenn ihm bestimmte Angaben über Urheberschaft, Originalität und »Erscheinung« beigegeben werden. Die mutigere Malerei der späten 70er und 80er Jahre tendierte dazu, Images der Trivialkultur und den Massenmedien zu entleihen und sie in größeren Ensembles – verändert oder ironisch manipuliert – anzuordnen. Die Maler betrachteten existierende historische

Stile wieder als präsentabel und entwickelten aus der provokativen Beliebigkeit eine Streitfrage.

Fotografie und Geschlechtsidentität

Die Schwarzweißfotografie wurde in den späten 60er und frühen 70er Jahren als Dokumentationsmedium Bestandteil der Konzeptkunst – besonders bei Veranstaltungen, die außerhalb der Galerien stattfanden. In den späten 70ern genügten einige subtile Veränderungen der künstlerischen Haltung, um die Fotografie von einem bescheidenen Vorboten einer neuen Bildkunst in ein interessantes, bedeutendes künstlerisches Medium mit eigener Berechtigung zu verwandeln.

Das Interesse der Fotografen an der Untersuchung der Realität hatte eine besondere Qualität. Für die Niederlande der 70er Jahre läßt sich dies an den Arbeiten von Stanley Brouwn, Jan Dibbets und Ger van Elk ablesen. In den späten 60er Jahren hatte van Elk mit Gegensätzen wie hinten und vorne, links und rechts, An- und Abwesenheit experimentiert. In der Serie *Missing Persons* (1976) inszenierte er Fotografien, bei denen eine Figur fehlte. Damit deutete er darauf hin, daß die fotografische Aufnahme der Möglichkeit der Manipulation und Fälschung unterliegt – das Gegenteil dessen, was sein mecha-

49 Ger van Elk
Lunch II, 1976. Aus der Serie *Missing Persons*. Retuschierte Farbfotografie, 80 x 100 cm. Tate Gallery, London.

nisch erzeugtes Abbild von der Realität glauben machen will (Abb. 49). Van Elks Werk kann inhaltlich als pessimistische Reflexion über Strukturen des öffentlichen Lebens gelesen werden; formal strebte er die Wiedereinsetzung der inszenierten Farbfotografie als Alternative zu der »heroischen« modernen Malerei und Skulptur an.

Van Elks Pendant in Großbritannien war der in Neuseeland geborene Boyd Webb. Nachdem er sich in den späten 60er Jahren mit Happenings und Aktionen beschäftigt hatte, machte er einen vergleichbaren Sprung wie Van Elk, indem er surreal wirkende Bilder inszenierte, die gleichermaßen unwahrscheinlich und rätselhaft real wirkten (Abb. 48). Solche Arbeiten stellen sich der Tendenz zur Analyse und Spezifizierung der frühen Konzeptkunst entgegen. Sie bedeuten eine Weiterentwicklung einer Konzeptkunst, für die eine Beschäftigung mit eindeutig fiktiven oder narrativen Elementen zentral ist. Sie verraten außerdem Interesse an der Werbe- und Illustriertenfotografie – insbesondere an dem richtungsweisenden Ansatz des »Tableau« –, das im frühen Konzeptualismus noch nicht von politischen Intentionen vereinnahmt war. Sowohl die Arbeiten von Webb wie die der Niederländer sind symptomatisch für ein verbreitetes Aufkeimen einer fotografischen Praxis der späten 70er Jahre, die sich alles, vom Schnappschuß über das Standfoto bis zum Magazinausschnitt und der gefundenen Fotografie sowie der inszenierten Aufnahme, nutzbar macht. Nach dem Konzeptualismus waren Künstler in der Lage, solche fotografischen Genres einer analytischen Kritik zu unterziehen.

Die neue fotografische Aktivität in der amerikanischen Kunst manifestierte sich in der Ausstellung, die der »October«-Kritiker Douglas Crimp 1977 unter dem einfachen Titel »Bilder« (Pictures) bei Artists Space in New York organisierte. Den Künstlern – Troy Brauntuch, Jack Goldstein, Sherrie Levine, Robert Longo und Philip Smith – wurde ein kritischer Rahmen vorgegeben, der den Abstand ihrer Arbeiten zu den idealistischen Versionen der Moderne festlegte und sie gleichzeitig in den Kontext zahlreicher Diskurse über »Postmoderne« einband. Nach Crimp wandte sich die jüngste Doktrin der Modernisten gegen die theatralischen Momente der Minimal-Art (und damit auch der Konzeptkunst). Gemeint war die Abhängigkeit der Konzeptkunst von dem sich in der Zeit und im Raum verhaltenden Zuschauers und die Ambivalenz des Mediums, das zwischen Malerei und Skulptur changierte. Aber dieses Theatralische (oder Inszenierte) und diese Ambivalenz waren gerade die Qualitäten, die er an den Arbeiten der »Pictures Group« bewunderte.

Cindy Sherman gehörte nicht zu den Pictures-Künstlern, war ihnen aber eng verbunden. Seit den späten 70er Jahren produzierte sie Fotografien,

50 Cindy Sherman
Untitled Film Still, 1978.
Schwarzweißfotografie,
25,4 x 20,3 cm.

die, obwohl sie Standfotos aus Filmen ähnelten, inszenierte Portraits ihrer eigenen Person in verschiedenen vorgeführten Verkleidungen waren (Abb. 50). Frühe feministische Interpretationen zu Shermans Werk stellten heraus, wie sie die Frau als kulturelles Konstrukt, als Faustpfand von Medieninteressen enthüllt. Für Crimp ging es jedoch um die Szenenfotos an sich. Welche Art von Zeitlichkeit beinhaltete diese »sehr spezielle Form von Fotografie«: den natürlichen Ablauf von »realen« Geschehnissen oder den konstruierten Kontext eines fiktiven Filmes? Crimp argumentierte, daß ihre Beschaffenheit einem Schnappschuß entspricht, dessen Verortung im Realen aber durch unser Wissen über die Entstehung dieser Fotografie untergraben wird. »Das narrative Verständnis der Arbeit«, schrieb Crimp, »ist eines der gleichzeitigen Präsenz und Abwesenheit, eine narrative Umgebung, die konstatiert, aber nicht erfüllt wird.« Troy Brauntuch aus der »Pictures Group« hob historische Fotofragmente in einer Art und Weise hervor (in einem Beispiel den schlafenden Hitler von hinten in seinem Mercedes fotografiert), die zugleich Verlangen hervorrief und Frustration bewirkte: das Verlangen, die Bedeutung dessen, was ein Bild zeigt, zu erkennen, festzuhalten und zu vervollständigen; die Frustration, die sich mit der Erkenntnis durchsetzt, daß fotografische Fragmente aus der Vergangenheit mehr und mehr zu Fetisch- und Ausstellungsobjekten werden und immer weniger historische Authentizität beanspruchen können. »Diese Distanz«, sagte Crimp, als er von der Kluft zwischen fotografischer Abbildung und dem historischen Moment, in dem sie entstanden war, sprach, »ist das, was diese Fotos andeuten.« An den frühen Arbeiten von Sherrie Levine, die Bilder von Familien zeigen, die von den Silhouetten bedeutender Staatsmänner umrahmt werden, kritisierte Crimp, daß sie sich restlos vorgefundener Bilder bedienen und die Frage nach dem Medium nur noch mehr verdunkeln. Die beiden unterschiedlich zu kategorisierenden Elemente dieser Arbeit stammen aus verschiedenen Quellen: von Münzen und aus Zeitschriften. Ihre Neuinszenierung in Form von Dias, Abzügen oder Reproduktionen ließ den Betrachter über ihr wahres Medium im unklaren.

Levines Arbeiten der frühen 80er Jahre bestanden aus abfotografierten, bekannten Bildern von männlichen Künstlern wie Walker Evans, Eliot Porter, Alexander Rodtschenko, Edward Weston und anderen (Abb. 50); außerdem malte sie Aquarelle nach Werken von El Lissitzky, Joan Miró, Piet Mondrian und Stuart Davis und fertigte Zeichnungen nach Kasimir Malewitsch an. Versteckte sich in diesem Fall eine weibliche Autorin hinter einem klassischen männlichen Muster, bedeutete dies die komplette Eliminierung der weiblichen Stimme oder ihre vollständige Rückkehr über Referenzen männlicher Kunst. Ferner erzeugte das »nach« in Levines Bildtiteln Erwartungen von (zeitlicher) Distanz und (räumlicher) Abwesenheit; aber diese Erwartungen werden bei der Betrachtung durch die Präsenz der Arbeiten selbst widerlegt. Crimp machte die sachdienliche Beobachtung, daß auf Fotos basierende Kunstwerke – insbesondere die simulationistischen – sich aufgrund der Bedeutung, die die postmoderne Praxis der Inszenierung beigemessen hatte, ihrer eigenen fotografischen Reproduktion vollkommen widersetzten. Sie verlangten (und verlangen), gesehen zu werden.

Aber diese Forderung nach einer tatsächlichen »Sichtbarkeit« war nicht als Rückkehr zur »Aura« gemeint, wie man sie den Werken der Malerei zuschrieb, darf aber auch nicht als Rückgriff auf eine individuelle Handschrift oder ein einzigartiges Talent verstanden werden. Vielmehr benutzten jüngere Künstler und Abtrünnige der Malerei in den frühen 80er Jahren die Fotografie aus dem Verlangen heraus, präzise die Reste einer überwiegend männlichen Tradition der Malerei zu untersuchen und zu begraben: Nicht nur die abstrakte Moderne, auch der Neo-Expressionismus muß als zeitgenössischer Überrest einer langen Tradition verstanden werden.

51 Sherrie Levine
After Walker Evans: 7, 1981. Schwarzweißfotografie, 25,4 x 20,3 cm.

Die Entmännlichung der Kunst – von der Hinwendung zur Fotografie zu Beginn der 80er Jahre angeregt – traf mit wichtigen Schritten der Theoriebildung zusammen, bzw. wurde tatsächlich durch sie angeregt. Texte wie Susan Sontags »Über Fotografie« (1979) und Roland Barthes' »Die helle Kammer« (1985) (französischsprachig 1980 als »La chambre claire. Note sur la photographie« veröffentlicht), zusammen mit Zeitschriften wie »Screen« und »October« aus den späten 70er Jahren, trieben die Analyse der Fotografie und des Prozesses der Repräsentation zu neuen intellektuellen Höhen der Differenzierung. Besonders einflußreich waren die Schriften von Michel Foucault, dessen »Überwachen und Strafen. Die Geburt des Gefängnisses« von 1976 (speziell das gefeierte 7. Kapitel über »Panoptismus«) eine widersprüchliche These über den Zusammenhang von Wissen und Macht vorlegte. Dies sowie die produktive, erneute Lektüre von psychoanalytischen Texten wie Freuds Essays über Narzißmus, Fantasie, Schaulust, Wiederholungszwang und Fetischismus beeinflußten die künstlerische Methode in allen Medien, insbesondere der Fotografie. Ohne zu übertreiben, kann man sagen, daß in den Ländern, in denen

52 Victor Burgin
The Office at Night, 1985.
Mischtechnik, 3 Tafeln,
180 x 240 cm.

Die Sekretärin aus einem Bild Hoppers von 1914 erscheint hier in einem neuen Beziehungsnetzwerk verankert; es entsteht aus dem Blick, einschließlich der voyeuristischen Rolle des Betrachters, der vorstellbaren Reaktion der Frau auf diesen Blick und aus der inhärenten Faszination, die die fotografische Oberfläche ausstrahlt.

diese Texte in den frühen 80er Jahren diskutiert wurden, die Kunst neue Kraft sammelte. Dies bewirkte auch, daß die Entwicklung von Konzepten und die Kunstproduktion nicht mehr getrennt gedacht, sondern als Ganzes verstanden wurde.

In dieser Hinsicht haben sich die Schriften und Arbeiten von Victor Burgin als ergiebig erwiesen. Burgin, der in der Zeit von 1968 bis 1973 zu den prominentesten Vertretern der europäischen Konzeptkunst gehörte und der in seinen abwechselnd visuellen und verbalen »Poster«-Arbeiten der späten 70er Jahre Fotografien benutzt hatte, schlug nun eine Neubewertung und Revision der bis dahin wenig überzeugenden Theorie der Moderne für die Fotografie vor. »Der Ruhm und die Monumente der Fotografie sind historisch, anekdotenhaft und berichtend«, hatte Clement Greenberg 1964 behauptet. »Die Fotografie muß eine Geschichte erzählen, wenn sie Kunst sein will. Und der Künstlerfotograf trifft seine Entscheidungen vordringlich für seine Kunst, indem er sich seiner Geschichte oder seinem Gegenstand nähert oder ihn auswählt.« Hier lief Greenbergs Bewertung in die entgegengesetzte Richtung der weitverbreiteten modernistischen Doktrin über die Selbstdefinition der Methode eines jeden Mediums; sie umging die Arbeiten von Fotokünstlern der Klassischen Moderne wie Alfred Stieglitz, Man Ray und Rodtschenko, von denen jeder einzelne in seiner Formensprache und in seinem regionalen Kontext versucht

hatte, eine fotografische Praxis außerhalb der Parameter und Institutionen des Staffeleibildes zu etablieren. John Szarkowski, Leiter der Fotografieabteilung im Museum of Modern Art, New York, hatte »Das Ding an sich«, »den Ausschnitt«, »den Rahmen«, »die Zeit« und »den Blickwinkel« als Aspekte eines formalistischen Zugangs identifiziert. Für ihn leitete sich wie für Greenberg die Bedeutung der Fotografie größtenteils von der Vielfalt der fotografierten Gegenstände her.

Solche Theorieansätze mußten dringend überholt werden. Burgin ging zurück zur sowjetischen Debatte der 20er Jahre über »soziale Fotografie« und bezog sich auf die Psychoanalyse. Er komplizierte Freuds grundsätzliche Analyse der aktiven (Schaulust) und passiven (exhibitionistischen) Komponenten »des Blicks«, dahingehend, daß er ihr Jacques Lacans Betonung des »Spiegelstadiums« (der Moment, in dem sich das Kind im Spiegel oder anderswo mit dem Selbst als dem ähnlichen, vollkommen anderen identifiziert) und der »Objektivierung«, in der »der Blick« mit dem Geschlecht (männlich) und der Sozialisation (eine Frage der Macht) in Zusammenhang gebracht wird, hinzufügte. Burgin war der Meinung, daß, sobald eine Fotografie einen Moment des Sehens (das des Fotografen) und einen Moment des Gesehen-Werdens (das der gezeigten Objekte oder Personen) festhält, sie nicht nur zur darstellenden Oberfläche, sondern zu einem Ort der vielfältigen Beziehungen von Unterwerfung, Geschlecht, Überwachung, Identifikation und Kontrolle wird. In seiner Serie *Büro bei Nacht* (Abb. 52) mobilisierte Burgin die voyeuristischen Funktionen der Fotografie. Gleichzeitig richtete er sein Augenmerk gerade auf die Unterschiede zu anderen Systemen der Darstellung. Er schlug weiter vor, daß andere, wenn auch banale Zeichensysteme neben der gebräuchlichen Fotografie funktionieren konnten, indem sie diesen fetischistischen Aspekt kanalisierten, erklärten und artikulierten.

Nicht jede praktische Umsetzung des fotografischen »Momentes« der frühen 80er Jahre war so konzeptuell ausgereift wie die von Burgin. Während in Europa die fotografische Kunst dazu neigte, die theoretischen Feinheiten reflektierend und umschreibend sensibel aufzugreifen, tendierten die in eine rasant wachsende Medienlandschaft eingebundenen amerikanischen Künstler dazu, eine offenere, ausdrücklichere Analyse der Macht zu forcieren.

Nachdem sie bereits eine Karriere als Grafikerin hinter sich hatte und dann im Bereich der kommerziellen Kunst reüssierte, geriet Barbara Kruger 1981 erstmals als Künstlerin ins Blickfeld der Kritik. Sie stellte die Position der Frau im modernen Patriarchat in Frage und untersuchte ihr Verhältnis zu den entfremdeten »Wohltaten« der Konsumwelt. Dabei ging es ihr nicht nur um die voyeuristische Identifikation mit Teilen eines Bildes, sondern um die Reflexion über mehrere verbale Botschaften, die Männer direkt anklagten. In der Arbeit *Your Comfort is My Silence* (Abb. 53) bezeichnen das »Your« (Dein) und das »My«

53 Barbara Kruger
Your Comfort is My Silence, 1981. Fotografie mit Text, 140 x 100 cm. Privatbesitz.

(Mein) eine geschlechtsbezogene Identifikation, die unausweichlich ist: Der Betrachter ist entweder die Anklägerin oder der Angeklagte. Die strukturelle Einfachheit von Krugers Spiel mit Vorlagen aus der Werbung machte ihre Arbeit attraktiv für Verlage und publicity-bewußte Galerien. Dennoch wurde in ihren Collagen deutlich, daß der Betrachter beides braucht, ein politisches Bewußtsein und ein Geschlechtsbewußtsein, um sich überhaupt angemessen mit dem Werk auseinandersetzen zu können. Krugers Arbeit wurde zum Prüfstein für viele Feministinnen, die auf der Suche nach einer direkten, nicht aufgesetzt politisierten Kunst waren. Diese ließ sich aus einer früheren Montagetradition herleiten, beispielsweise aus den vor 1939 entstandenen Arbeiten von John Heartfield und Hannah Höch.

In der westlichen Kunstwelt, die sich die Marktmechanismen zunutze macht, richtete sich in der ersten Hälfte der 80er Jahre die strittige Frage nicht nur darauf, wer emanzipatorische Werke schuf, sondern auch darauf, wie er oder sie das taten. Transportierten die »Appropriationen« überhaupt eine Botschaft, oder lag ihre Kritik im wesentlichen im Stil selbst? Als Hal Foster sein einflußreiches Buch »Die Anti-Ästhetik: Essays über die postmoderne Kultur« (1983) veröffentlichte, traf er eine Unterscheidung, die in den Diskussionen über »die postmoderne Montage« oder »die eklektische Mischung und die Appropriation von Formen« eine Zeitlang kanonisch wurde: »Man mag als Populist die Postmoderne unterstützen und von einem Elfenbeinturm herab die Moderne attackieren, oder umgekehrt die Moderne als wirkliche, elitäre Kultur unterstützen und die Postmoderne als Kitsch angreifen (...). In der Kulturpolitik gibt es heute einen grundsätzlichen Unterschied zwischen einem Postmodernismus, der den Modernismus abschaffen möchte und sich dem Status quo widersetzt, und einem Postmodernismus, der den neueren ablehnt und den älteren feiert: einen Postmodernismus des Widerstandes und einen der Reaktion.« Angenommen, man wäre dem nachgegangen und hätte genau das herausgefunden und beschrieben, was Foster einen »Postmodernismus des Widerstandes« nannte, der »aus einer Gegenmethode nicht nur zur offiziellen Kultur des Modernismus, sondern auch aus der ›falschen Normativität‹ des reaktionären Modernismus« hervorgeht, so zeigte sich in Fosters Werk bereits, daß die Co-Autoren der »Anti-Ästhetik« die Ästhetik und das Kulturelle mit den Bereichen der Kommunikation, der Architektur, des Publikums und der Museumskultur verbinden wollten.

Zum Beispiel Craig Owens: In seinem Beitrag »Feminismus und Postmodernismus« präsentierte er einen Gedanken, der latent in den fotografischen Arbeiten einiger Künstlerinnen vorhanden und indirekt aus dem Konzeptualismus erwachsen war. Er verband die Vorstellung, daß der Postmodernismus sich aus einer Krise der traditionellen kulturellen Autorität konstituiert hatte, mit der Erkenntnis, daß das traditionelle betrachtende Subjekt im allgemeinen von sich selbst besessen, stereotyp und männlich zu definieren war. Daraus schloß er, daß die feministische Kritik am Patriarchat exakt der Schlüssel zu einem rebellischen Postmodernismus war. Der Gedanke, daß die modernistische künstlerische »Meisterschaft« gewöhnlich gleichbedeutend war mit Spuren handwerklicher Arbeit – Pinselduktus oder Schweißnähte –, brachte Owens zu der Behauptung, daß »etwas Ähnliches wie die fotografische feministische Kunst« die Quintessenz der postmodernen Form sein mußte. Die frühen Arbeiten von Sherman, Kruger, Levine, Martha Rosler, Mary Kelly und Louise Lawler regten eine postmoderne Strategie an, die sowohl die Geschlechtsidentität wie eine Alternative zum traditionell phallozentrischen Raum miteinbezog. Sie »untersuchten, wie diskriminierend die Darstellung von Frauen sein kann, beispielsweise wenn sie unverändert als Objekte des männlichen Blicks in Szene gesetzt werden«. »Die Existenz des Feminismus«, schrieb Owens, »mit seinem Insistieren auf der Wahrnehmung von Differenz zwingt uns, nochmals zu überlegen.«

Die Konzeptkunst und der Feminismus waren aber nicht die einzigen Motoren der Foto-Appropriations-Kunst. Eine maßgebende Figur in der Debatte nahm posthum Walter Benjamin ein, dessen Essay aus dem Jahre 1936 über die Auswirkungen reproduzierender Techniken auf die Kultur damals in hohen Stückzahlen neu aufgelegt – und auch gelesen wurde. Ein neuer Aspekt war jedoch nicht zu übersehen: die immer wieder erneuerbaren Bildtechnologien und der wachsende Stellenwert glamouröser Aufmachung, der sich in den kommerziellen wie auch in den Unterhaltungsbereichen der 80er Jahre breitmachte. Angesichts einer derartigen Offensive hätte man erwarten können, daß Künstler diese Szene verlassen würden. Aber gerade in diesem Moment artikulierte der einflußreiche französische Soziologe Jean Baudrillard die Bedeutung des fotografischen Environments. Baudrillards frühe Werke »Pour une critique de l'economie politique du signe« (1972) und »Le miroir de la production« (1973) hatten einen größeren Einfluß auf die marxistische Theorie als auf die Kunst. Die Veröffentlichung von »Simulations« (1983) jedoch beförderte Baudrillard in das Zentrum der New Yorker Kunstwelt (im darauffolgenden Jahr wurde er ständiger Redakteur bei »Artforum«). In einem Abschnitt seines Buchs »Die Präzession der Simulakra« (1978) entwickelte er die einleuchtende, aber paradoxe These eines »Hyperrealen«, das das »Reale«, das nicht mehr das Reale ist, kaschiert. »Heutzutage funktioniert die Abstraktion«, schrieb

54 Jean Baudrillard
Venice, California, 1989.
Farbfotografie, Edition (15 Stück), Maße variieren, Besitz des Künstlers.

Baudrillards Fotografien der 80er und frühen 90er Jahre stellten die sichtbare Welt als eine Art zweidimensionales Kontinuum dar, indem die Ränder und Farben einiger Objekte durch Überlappung und Abtrennung von anderen auf eine Linie gebracht wurden, als ob sie eine Montage gegen den Sog ihrer Dreidimensionalität konstituierten.

Baudrillard mit Blick auf das Denken und die Sprache wie auch die Kunst, »nicht mehr nach dem Muster der Karte, des Duplikats, des Spiegels und des Begriffs. Auch bezieht sich die Simulation nicht mehr auf ein Territorium, ein referentielles Wesen oder auf eine Substanz. Vielmehr bedient sie sich verschiedener Modelle eines Realen ohne Ursprung oder Realität, d.h. eines Hyperrealen. (...) Das Hyperreale ist von nun an vor dem Imaginären, vor jeder Trennung von Realem und Imaginärem sicher. Zugelassen wird nur noch ein orbitaler Rücklauf von Modellen und die simulierte Entstehung von Differenzen.« Die Idee einer Erosion der Wechselbeziehung zwischen dem Original und der Kopie – die »Präzession der Simulakra« – erklärte Baudrillard durch eine Analogie. »Das Territorium ist der Karte nicht mehr vorgelagert, auch überlebt es sie nicht mehr. Von nun an ist es umgekehrt: Die Karte ist dem Territorium vorgelagert, ja sie bringt es hervor.« Über die These vom Hyperrealen wurde endlos diskutiert. In ihrer abgeschwächten, entfernt mit Kantschen Überlegungen in Zusammenhang stehenden Form besagte die These Baudrillards, daß die Objekte unerkennbar weit von ihren Repräsentationen entfernt sind. In ihrer stärkeren, strittigeren Variante drückte sie aus, daß in einem bestimmten Zivilisationsstadium die Objekte mit ihren Repräsentationen zusammenfallen, ja sogar den Zustand erlangen, daß sie mit ihnen übereinstimmen. Übertragen auf die damalige Medienwelt, sollte diese These verdeutlichen, daß das »Reale«, das hinter den Bildern des Fernsehens und der Werbung angenommen wurde, nicht länger existierte. Baudrillards Prosa erschien als bereitwillige Akzeptanz der Reduktion von Erfahrung angesichts einer stark beschleunigten Medien- und Kommerzwelt, die es sowohl zu diagnostizieren als auch zu propagieren galt.

Baudrillards Auffassung von einer implodierenden Realität korrespondierte mit der gleichzeitig weitverbreiteten Annahme der Kunstwelt, die Massenmedien seien übermächtig geworden und außer Kontrolle geraten. Edit Deak aus New York drückte dies 1984 in einer Diskussion in »Artforum« folgendermaßen aus: »Die Realität galt lange als gerissener Schurke, Gigolo, Moment der Verzauberung, Zauber, Verlangen, die vielfältigste Verkleidung des ›Nichts‹, über die wir gesprochen haben. Laßt uns doch nicht behaupten, wir leben in ihrem Sinne.« Auf einer anderen Ebene stellten Baudrillards Schriften und seine eigene Erfahrung als Fotograf (Abb. 54) Europa als die alte Welt dar, in der man die Dinge noch analysierte, hin und her wendete und intuitiv wahrnahm. Amerikanische Städte wie New York und Los Angeles dagegen waren zu sagenhaften Zentren von spezifischen kulturellen »Effekten« geworden, die eine »Ekstase der Kommunikation« bewirkten, in der das Öffentliche und das Private, das Objekt und das Subjekt, die Wahrheit und das Falsche, zusammenfallen in einer, wie Baudrillard es nannte, »einzigen Dimension von Information«.

Charakteristisch für die Simulationskunst und ihre Theorie – Simulation kopiert buchstäblich ein angenommenes Objekt oder Bild im selben Medium – war zumindest eine Zeitlang ihre gegenseitige Verquickung. Simulationskunst und -fotografie paßten zueinander, weil die Fotografie gerade durch den Akt der Repräsentation das Reale simulierte. Das Duchampsche Ready-made zeigte, wie die Fotografie radikal als Kunst funktionieren könnte. Alles in allem war der Baudrillardsche Begriff der »Simulation« nicht in der Lage, die Konkurrenz zwischen einem emanzipatorischen und einem reaktionären Postmodernismus zu lösen. Baudrillard vernachlässigte die Gender-Debatte und favorisierte ausschließlich die passiven Formen des Konsums in der kommerzialisierten Stadt. Einige glaubten, die Baudrillardsche »Hyperrealität« sei eher Teil des Problems als dessen Lösung.

Objektkunst und der Markt

Mitte der 70er Jahre war zu beobachten, daß sich die Skulptur in Tendenzen mit unterschiedlichen Zielsetzungen aufspaltete. Minimal-Art und Konzeptkunst basierten auf der Idee, das Kunstwerk aus seinen privilegierten Ausstellungsorten und seinen bisherigen Formen der Kritik herauszulösen. Mitte der 70er Jahre akzeptierte man, daß sich die Kriterien, nach denen ein dreidimensionales Gebilde als »Kunst« klassifiziert werden konnte, grundlegend verändert hatten. Im Grunde bestand nur noch eine Minderheit darauf, daß Skulptur sich mit den unmittelbaren physikalischen Eigenschaften der Masse, des Kontur, des Schattens und den Beziehungen der Teile zum Ganzen (der »modernistische« Ansatz) beschäftigen sollte. Zunehmend setzte sich die Erkenntnis durch, daß kein Gebilde, wie beiläufig und wenig verheißungsvoll es auch immer sein mochte – in den Boden gezogene Linien, leere Kartons, Aktenschränke, gewöhnliche Tische und Stühle, sogar Dokumentaraufnahmen von Performances –, automatisch vom Kunstanspruch ausgeschlossen werden konnte.

Aber die Argumente wiederholten sich, zündeten bald nicht mehr. Die Konzeptkunst und die orthodoxe Moderne wurden

55 Tony Cragg
Mesozoic, 1984. Mischtechnik. In der Ticci Russo Galerie, Turin, installiert.

Cragg sagte: »Ich mochte die unprätenziöse Minimal-Art und die Intensität, die es erforderte, solche Arbeiten zu betrachten. Aber da gab es zuviel Geometrie, eine zu große Abhängigkeit von der natürlichen Materialqualität, von großen natürlichen Prozessen, ohne daß neue Wege aufgezeigt wurden, wie man damit umgehen konnte. Und so wurde es zur kritischen Frage, wie finde ich einen Inhalt (...)? Ich will Materialien plazieren und ihnen eine Bedeutung geben.«

von den jüngeren Bildhauern als theoretische Sackgassen gesehen, die die Produktion neuer Arbeiten behinderten. Eine unmittelbare Reaktion darauf war die Rückbesinnung zu Gegenständen der Massenkultur. Der entscheidende Wechsel von Materialien zu realen Objekten wurde um 1977, bzw. 1978, sowohl in Europa als auch in Nordamerika sichtbar: Er trat erstmals in Europa auf und entwickelte in Nordamerika eine Beziehung zu dem neuen Markt für Konsumartikel.

Dieser einschneidende Wendepunkt kann als Aktualisierung der Konzeptkunst mittels narrativer und gesellschaftlicher Inhalte beschrieben werden. In seinen studentischen Arbeiten der frühen 70er Jahre hatte sich der britische Künstler Tony Cragg auf das Anordnen und Stapeln von gefundenem Material nach formalen Mustern kapriziert. Nachdem er 1977 nach Wuppertal gezogen war, schuf Cragg aus Überresten von existierenden Objekten verschiedene Bodenarbeiten: Spielzeugautos aus Plastik oder hölzerne Fragmente, die in größeren dreidimensionalen Strukturen arrangiert waren, so daß sie eine Axtklinge, ein Boot oder einen Schalltrichter (Abb. 55) darstellten. Sowohl der Inhalt als auch die Form dieser »Rückkehr« zur Ikonographie kann im Zusammenhang mit der britischen Punk-

Bewegung zwischen 1977 und 1979 gesehen werden, die sich im Bereich der Mode unüblicher Materialien bediente und in der Musik harte Protesttöne produzierte. Einige von Craggs Werken ähnelten, ideologisch gesehen, der Punk-Stimmung – insbesondere die Wandarbeiten, in denen er Kunststofffragmente benutzte, um überdimensionale Polizisten oder Polizeitruppen darzustellen, die auf demonstrierende Gruppen einprügelten. Antiautoritäre »Inhalte« kehrten nicht als »Übungen am Material«, sondern als fiktive Darstellung zurück.

Eine heute prophetisch erscheinende Ausstellung aus dem Jahre 1981 mit dem Titel »Objects and Sculpture«, die gleichzeitig am Institute of Contemporary Art (ICA) in London und in der Arnolfini Gallery in Bristol gezeigt wurde (ausgestellt waren Tony Cragg, Bill Woodrow, Edward Allington, Richard Deacon, Anthony Gormley, Anish Kapoor, Brian Organ, Peter Randall-Page und Jean-Luc Vilmouth), erweiterte und konsolidierte die erneute Verwendung urbaner Materialien. Ihr folgten eine Ausstellung im britischen Pavillon bei der Biennale von Venedig 1982 und kurz darauf mehrere Präsentationen in Bern, Luzern und anderen Städten. Dabei wurde deutlich, daß die »neue britische Skulptur«, die in ihrem frühen Stadium von der Londoner Lisson Gallery betreut wurde, nicht zuletzt gemeinsam eine ästhetische Position besetzte, um auf diese Weise ihre Wirkung auf die Kuratoren zu untermauern.

Bill Woodrow, ebenfalls Student während der Blütezeit der Konzeptkunst, produzierte Assemblagen aus weggeworfenen Haushaltsgeräten und anderen Objekten, die er nach einer Montage-Ästhetik wieder zusammensetzte. Er plazierte die Arbeiten ohne Sockel auf dem Galerieboden, was die »Modernisten« (Anthony Caro) und die »Anti-Modernisten« (Robert Morris und Donald Judd) gleichermaßen praktiziert hatten. Nachdem er zunächst in Werken wie *Hoover Breakdown* und *Five Objects* von 1979 einfache Objekte zerlegt oder in Teilen angeordnet, in ihrer Funktion verändert und auf dem Boden ausgelegt hatte, schnitt Woodrow jetzt ein Objekt aus einem anderen heraus und versah so gleichzeitig alle Teile des resultierenden Ensembles mit Verweisen auf die häusliche Welt, in der wir leben (Abb. 56).

56 BILL WOODROW
Twin Tub with Guitar, 1981.
Waschmaschine,
76 x 89 x 66 cm. Tate
Gallery, London.

Der Dritte aus der Gruppe der Lisson Gallery, Richard Deacon, erreichte genau diese Erweiterung der modernistischen Syntax durch eine unterschwellig narrative Form. Deacons Originalität als Bildhauer bestand zum ersten darin, daß er höchst dubiose vorgefundene Materialien wie Linoleum, Leder, galvanisierte Stahlverschalungen und laminiertes Holz (vorzugsweise Hobby-Materialien oder gewöhnliche Einzelhandelsproduk-

57 RICHARD DEACON
Fish Out of Water, 1987.
Laminierter Preßspan mit Schrauben, 250 x 350 x 190 cm. Saatchi Collection, London.

te) benutzte und sie durch Kleben, Nieten oder Biegen in einer handwerklichen, fast virtuosen Manier zusammenfügte. Zum zweiten vergrößerte Deacon – im Gegensatz zur traditionellen modernen Skulptur, deren Größe mit dem Gegenstand möglichst übereinstimmen sollte – Miniaturformen des Körpers wie das Auge oder das Ohr. Drittens zögerte Deacon nicht, so wie Woodrow und Cragg seine Materialien und verschiedenen Techniken mit einem skatologischen Humor zu bereichern, um auf diese Weise mit einer spielerischen Mischung von Bildern und Formen über die große Ernsthaftigkeit der Moderne hinauszugelangen.

Vieles von Richard Deacons Plastiken verweist auf den Körper von Menschen oder Tieren, ohne sich um eine eindeutige Beziehung zwischen der Form der Skulptur und ihrem Titel zu sorgen. Die unberechenbaren, eigensinnigen, dennoch präzise hergestellten Schleifen einer Arbeit wie *Fish Out of Water* (Abb. 57) sind erzählerisch, materiell komplex und gleichzeitig nach traditionellem Verständnis sorgsam gearbeitete Skulpturen. Andere Künstler dieser Generation wie Jean-Luc Vilmouth, Shirazeh Houshiary und Richard Wentworth, oder der junge Edward Ellington, Alison Wilding und Julian Opie wurden en bloc – vielleicht unfairerweise – als Begleiterscheinung der

58 Tony Cragg
Aquädukt, 1986.
Kunststoff und Holz,
350 x 350 x 170 cm. Installation an der Hayward Gallery, London.

»Ich will keine Nostalgie«, sagte Cragg. »Ich will keine Kunst machen, die festgefahren ist, die an einer natürlichen Welt hängt, zu der wir sowieso keinen Zugang mehr haben. Aber ich will auch keine Kunst machen, die eine schreckliche futuristische Qualität hat.« Die Ergebnisse kann man mit de Chiricos Bildern aus der späten Periode vergleichen, die zur Zeit auch neu bewertet wurden.

Thatcher-Ära in der europäischen Skulptur und als Pendant des schottischen Malerei-Revivals gesehen.

Worin aber lag die entscheidende Bedeutung der vorgestellten Arbeiten? Generell könnte man sagen, daß Deacon und Cragg eine erneuerte Beziehung zum Bild gesucht haben, indem sie vorgefundene Objekte und Flächen als Zeichen benutzten – eigentlich eine Strategie der Pop-Art. Seit 1983 fertigte Cragg beispielsweise eine Serie von Arbeiten, die Textur und Musterung von Resopal, Kunststoff und anderer Hobbymarkt-Werkstoffe ausnutzten. In diesen Werken setzte er Tische, Bücherregale, Schränke und Materialabfälle in Verbindung zueinander und verdeckte diese surrealen Assemblagen mit banalen, absichtlich billigen Texturen (Abb. 58). Cragg erklärte 1986 seinen Ansatz: »Ich lebe in einer Welt, die überwiegend künstlich und von Menschen gemacht wurde (...). Ich würde mich selbst als einen extremen Materialisten bezeichnen (...). Kunst hat damit zu tun, neue Territorien aus der Nicht-Kunstwelt für die kunstschaffende Welt zu reklamieren.« Das deckt sich mit der Behauptung der Kubisten, daß alle Objekte, wie belanglos auch immer, von kultureller Bedeutung erfüllt sind. Diese Auffassung steht zum Beispiel in starkem Kontrast zum Impetus der zeitgenössischen Metallskulptur des briti-

59 HAIM STEINBACH
security and serenity,
1985. Mit Kunststoff laminiertes Holzregal mit »GemLites« und Klobürsten aus Kunststoff, 76 x 78 x 33 cm. Privatbesitz.

Haim Steinbach: »Ich bin daran interessiert, wie wir Objekte als modisch oder grotesk wahrnehmen, oder sogar als modisch und grotesk wie beim Punk; wie Anziehung, Abscheu und Zwang in Objektformen und Ritualen Eingang finden. Archäologen graben die Kulturen anderer aus (...). Ich möchte ein Bild der Geschichte der Gegenwart einfangen.«

schen Bildhauers Anthony Caro, der, seit er in den 60er Jahren von Greenberg gefördert wurde, als die Leitfigur der großen »modernen« Bewegung galt. Für die Verfechter der »Moderne« war die Arbeit von Caro vor allem anderen bedeutende Skulptur: Ihr Wert lag allein in ihrer Formensprache, insbesondere das, was Greenbergs Verbündeter Michael Fried ihre »Offenheit und ihre Einfachheit« nannte – die Grundlage einer angeblichen »Korrespondenz« mit der Gestik des menschlichen Körpers.

Cragg und Deacon parodierten mit ihren Arbeiten genau diese »spätmodernen« Helden. Sie plädierten für eine weitgehende Vernachlässigung der Gestalt und der Emotionalität zeitloser »hoher Kunst« zugunsten des Gebrauchs häuslicher Materialien und nicht legitimierter Werkstoffe sowie der Konstruktion von abgegriffenen, unbeständigen Strukturen – für ein Wechselspiel zwischen Ernsthaftigkeit und Ironie, zwischen Modernität und Postmodernität.

Dieses wiederauflebende Interesse an vorgefundenen Objekten und Werkstoffen beschränkte sich nicht allein auf Großbritannien. Auf der anderen Seite des Atlantiks beschäftigte sich gleichzeitig eine Gruppe junger Künstler mit Kommerz, Konsum und Mode unter Anwendung Duchampscher Konzepte.

Einer von ihnen, der in Israel geborene New Yorker Künstler Haim Steinbach, hatte einige Jahre lang in Ramschläden Objekte erworben und sie in die Galerie gebracht. Seine Installation *Display No. 7*, 1979 bei Artists Space in New York ausgestellt, enthielt auf Regalbrettern arrangierte Objekte, die stets mit den Magazinen und Broschüren, die am Rezeptionstisch auslagen, übereinstimmten. In den frühen 80er Jahren kam Steinbach auf eine Formel, die ihm einige Reputation einbrachte: das Arrangement neu gekaufter Gegenstände, in zweifacher oder dreifacher Ausführung, auf dreieckigen minimalistischen Regalbrettern arrangiert (Abb. 59).

Die New Yorker Kunstszene veränderte sich rasant. So können Steinbachs künstlerische Intentionen genau von denen der bereits erwähnten »Pictures Group« unterschieden werden. Der »Pictures Group«, insbesondere Sherrie Levine, Troy Brauntuch und Richard Prince, kann man nachsagen, daß sie Standardstrategien künstlerischer Rezeption untergraben haben: Während für sie Fragen der Produktion und Rezeption zu den entscheidend geworden waren, schien Steinbach eine rein zelebrierende Haltung gegenüber kommerziell produzierten Objekten zur Schau zu stellen, während die Öffentlichkeit dem Konsum bereits kritisch gegenüberstand.

Steinbachs »Shopping«-Skulpturen aus der Mitte der 80er Jahre thematisierten nicht den Unterschied zwischen gutem Geschmack und Kitsch, zwischen »guten« und »schlechten« Objekten, vielmehr wurden sie von derselben Konsumkultur lanciert, aus der sie stammten (New York) – und das geschah im Rahmen eines internationalen Ausstellungskreislaufs, der auf diese Formen des Experiments vorbereitet war. Die Unterscheidung zwischen gut und böse wurde irrelevant und machte die grundsätzliche Bedeutung dieser Arbeiten aus. »Es gibt ein neues Interesse, eigene Wünsche zu lokalisieren«, sagte Steinbach in einer New Yorker Diskussion, die das Magazin »Flash Art« 1986 veranstaltete. »Es gibt eher eine stärkere Identifikation mit der Produktion von Dingen, die traditionell als schön und verführerisch gelten, als sich davon abzugrenzen. Durch diese Einsicht verändert sich auch die Vorstellung von Kritik als Teil der Kunst.«

00 ASHLEY BICKERTON
Le Art, 1987. Seidengerastertes Acryl, Lack auf Sperrholz mit Aluminium, 87 x 180 x 38 cm. Saatchi Collection, London.

Steinbachs Kollege, Ashley Bickerton, lehnte die Richtung der »Picture Group« ebenso ab. Er beschrieb ihre Arbeit in der Sprache McLuhans als einen »coolen Zugang zu einem heißen Medium«. »Die ›Pictures‹ betrieben eine bestimmte Dekonstruktion oder den Zusammenbruch des Korruptionsprozesses der Wahrheit, wohingegen (...) wir diesen Korruptionsprozeß als eine poetische Form benutzen, als eine Plattform oder ein Sprungbrett für den poetischen Diskurs selbst (...). Diese Arbeit hat irgendwie weniger einen Hang zur Utopie als ihre Vorläufer.« Die Werkstoffe von Bickertons Arbeiten tragen die Firmenlogos der Unternehmen, die an den verschiedenen Stadien ihres kommerziellen Werdegangs von der Lagerung und Verschiffung bis zur Produktion und zum Vertrieb beteiligt waren. »Während der letzten Jahrzehnte ist (das Kunstobjekt) von der Wand heruntergerissen und durch jede denkbare Veränderung geschleust worden«, sagte Bickerton, »aber zurück an der Wand entfaltet es ein neues Potential. So soll es denn sein, an der Wand soll es hängen, aber ein aggressives Unbehagen und eine komplizenhafte Provokation ausstrahlen.« So muß eine Arbeit wie *Le Art* von 1987 (Abb. 60), die aus gesammelten Firmenlogos besteht, als (bewußt) – politisch inkorrekte – Zustimmung zur Macht der Konzerne gedeutet werden. Angesichts der Tendenz der Avantgardekunst, »über dem Sofa« zu enden, schrieb Bickerton, daß seine an die Wand montierte Kunst »die Haltung ihrer eigenen Korruption imitiert (...) in dem Versuch, die Frage voranzutreiben, wo genau die Konflikte existieren in diesem Morast von Idealismus, Kompromiß und Falschheit«.

61 Börsenmakler, die 1991 am Ende einer Dekade rasanter, instabiler Expansion westlicher Märkte hastig ihre Transaktionen an der New Yorker Börse abschließen wollen.

Möglicherweise rückte solcher »Radikalismus von der Stange« die Situation des Kunstobjektes gefährlich nahe an die eines Accessoires heran. Sicherlich traf die Erkenntnis, daß die Shopping-Skulptur bei Kuratoren und Galeristen im Westen Gefallen fand, jene Künstler wie ein Schlag, die im Hoch konservativer Kulturpolitik Mitte der 80er Jahre eigentlich Ambitionen der Linken weiterspönnen. Bickertons Ton klingt oft nach Verteidigung: »Wir fahren alle mit dem Monsterzug und können nicht aussteigen.« Sein und Steinbachs Versuch, am Standpunkt des Konsumenten eher zu partizipieren als ihn zu analysieren, lag auf einer Linie mit der »Boom«-Mentalität eines schnellen, aber seichten Wachstums, von Maklergeschäften, Vermögenskonzentration und Deregulierung (Abb. 61). Die Distanz zwischen diesen Ready-mades und denen, die jene von der Utopie geprägte Phase von 1967 bis 1972 hervorgebracht hatte, nahm extreme Formen an. Es war sogar noch schlimmer. Nur wenige Kritiken außerhalb des »October« schlugen eine emanzipatorische Haltung vor. Es gab viel Gerede über das »Ende der Geschichte« und den totalen Zusammenbruch aller Freiheit – mit einer einzigen Alternative: der des Einkaufsbummels. »Politik ist eine überholte Haltung«, sagte der Maler Peter Halley in dieser Diskussion, »wir sind jetzt in einer postpolitischen Situation.«

Als Beitrag der amerikanischen »Waren-Kunst« zur Kunstgeschichte läßt sich vielleicht die von ihr implizierte pragmatische Würdigung des Zusammenbruchs des Sozialismus nennen, sowohl der osteuropäischen wie der westlichen Varianten. Nachdem die »Jagdzeit« in den Displays westlicher Überproduktion zu Ende war, probten die Künstler verschiedenste Formen der Identifikation. Sie schienen den puritanischen Unentschiedenheiten und Verboten, die eher mit der Linken identifizert wurden, den Kampf angesagt zu haben. Nicht die Frustration, sondern der Spaß am Konsum wurde nun offensichtlich in den Mittelpunkt gestellt.

Keiner forderte jedoch sein Publikum mehr heraus als der New Yorker Künstler Jeff Koons. Koons bekannte sich zu diversen Ansätzen, die bislang tabu waren. Dazu gehörte seine Gewandtheit, mit der er das Verfahren des Duchampschen Ready-mades ausdehnte, um Konsumprodukte in die Kunstwelt einzuführen, die fast ausnahmslos als Kitsch bezeichnet werden können. Koons frühe Arbeiten, wie zum Beispiel *Inflatable Flower and Bunny* (Aufblasbare Blume und Hase) (Abb. 62), verliehen billigen Plastikutensilien sichtlich hemmungslos, und eindeutig ohne den Brechtschen Begriff der »Entfremdung« zu bemühen, eine Bedeutung. Stumm sich selbst offen-

62 Jeff Koons
Inflatable Flower and Bunny (Tall Yellow and Pink Bunny), 1978. Kunststoff, Spiegel, Plexiglas, 81 x 63 x 45 cm. Sammlung Ronny Van De Velde, Belgien.

Seit seinen frühen Arbeiten behielten die »Low-Art«-Qualitäten für Koons ihre Bedeutung. »Banalität ist eines der großartigsten Werkzeuge, die wir besitzen«, sagte Koons. »Sie ist eine große Verführung, weil man sich automatisch darüberstellt, und so funktioniert Herabsetzung (...). Ich glaube, Banalität kann jetzt die Rettung bringen.«

63 JEFF KOONS
One Ball Total Equilibrium Tank, 1985. Glas, Stahl, Sodiumchlorid-Reagens, destilliertes Wasser und 2 Basketbälle,160 x 93 x 33,7 cm. Sammlung Dakis Joannou, Griechenland.

barend, wurden diese »Eintagsfliegen« in aller Unschuld mit ihrer abschreckenden und dennoch faszinierenden Verlockung präsentiert.

Zwischenzeitlich versuchte Koons, sich durch Anzeigen in Magazinen, Interviews und unter Hinweis auf seine Vergangenheit als Unternehmer (eine Zeitlang war er Börsenmakler an der Wall Street) als ein Gauner und aggressiver Geschäftsmann zu »verkaufen«. Seine Pose glich dem eines populären Entertainers oder Clowns. Als Kommentar zu seinen frühen Arbeiten wie der *Vacuum Cleaner*-Serie von 1980/81 und der Serie *Tanks* um 1985 (Abb. 63) sagte Koons, daß »jeder mit einer allgemeinen Bildung sich meiner Arbeit nähern kann (...). Fast wie das Fernsehen erzähle ich eine Geschichte, in die jedermann leicht einsteigen und die er auf irgendeinem Niveau genießen kann (...). Ich versuche immer, eine Masse von Leuten in die Ausstellung zu kriegen; (aber) wenn sie darüber hinausgehen könnten, wenn sie sich mit einem Kunstvokabular beschäftigen wollten, ich hoffe (eigentlich), daß das passieren würde (...) Aber ich schließe nicht aus, daß sich die Bedeutung des Objekts verändert, um bestimmte persönliche Züge zu enthüllen, die immer schon in dem Objekt steckten.« Der Verkäufer Koons versuchte sich sogar mit Ikonographie: »Der Basketball in der Arbeit verweist auf seine traditionelle Rolle in den unteren Klassen als ein Vehikel für den Aufstieg (...) er nahm eine andere Bedeutung an, als er in die Tanks eingelagert wurde: Er war eine Zelle, wie eine Gebärmutter, wie ein Fötus.« Indem er über die »Kargheit und Leere« der Arbeit sprach, bemühte er sogar die Minimal-Art. Dennoch zog seine Arbeit Mitte der 80er Jahre sowohl die Verachtung der linken Kritik auf sich, die seine Komplizenschaft mit dem Markt als »widerwärtig« (Rosalind Krauss) abqualifizierte oder sich über seinen unkritischen Objekt-Fetischismus beklagte, der »sich mehr anbiedert als zerstört« (Hal Foster), als auch die der kritischen Rechten, die seine Begeisterung für den Marktwert bestenfalls frivol fand.

Koons nahm 1986 an zwei wichtigen Gruppenausstellungen teil: »Damaged Goods: Desire and Economy of the Object« im New Museum of Contemporary Art in New York und »Endgame: Reference and Simulation in Recent Painting and Sculpture« im Institute of Contemporary Arts, Boston. Dort verteidigte ihn mancher als Künstler, der durchaus die ein oder andere beunruhigende Frage ins Spiel gebracht hätte. Zunächst schien das Charakteristische an Koons' Arbeit weder das Duchampsche Ready-made noch ein primäres Interesse am Kitsch zu sein, sondern eher der Rückgriff auf ein Kunstverständnis und Vorlieben, die als spießige Trivialkultur identifizierbar waren. Linke Kulturtheoretiker seit Theodor Adorno (1903 – 1969) neigten dazu, diese zu verschmähen. Koons gab seinen Werken gleich einer Ware ein unverkennbares Profil: Glänzende Porzellanfiguren, sentimentale Überhöhung von Haustieren und Filmstars sowie die pseudoerotischen Fotoposter, in denen sich Koons mit seiner Frau, dem italienischen

64 Tony Tasset
Sculpture Bench, 1986/87.
Bemaltes Holz, Lederkissen, Plexiglas,
55,8 x 139 x 48 cm.

Die ursprünglich minimalistische Ästhetik simulierend, beschäftigte sich Tasset mit der für Museumsbesucher gedachten Bank. Sie sieht aus wie die Sitzgelegenheit, deren Position sie einnimmt, und gleichzeitig so, als wäre sie es nicht. Sie widersetzt sich dem irritierten Blick des Betrachters und zieht ihn gleichzeitig an.

Pornostar Illona Staller, beim Geschlechtsverkehr inszeniert, standen für seinen Stil. Die Nobilitiorung seines Werks durch Ausstellungen wie die kontrovers diskutierte Schau »High and Low: Modern Art and Popular Culture« (1990) im Museum of Modern Art, New York, dienten letztendlich dazu, die Zwiespältigkeit zu entschärfen, die sein würdeloser Stil hervorrief. Wer konnte abstreiten, daß in einem Kunstsystem, in dem Ruhm mit künstlerischer Anerkennung gleichgesetzt wurde, Koons' zweifelhafter Erfolg ein Licht auf die Probleme zwischen Markt und Kunstwerk warf?

Konnte das »appropriierte« Objekt dem kommerziellen Kontext, aus dem es selbst stammte, überhaupt noch ein Mindestmaß an Sprengkraft entgegensetzen? Koons Arbeiten bleiben problematisch: Die Idee, daß die Präsentation von Konsumartikeln als Kunst eine effektive Kritik beinhalten könnte, war angesichts des Markteifers der 80er Jahre utopisch geworden.

Man ist dann doch erleichtert, daß der Ansatz der »Waren-Kunst« zu konzeptueller Intellektualität anregen kann, die über Koons hinausweist. Als der Chicagoer Künstler Tony Tasset die Besucherstühle am Chicago Museum of Contemporary Art in ein Wandrelief verwandelte, kamen interessante Irritationen auf. Das Wandrelief war Teil einer Serie von Arbeiten, in denen Gegenstände der Museumseinrichtung wie Bänke, Stühle und Vitrinen mit der Kunst selbst identisch wurden. Seine *Sculpture Bench* aus demselben Jahr (Abb. 64) illustriert die intendierte Doppeldeutigkeit: ein Objekt, das sich anbot, gleichzeitig benutzt und als Kunst betrachtet zu werden. Die Plexiglasabdeckung der Bank diente ferner dazu, die Einordnung der Arbeit innerhalb der Plastik zu komplizieren, indem sie a) die Bank in einen minimalistischen Kasten verwandelte, b) anzeigte, daß man sich nicht setzen sollte, sondern die Bank anzuse-

hen hatte, c) die Arbeit einer Vitrine angleicht. Auf welcher Ebene sollte man dem Werk begegnen? Wie konnte die unausgesprochene Akzeptanz des Museumssystems mit der gleichzeitig formulierten Kritik des Künstlers vereinbart werden?

Ein Intellektualismus anderer Art zeichnet die Arbeit der Schweizer Künstlerin Sylvie Fleury aus, die neuerdings eine ganz andere »Persona« als Steinbach oder Koons übernommen hat – nämlich die der reichen weiblichen Käuferin, die lieber von ihren Wünschen bestimmt wird, als selbstbestimmt zu handeln. Für eine Serie von Ausstellungen in den frühen 90er Jahre hatte Fleury teure Schmuckstücke für Frauen bei führenden Designern in Paris und New York eingekauft. Sie besuchte elegante Hotellobbies, um die promenierende »Haute Monde« zu beobachten. Sie brachte ihre Einkäufe dann in die Galerie und stellte sie dort aus: in den Kartons oder darüber drapiert, im Geist einer fiktiven Feier der »Shop-to-drop«-Mentalität (kaufe, um fallen zu lassen) der Reichen und Entfremdeten (Abb. 65). Die New Yorker Kritikerin Elizabeth Hess hat Fleurys Botschaft griffig zusammengefaßt: »Sie sagt, daß die meisten Menschen nicht einkaufen gehen (oder gehen können), um zu kaufen; sie gehen aus, um sich in das Leben anderer Leute zu denken. Die Slipper, die über die Galerie verstreut sind, gehören Madonna oder Cinderella. Wenn die Schuhe zu Metaphern für den unsichtbaren Körper werden, für unseren nicht perfekt gestylten Körper, von dem uns andauernd erzählt wird, daß er in Ordnung gebracht werden soll, dann wird die Ottomane zur Couch des Analytikers und bringt uns dazu, über diese massive Neurose nachzudenken. Es ist eine Verschwörung gegen Frauen, die unwiderstehlich ist.«

65 SYLVIE FLEURY
Ohne Titel, 1992. Teppich, Ottomane und Schuhe, 63,5 x 330 x 260 cm.

»Ich glaube, der Einkauf ist nicht vollbracht, wenn man nicht wenigstens EIN Paar Schuhe gekauft hat«, sagt Fleury und nimmt die Rolle einer modebewußten Konsumentin ein. »Ich kaufe alles in meiner Größe, gesetzt den Fall, daß die Skulptur niemals verkauft wird«, fügt sie hinzu.

Malerei und Appropriation

66 Jack Goldstein
Ohne Titel, 1980, Öl und Acryl auf Leinwand, drei Tafeln, insgesamt 240 x 450 cm.

Der Schriftsteller Fulvio Salvatori sagte: »Als ich die Bilder von Jack Goldstein entdeckte, brachte ich sie sofort mit dem Genter Triptychon *Mystisches Lamm* von Jan van Eyck in Verbindung. Auf den ersten Blick sind dies zwei völlig verschiedene Dinge. »Mystisches Lamm« stellt den Moment vor dem Ausbruch der Apokalypse dar, wenn die Zeit angehalten und das Leben zu einem endlosen Moment wird.«

Die wiederauflebende Maltradition, die im vorigen Kapitel diskutiert wurde, unterlag gleichermaßen den Zwängen wie den Vorzügen der »Appropriation«, und zwar in Europa wie in Amerika. Das große Beispiel appropriativer Mal-Haltung ist Andy Warhol, dessen Gebrauch von bestehenden kommerziellen Medienbildern in den frühen 60er Jahren ein Signal für andere setzte, die ihm folgten. Unter den Künstlern, die auf einer Basis der Konzeptkunst von Warhol lernten, war auch Jack Goldstein aus der »Pictures Group«. Er verwies in seinen Acrylbildern der frühen 80er Jahre geschickt auf das Anliegen einer älteren Tradition des »Erhabenen« und untersuchte deren Folgen. Jedes Gemälde ging auf eine Fotografie zurück: Ansichten der sich am Himmel abzeichnenden Bahnen von Leuchtkugeln, Kampfflugzeugen, Bombenexplosionen und Fallschirmspringern (Abb. 66). Später malte er großformatige Bilder von nur mikroskopisch erfaßbaren Phänomenen, die er mit den grellen Farben des digitalisierten Bildes umsetzte. Goldsteins fotografisches Interesse an dem Entfernten und mikroskopisch Kleinen nannte ein Kommentator mit Hinweis auf den gleichzeitigen Intensitäts- und Distanzeffekt der zeitgenössischen Medien, »ein Einebnen von Geschichte, (...) eine unmittelbare Gleichzeitigkeit, die wir Tag für Tag in der Welt der elektronischen Information erfahren«.

Diese Ambivalenz in Goldsteins Werk ist für die Kunst der 80er Jahre charakteristisch, denn mit der Aura des »Vergangenen« war paradoxerweise oftmals ein Interesse für die Aktualität verbunden. Die abstrakten Bilder, die Mitte der 80er in der Kunstkritik häufig als »Neo-geo« bezeichnet wurden, sind

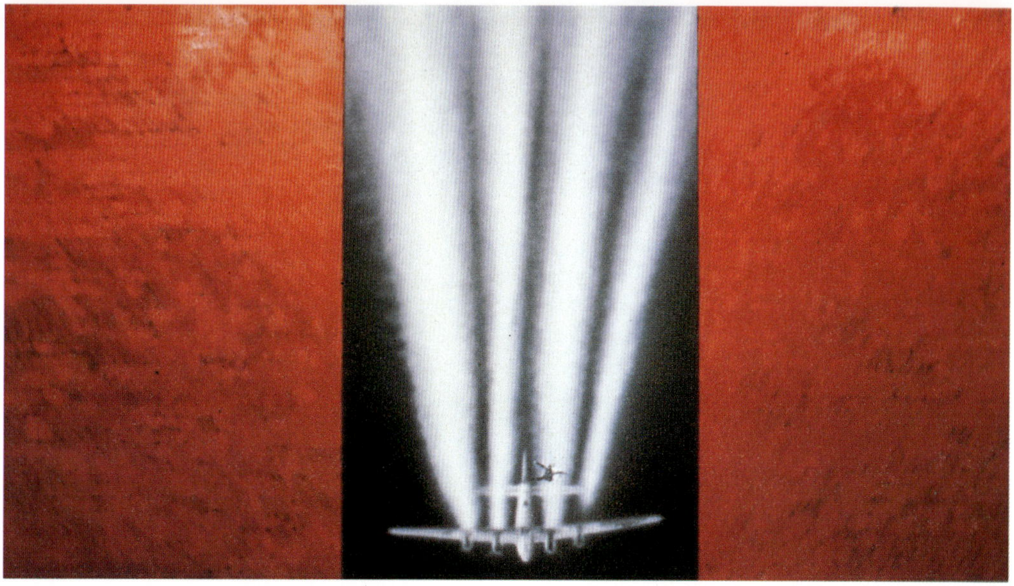

dafür ein Beispiel. Befürworter schrieben dieser Richtung die Intention zu, die Konventionen der geometrischen Abstraktion – das Viereck, das Gitter und den Streifen – neuen Rezeptionsarten unterziehen zu wollen, die Begriffe wie »Inspiration«, »Genius« und vor allen Dingen »Metaphysik« zynisch zurückwiesen. Statt moderner Intensität und spirituellem Ausdruck wurde eine depersonalisierte, postmoderne Allegorie angeboten, die in einer existierenden Sprache von Formen eingebettet war. So gingen die Arbeiten des New Yorker Malers Peter Halley Anfang der 80er Jahre von dem Versuch aus, den Minimalismus als klärende Ebene in den Kontext sozialen und industriellen Lebens zu überführen.

Beeindruckt von Foucaults »Überwachen und Strafen. Die Geburt des Gefängnisses«, schlug Halley vor, die Geometrie als eine Metapher für Zwanghaftigkeit und Einschränkung aufzufassen wie auch als reduktive Form. In den frühen 80er Jahren malte der Künstler eine Reihe von Bildern, die in Beziehung zu Gefängnisformen und gefängnisähnlichen Strukturen standen. Unter Benutzung des konstruktivistischen oder minimalistischen Formkanons ahmte er in großformatigen Rahmen visuelle Räume nach, die man in Videospielen und Computergrafiken findet: Halley entwickelte auch grelle, kommerzielle Farbwirkungen und eine rauhe, künstliche Textur. »Die Zelle ist eine Erinnerung an das Appartementhaus, das Krankenhausbett,

67 PETER HALLEY
Asynchronous Terminal, 1989. Day-Glo-Acryl, Acryl und Roll-a-Tex auf Leinwand, 240 x 190 cm. Privatbesitz, New York.

Halley sagte einmal über die abstrakten Expressionisten, deren Bilder das Format seiner eigenen hatten, daß »er sich sicher war, daß das, was sie taten, eine Bedeutung auf einer politischen Bühne haben konnte (...) die Glut in ihren Arbeiten und die Leere in ihnen verweist auf gesellschaftliche Themen.«

den Schultisch – die isolierten Endpunkte industrieller Strukturen«, schrieb Halley. »Die ›Stuck‹-Textur ist eine Erinnerung an Moteldecken. Die auch bei Tage fluoreszierende Farbe (Day-Glo) ist Zeichen eines ›Low-budget-Mystizismus‹.«

Halleys Ansatz bleibt problematisch, weil stilistisch vergleichbare Werke völlig unterschiedlich interpretiert wurden. Er selbst bezog sich auf Baudrillards Schrift »Simulations« aus dem Jahre 1983, die als Ausweitung der Foucaultschen Macht-These in ein völlig anderes, Foucault widersprechendes »Reich« der Theorie begriffen werden kann. Halley sah seine Bilder als Strukturen, die nicht mehr reflektierend auf Formen verweisen, sondern sich als solche darstellen, als Qualitäten eines urbanen Bewußtseins in der spätkapitalistischen Stadt (Abb. 67). »Verschiedene Leitungen versorgen die Wohneinheiten mit verschiedenen Ressourcen«, sagte er, »Elektrizität, Abwasser, Gas und in manchen Fällen sogar Luft, werden ein- und abgepumpt. Die meisten Leitungen verlaufen unterirdisch und sind unsichtbar. Die verzweigten Verkehrsnetze erzeugen die Illusion von Bewegung und Interaktion. Die Versorgungsleitungen reduzieren die Notwendigkeit, die ›Zellen‹ zu verlassen. (...) Heute (er schrieb dies 1986) wird Foucaults ›Haft‹ durch Baudrillardsche ›Abschreckung‹ ersetzt. Wir haben uns der Zivilisation verpflichtet. Der Gefangene muß nicht mehr eingesperrt werden, der Verrückte braucht nicht länger durch die Korridore des Irrenhauses zu wandern. Auf einer bestimmten Ebene werden die Räume austauschbar.« In dieser Formulierung wird Halleys Geometrie-Begeisterung, seine »Konstruktion des Linearen, das Modernität charakterisiert«, als eine Art räumliches Äquivalent zu Baudrillards »Hyperrealität« präsentiert. Indem er dem Pessimismus Begeisterung entgegensetzt, der Endzeitstimmung die Möglichkeit der Transzendenz, stehen seine Bilder zwischen 1983 und 1988 für Wege einer Kunstpraxis, die mit der Theorie Schritt hält – allerdings auf Kosten der Glaubwürdigkeit beider.

Halleys Arbeiten erinnerten auch an die Blütezeit der »Postmoderne«, als die Idee von dem einzelnen Meisterwerk abebbte, die Suche nach Kohärenz und Wahrheit verabschiedet wurde. Theorie erschien mehrdeutig und diffus, konnte nach Belieben aufgegriffen oder verworfen werden. Baudrillards Thesen zur »Hyperrealität« und »Simulation« können als Symptome und als Theorie des Medien-Effekts gelesen werden; die Folgen urbaner Ängste des »Milieus des Philosophen« schlugen auf die Theorie selbst zurück.

Der wichtigere Aspekt der amerikanischen Malerei dieser Zeit mag in ihrem Versuch begründet liegen, eine Anbindung an die Geschichte zu finden. Wie die Korrespondenzen zwischen Halleys Arbeit und dem Minimalismus oder der Abstraktion deutlich machen, benutzte die Neo-geo-Kunst Formen bereits historisch gewordener Malerei, um überhaupt als Kunst gelesen werden zu können. Halley, der über die Arbeit seines Freundes Ross Bleckner als Kritiker im »Arts Magazine«

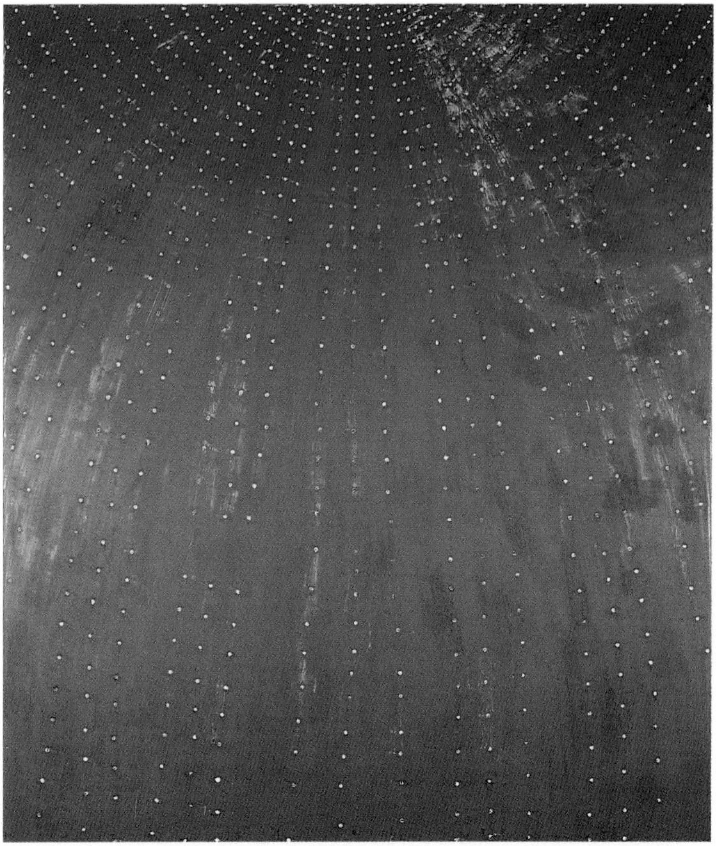

68 Ross Bleckner
Architecture of the Sky III,
1988. Öl auf Leinwand,
270 x 230 cm. Sammlung
Reinhard Onnasch, Berlin.

schrieb, wies auf Korrespondenzen zur Op-Art der 60er Jahre hin. Dies war weniger inhaltlich begründet, denn als Revision eines gescheiterten Experimentes zu bewerten, an dem der Künstler selbst Anteil gehabt hatte. »Op-Art wird (von Bleckner) gewählt«, sagte Halley, »als Symbol für das vollständige Versagen des Positivismus, der in der Nachkriegszeit aufgetreten war: für die Veränderung des technologisch-formalistischen Imperativs, den das Bauhaus entwickelt hatte, und der im Nachkriegs-Amerika gepredigt und praktiziert wurde, für den Wandel einer Ästhetik im Sinne eines Mies van der Rohe und Gropius in eine Alltagskultur des ›Hoola-Hoop und der Cadillac-Heckflosse‹, in ›Tang‹ und Op-Art. Wie konnte das passieren?« Bleckner überhöhte seinen Ansatz, von »schlechter« Kunst (und der schlechten Kultur, die sie unterstützte) auszugehen, indem er die spirituelle Bedeutung des Lichts erforschte. Dies manifestierte sich in scheinbar rotierenden Elementen, die seine Bilder dieser Zeit strukturieren und als Muster erscheinen (Abb. 68). Es läuft nach Halley darauf hinaus, daß Bleckner mit seiner Arbeit »die in ein und demselben Werk nebeneinander existierenden Aspekte der Ironie und der Transzendenz« repräsentiere.

Sherrie Levines Neo-geo-Arbeiten, die Streifen-, Schachbrett- und Knoten-Bilder, die erstmals Ende 1985 in New York ausgestellt wurden, können als knappe Ankündigung des Schritts von der »Appropriation« zur »Simulation« gesehen werden. Der Serie *Photographs After ...* (Fotografien nach ...) folgend, hatte Levine nach und nach Kopien von Lissitzky, Mondrian, Malewitsch und anderen bereits erwähnten Künstlern neu vorgestellt. »Wo konnte ich mich als Künstlerin einordnen?« hatte sie in dieser Phase notiert. »Ich wollte deutlich machen, wie diese ödipale Beziehung, die Künstler zu ihren künstlerischen Vorbildern haben (d.h., sie wollen sie umbringen), unterdrückt wird: Und wie mir als Frau nur erlaubt war, männliches Verlangen darzustellen.« Bei ihr kam ebenfalls ein Interesse an Op-Art auf. In einer Arbeit von 1984 hatte Levine Malewitschs epochales *weiß auf weiß* als *gelb auf weiß* »reproduziert«. Dies könnte vielleicht als eine Abkehr von Idealismus und Mystizismus hin zu einer Form ablehnender Übertragung interpretiert werden. Kurz danach produzierte sie Sperrholztafeln, deren Astloch-Pfropfen goldfarben bemalt waren; sie benutzte Kasein statt Öl und brachte die Tafel wie in einer musealen Präsentation hinter Glas (Abb. 69). Vergleichbar mit Halleys Bildern verwiesen diese Arbeiten vage auf die Kunstgeschichte. Allerdings unterlief sie den für die Moderne zentralen formalen und emotionalen Appell. Levines aktuellste Arbeiten sind Skulpturen, die Meisterwerke der Moderne von Brancusi und Duchamp (sogar Brancusi in der Manier von Duchamp) repräsentieren. Sie verfolgt weiterhin die Idee – die wohl als Illusion bezeichnet werden muß –, modernistische männliche Gesten mit einer feministisch postmodernen Logik entlarven zu können.

69 Sherrie Levine
Large Gold Knot: 2, 1987.
Metallic-Farbe auf Sperrholz, 150 x 120 cm.
Sammlung Martin Zimmerman, Chicago.

Sherrie Levine beschrieb diese Arbeiten als »Destillationen«. »Im Gegensatz zu Werken der Moderne befriedigen meine Arbeiten nicht den Wunsch nach Geschlossenheit, Gleichgewicht und Harmonie. Meine Bilder sollen verunsichern. Sie handeln vom Tod, vom unangenehmen Tod der Moderne.«

Innerhalb der europäischen Malerei nahm die »Appropriation« viele Formen an. Nicht alle waren nach dem New Yorker Vorbild an der Konsum- oder Medienwelt ausgerichtet. Der jugoslawische Künstler Braco Dimitrijevic war bis 1976 mit der Dokumentation von Passanten in den Straßen von Zagreb und anderen Projekten beschäftigt. In jenem Jahr veröffentlichte er ein Buch mit dem Titel »Tractatus Post Historicus«, in dem er die Situation der Kunst in der, wie er es nannte, »posthistorischen« oder »postformalen Evolutions-Zeit« ausbreitete. Der letztere Begriff faßt eine allgemeine Beobachtung der ersten Konzeptualisten zusammen: das Erbe Duchamps und Malewitschs lief letztlich in der Zeit von Fluxus und Minimal zusam-

70 Braco Dimitrijevic
Triptychos Post Historicus or Repeated Secret, Part I: The Little Peasant, Amedeo Modigliani, 1919; Part II: Wardrobe painted by Sarah Moore; Part III: Pumpkin, 1978–85.
Mischtechnik,
2 m x 91,3 cm x 70 cm.
Tate Gallery, London.

men. Dimitrijevic kombinierte in einer Serie mit dem Titel *Triptychos Post Historicus* standardmäßig drei Objekttypen: ein altes oder modernistisches »Meisterwerk« kombinierte er mit einem anderen gewöhnlichen Objekt und einer Gemüsesorte oder Obst (Abb. 70). »Ich wollte nicht noch mehr zu der Ansammlung von Stilen und formalen Innovationen hinzufügen«, sagte Dimitrijevic, sondern »das Museum als Atelier benutzen.« In der Zusammenstellung des Triptychons strahlt etwas von der Aura des Gemäldetyps auf die Trivialität der Objekte ab, was sie aus ihrer Anonymität heraushebt. Anstatt sie mit unserer üblichen

Indifferenz anzuschauen, beginnen wir, ihre Bedeutung zu entziffern oder nach unbekannten Ebenen ihrer Existenz zu suchen – beispielsweise nach dem Schicksal ihrer Produzenten oder einstmaligen Besitzer.« Ganz im Sinne des strukturalistischen Denkens der 70er Jahre erweiterten die *Triptychos*-Arbeiten das alte Anliegen der Relativierung von bereits vorgegebenen Wertungen. »Wenn jemand vom Mond aus auf die Erde schaut«, sagte Dimitrijevic, »gibt es wirklich keinen Unterschied zwischen dem Louvre und dem Zoo.«

Solche appropriativen Strategien, die an bestimmte philosophische Ideen zur Malerei gebunden waren, könnte man mit anderen aus Osteuropa vergleichen. Die Informationen aus Amerika und anderen westlichen Städten erreichten die Sowjetunion der 80er Jahre relativ ungehindert: Der Neo-Konzeptualismus, die East-Village-Kunst und die simulationistischen Strategien waren bekannt und wurden verarbeitet, selbst wenn ihr ökonomischer und sozialer Kontext nicht ins Bewußtsein drangen. Das Beispiel des East Village und seiner Folgen – oder allgemeiner gesagt, die Rückkehr zur Montage-Ästhetik in der amerikanischen Postmoderne – stimulierte die sogenannte Apt-Art in Rußland. Apt-Art wurde in Privatwohnungen gezeigt und begann 1982 mit einer Ausstellung der Mukhomory-Gruppe und anderen in der Wohnung von Nikita Alekseev. Die Teil-

71 Mukhomory-Gruppe
Erste Apt-Art-Ausstellung, 1982. Wohnung von Nikita Alekseev, Moskau.

Die Ausstellung versammelte 17 Künstler hauptsächlich aus vier Gruppen: die Mukhomory (Sven Grundlakh, Aleksis Kamensky, Konstantin Zvezdochetov, Sergeij und Vladimir Mironenko); die als »S/Z« bekannte Gruppe (Vadim Zakharov und Viktor Skersis); das Künstlerpaar Anatoly Zhigalev und Natalia Abalakova sowie »Kollektive Aktionen« einschließlich Andrej Monastyrskij.

nehmer beschäftigten sich nicht mit der reinen Malerei: Sie sammelten urbanen Abfall und alte Plakate, um manierierte Tableaus als Parodie auf das rohe, spätsowjetische Leben zu produzieren. Apt-Art wurde zu einer environmentartigen »Bricollage«, die auf der »kompletten Sättigung des zur Verfügung stehenden Raumes« (Sven Grundlakh) oder »einer Masse von Texten, Inschriften und Plakaten« (Anatoly Zhigalev) beruhte. Diese sarkastischen, stark farbigen, überfüllten Installationen unterminierten radikal den Unterschied zwischen Kunst und Leben. Die Kunst wurde aus der Galerie entfernt. Im heimischen Ambiente wurde eine neue Galerie für sie geschaffen: über dem Spülbecken, an der Decke, im Kühlschrank (Abb. 71).

Apt-Art war weder beschwörend noch schamanistisch wie die Gruppe »Kollektive Aktionen«; sie bediente sich auch nicht sozialer und politischer Inhalte. Die Mukhomory-Gruppe beanspruchte, wie einige der East-Village-Künstler über den Plagiatismus hinausgegangen zu sein: Sie gaben scherzhaft vor, daß »die Beseitigung von Privatbesitz, wie Marx argumentiert hat, die vollständige Freisetzung aller menschlichen Gefühle und Merkmale zur Folge hat«. Hinter diesen Schelmenstücken stand die Vorstellung, daß die Trennung von öffentlichem und privatem Leben die Künstler in der UdSSR unweigerlich zu einer leeren Zitierattitüde der existierenden Massenkultur statt zu einer sinnvollen Auseinandersetzung mit ihr geführt hatte. In Rußland hatte man genug von solchen verzweifelten Zitaten. Apt-Art wurde von den Autoritäten als »anti-sowjetisch« und »pornographisch« denunziert; sie experimentierte kurzzeitig mit Außenveranstaltungen (Apt-Art »unter freiem Himmel«), bevor sie völlig verschwand.

Aber die Tendenz zum Kunstzitat hielt an. Jurij Albert, der an vielen Apt-Art-Aktionen teilnahm, demonstrierte in seinem Bild *Ich bin nicht Jasper Johns* (Abb. 72), das stilistisch ein Bild von Johns kopierte, aber mit einem Titel in kyrillischer Schrift versehen war, eine Variante sowjetischer Appropriations-Ästhetik. Die Arbeit ist hintersinnig gemeint. Albert kultivierte den Stil von Johns, um auszudrücken, daß der Autor nicht Jasper Johns ist, und wendete sich distanziert der Sprache zu, nur um damit zu spielen, daß der Betrachter das Double-bind dieses erfundenen Ansatzes erkennt. Albert hatte verschiedenste westliche Konzeptkunst und Theorie aufgenommen und beanspruchte, Bilder zu malen, die sich auf »mögliche ›konzeptuelle‹ Kunstwerke im Geist der frühen ›Art & Language‹ « bezogen. »Stellt euch vor«, sagte er, »einer von ›Art & Language‹ erzählt jedem, daß er kurz davor ist, eine ernste Arbeit zu liefern, aber seine Ideen fruchten nie. Er bleibt immer auf halbem Wege stecken, flüchtet sich in Scherze und versteht letztendlich die Probleme, die er zu lösen versucht, nicht wirklich (...) Sobald die Möglichkeit besteht, ernsthaft zu forschen, höre ich auf.«

Jurij Albert glaubte, daß »unsere ganze Aktivität nichts als rituelle Geste, Metapher, Hinweis und ein gegenseitiges Zuzwinkern über die Kunst« ist, und daß »dies als Emanzipation der Kunst betrachtet werden könnte – wenn man will, als deren Befreiung von Ursache und Wirkung – so wie der Mensch in der säkularisierten Welt eine ethische Entscheidung trifft und weder Vergebung noch Bestrafung erwartet.« Indem er seine Kunst in die Tradition des russischen Formalismus stellte, setzte Albert kanonische Arbeiten (wie die von Johns) mit Punkten im dreidimensionalen Raum gleich. Als Traditionen, Analogien und »Einflüsse« faßt er die zahlreichen, verbindenden Linien zwischen den Punkten auf. »Diese Verbindungen sind wichtiger als die Arbeiten selbst«, sagte Albert. »Ich versuche sofort, Verbindungen zu ziehen und nicht noch mehr Punkte hervorzubringen. Meine letzten Arbeiten sind lediglich ein Positionieren im künstlerischen Raum; außerhalb davon haben sie keinerlei Wert.«

72 Yurii Albert
I Am Not Jasper Johns, 1981. Öl und Collage auf Leinwand, 80 x 80 cm. Privatbesitz, Philadelphia.

Wie andere Künstler des internationalen Spektrums – hier sollte man Bertrand Lavier aus Frankreich und Andreas Slominski aus Deutschland erwähnen – demonstrierten einige Osteuropäer, daß nicht alles, was sich »Appropriation« nannte, mit negativ besetzten Formen ökonomischer Organisation gemeinsame Sache machen mußte. Insbesondere das Wiederholen und Zitieren bereits vorhandener Kunst legte den Grund für Zusammenhänge, die sich aller Verdachtsmomente von »Originalität« entledigt hatte. Indem Ausdruck durch geistreiche Codierung ersetzt wurde, um das selbstreflexive Bewußtsein im Betrachter zu aktivieren, wurden einfache oder mehrdeutige Verweise zu anderen Repräsentationasystemen zum wichtigsten Bestandteil einer innovativen Kultur. Dies zeigt einmal mehr, daß der Aufstieg zu einer Metasprache eine notwendige (wenn auch nicht immer allein ausreichende) Bedingung für eine zeitgenössische Avantgarde sein mußte.

Kapitel 4:

Kunst im Museum: die späten 80er Jahre

Die zum Ende der 80er Jahre einsetzende Rezession und die zuvor angekurbelte Dynamik im Kulturbereich brachte zwei Phänomene zutage. Zunächst war die massive Expansion der Infrastruktur für Kunst unübersehbar geworden: die Aufwertung des Kurators, die Ausweitung seiner inhaltlichen und verwaltungstechnischen Aufgaben auf Bereiche des Managements und vor allem die Errichtung zahlreicher Museen für zeitgenössische Kunst. Selbst eine selektive Liste wäre lang. In Frankreich eröffneten nach der Inbetriebnahme des Centre Georges Pompidou in Paris 1977 Zentren für zeitgenössische Kunst in der Provinz: 1984 in Bordeaux (1990 erweitert), 1986 in Grenoble und 1993 in Nîmes. Das Museum of Modern Art in New York wurde 1984 erweitert. In Großbritannien richtete man 1985 neue Ausstellungsräume in der Whitechapel Gallery und der Saatchi Gallery in London ein, und 1988 eine Dependance der Tate Gallery in Liverpool. Neue Museen eröffneten in Los Angeles (1983 das Temporary Contemporary und 1986 das Museum of Contemporary Art), 1987 in Tokio, 1990 das Reina Sofia in Madrid. Während zunächst private Galerien boomten und gegen Ende des Jahrzehnts wieder eingingen, mußten die öffentlichen Museen zunehmend subventioniert werden und einer wachsenden Nachfrage nach Avantgardekunst begegnen. Hochrangige Kuratoren entschieden über große Ausstellungsbudgets, die oft durch Unternehmens-Sponsoring abgesichert wurden. Sie bildeten eine professionelle, zunehmend gesellschaftlich geachtete Elite mit entsprechendem internationalem Einfluß. Es fragte sich, ob der antibürgerliche Impuls der post-60er Avantgarde seine eigene Institutionalisierung überleben konnte. Zweitens bewahrten die

73 Susan Smith
Green Metal with Red Orange, 1987. Öl auf Leinwand mit gefundenem Metall, 130 x 120 cm.

noch vorhandenen konzeptualistischen und marxistischen Traditionen in Europa eine avantgardistische Einstellung, mit der die Kunst gegen das ausgeweitete institutionelle System agitieren konnte, selbst wenn sie es für ihre Zwecke benutzte und von ihm benutzt wurde. Folgt man Künstlern wie Gerhard Richter und Sigmar Polke, so haben wir bereits gesehen, daß geklärt werden mußte, ob die Malerei überhaupt erneuert werden konnte. Für die Skulptur stellte sich die Frage, ob an die Vorbilder – Beuys, Manzoni oder Duchamp – nahtlos angeknüpft werden konnte. Während die harmlosen Spielarten des Neo-Expressionismus als Gefahr für das Image der Malerei aufgefaßt wurden, resultierten die Schwierigkeiten der Skulptur aus dem Boom des Kunstmarkts, der historisch mit der Verkaufspraxis und der modisch gewordenen Konsumlust der Reagan- und Thatcher-Ära zusammenfiel. Die kritische Rezeption solcher Arbeiten hatte die Vermittler in zwei Lager gespalten. Kunsthändler und Museumsleute waren grundsätzlich erfreut über die Auferstehung der »Kunst als Ware«, links-engagierte Kritiker dagegen machten in der weniger populären Appropriation unterschiedliche Grade der Anpassung an die Kräfte des Mammon und der Entfremdung aus. Diese Beobachtung führte zu dem Ergebnis, daß die bedeutendsten Künstler, wie Deacon, Burgin, Tasset, Fleury und Levine, diesen Schulterschluß mit extremer Vorsicht beobachteten.

Die latente Spannung zwischen progressiver Kunst und expandierender Museumsstruktur schlug sich in ihrer intelligentesten Version in raumbezogenen Arbeiten nieder, die sich in Auseinandersetzung mit dem Konzeptualismus entwickelt hatten. Ihre Präsenz im Museum muß als Bestandteil des Diskurses begriffen werden. Hier müssen zwei Typen unterschieden werden: der Künstler, der durch Wiederholung alter Strategien im Rahmen des verabredeten Kunstsystems blieb; und jene Künstler, die eine Neudefinition dieses Netzwerkes anstrebten. Zur ersten Kategorie könnten Carl Andre, Richard Long, Jan Dibbets, Joseph Kosuth, Ed Ruscha, John Hilliard und Gilbert & George gezählt werden. Unter die zweite Kategorie fallen einige wenige Künstler, die kritische Praktiken verfolgten, und deren Arbeiten – in Relation zur ersten Gruppe gesehen – mangels historischer Kontinuität und verbindlicher Muster nicht ohne weiteres lesbar waren.

»Kultur« als Gegenstand der Kunst

Ein symptomatisches Beispiel für die wiederauflebende marxistische Anti-Ästhetik der 80er Jahre war die Wiederentdekkung und die Neubewertung der »Situationistischen Internationale«, einer Gruppe, die 1957 in Frankreich gegründet wurde und zwischen 1958 und 1969 die Zeitschrift »Internationale Situationiste« veröffentlicht hatte, bevor sie sich 1972 auflöste. Zur Situationistischen Internationale wurden Guy Debord, Asger Jorn, Ralph Rumney und Timothy Clark gezählt, die sich zu unterschiedlichen Zeiten und auf unterschiedlicher Basis beteiligten. Debord hatte in seinem Buch »Die Gesellschaft des Spektakels« (»La Societé du Spectacle«, 1967, erste englische Ausgabe 1970) konstatiert, daß »das Spektakel den Moment beschreibt, in dem die Waren die ›totale Übernahme‹ des sozialen Lebens erreicht haben (...) es ist das Selbstportrait der Macht in der Epoche ihres totalitären Managements unserer Lebensbedingungen«. Situationismus ging über eine Analyse der Ware-als-Fetisch und ihr künstlerisches Gegenstück, das Ready-made, hinaus, um sich eine Verweigerung von »Kunst«- und »Museums«-Konzepten zu eigen zu machen. Aus historischer Distanz von Dada und Surrealismus inspiriert, war der Situationismus ein Versuch, die existierende Kultur zu destabilisieren und zu verfremden, und zwar u.a. durch Grafiken und Karikaturen, die Zeichen und konventionelle Bedeutungen zu brechen suchten. Zwei der bedeutenden Konzepte waren das »Détournement« (Ablenkung), die Entwendung und Wiederbelebung bereits existierender ästhetischer Elemente, und das »Dérive« (willenlos umhergetrieben werden), definiert als »eine Art experimentellen Verhaltens, das auf die Bedingungen einer städtischen Gesellschaft anspielt, eine Technik der ›Passage‹

74 Daniel Buren
Photo Souvenir ... Ce Lieu D'où ..., Arbeit in situ, Gewad, Gent, 1984. Holz, gestreiftes Leinen. Besitz des Künstlers.

»Heute ist die meiste Kunst reaktionär und verstärkt nur die gesellschaftliche Reaktion«, sagte Buren in einem Interview von 1987. Dennoch erkannte der Künstler, daß seine eigene Arbeit sich diesem Wandel angepaßt hatte, er aber nicht kapituliert hatte. Seine Arbeit widersetzt sich trotz ihrer sich wiederholenden Formen jeglicher Deskription und ist doch zugänglich für öffentliche und private Sammlungen.

durch verschiedene Atmosphären«. Dies bedeutete eine neue Offenheit gegenüber urbanen Räumen und Kontexten – seien es die attraktivsten oder abstoßendsten Plätze der Stadt –, die allein oder in der Gruppe »bereist« wurden.

Das museal aufbereitete Revival des Situationismus um 1989 signalisierte, daß die ursprüngliche Anti-Ästhetik der Bewegung im nostalgischen Rückblick erschien und damit wohl ihre Endphase erreicht hatte. Dennoch lag ihre neue Bedeutung in ihrer Erinnerung an den außergewöhnlichen Protestgeist vor zwanzig Jahren. Die Situationistische Internationale beeinflußte nicht nur Fluxus, sondern auch anarchistische Splittergruppen, wie die niederländischen Provos, die amerikanischen Yippies, die Punks, Mail-Art-Gruppen und eine spätere kanadische, als »Neoismus« bezeichnete Gruppierung. Das Revival des Situationismus förderte die erneute kritische Hinterfragung von kulturellen Einrichtungen, wie die Ausstellung und das Museum. Diese auch in der Arbeit zahlreicher Künstler wie Daniel Buren, Marcel Broodthaers, Mario Merz und »Art & Language« aufscheinende Kritik rührte u.a. von den Situationisten her: Viele avantgardistische Künstler sympathisierten mit den situationistischen Aktionisten.

Daniel Buren bemühte sich, seinen strategischen Ansatz angesichts der allgemeinen Entpolitisierung der Kunst in den späten 80ern beizubehalten. Ihm wurde jedoch vorgeworfen, seine Arbeit sei zu einer Signatur geworden, zu einem bloßen

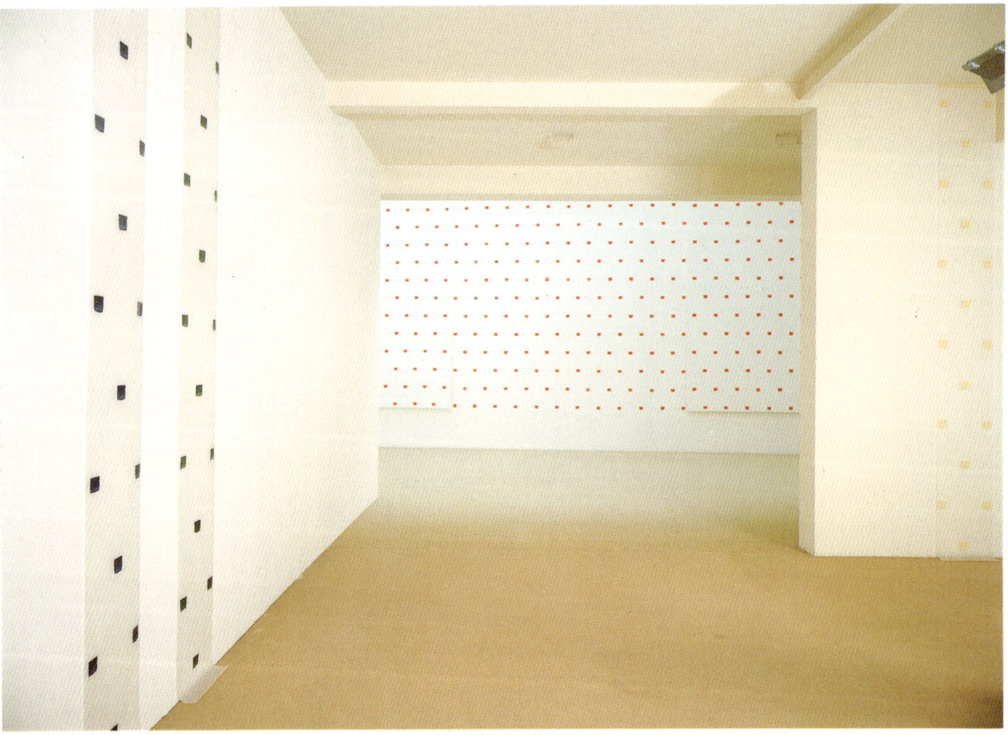

75 NIELE TORONI
Ausstellung in der Galerie Buchmann, Basel, 1990. Im Vordergrund: drei hängende Papiere in Blau, Grün und Gelb, 310 x 37,5 cm; im Hintergrund: zwei Leinwände, mit rotem Acryl bemalt, 300 x 200 cm, an einer mit rotem Acryl bemalten Wand; mit einem Pinsel der Stärke Nr. 50 im Abstand von 30 cm aufgetragen.

Zeichen seiner radikalen Intentionen. Obwohl sie jetzt oft dekorativ wirken, verlangen seine Projekte weiterhin vom Betrachter, über Kunst und ihren institutionellen Rahmen zu reflektieren. Zu einer ortsbezogenen Arbeit in Gent (Abb. 74) aus dem Jahre 1984 äußerte sich Buren allein in Negationen: »Obwohl alle Elemente dieser Arbeit in der Tat Elemente aus der traditionellen Malerei sind, ist es nicht möglich zu sagen, daß das, worüber wir hier sprechen, Malerei ist. Obwohl all diese Elemente gebaut werden, um an einem Ort zu stehen, können wir nicht sagen, daß das, worüber wir hier sprechen, Skulptur ist. Und wenn all diese Elemente neue Visionen von einem Raum erzeugen, können wir noch nicht sagen, daß dies Architektur ist. Und obwohl man an den gesamten Apparat herangehen kann wie an eine Dekoration, die abhängig ist von den Bewegungen und Positionen der Besucher, die zu Schauspielern in einem Stück ohne Worte werden, seine zwei Seiten enthüllt, erlaubt dies uns nicht zu sagen, daß das, worüber wir sprechen, Theater ist (...) was die Arbeit auslöst, hat damit zu tun, was sie macht.«

Das Zugeständnis im letzten Teil von Burens Äußerung sahen einige als symptomatisch für die Schwierigkeit an, einen Radikalismus aufrechtzuerhalten, obwohl unweigerlich ein Abgleiten in einen bloßen Stil offenkundig ist. Nehmen wir zum Beispiel Niele Toroni, dessen elegante, aber reduktive Malerei-Installationen fast drei Jahrzehnte lang aus gleichmäßig verteilten Farbflecken bestand, die dazu dienten, das »Malen als Medium zu betrachten« (Abb. 75). Seit 1967 schuf Toroni jede seiner Installationen, indem er Farbtupfer mit einem Pinsel der Stärke 50 mit dreißig Zentimeter Abstand entsprechend der lexikalischen Definition des Wortes »Applikation« auftrug: »Eine Sache auf eine andere auftragen, sodaß sie sie bedeckt, an ihr klebt oder eine Spur auf ihr hinterläßt.« In früheren Stellungnahmen erklärte der Künstler (mit Daniel Buren, Oliver Mosset und Michel Parmentier): »Weil Malen ein Spiel ist, ein Sprungbrett für die Imagination und spirituelle Illustration (...) sind wir keine Maler.« Neuerdings hat Toroni konstatiert: »Mein Job ist es nicht zu verdrängen, sondern zu malen; zu versuchen, Bilder zu machen, ohne meine seelische Verfassung einzu-

76 Alan Charlton
»Corner« Painting, 1986.
Acryl auf Baumwollsegeltuch, 10 Teile, jedes 2 m x 67,5 cm x 4,5 cm im Abstand von 4,5 cm.
Musée Saint Pierre Art Contemporain, Lyon.

bringen (...) zur Hölle mit allen Trends!« Wie Buren benutzt Toroni die Wiederholung, um die Vereinahmung der Arbeit durch die Nicht-Kunstwelt zu verhindern, die ursprünglich Thema der Kritik gewesen war. Tatsächlich war die Wiederholung dezidiert als Darstellung von »Kritik« gemeint.

Hier bietet sich ein Hinweis auf Alan Charlton an, dessen graue Bilder über mehr als zwei Jahrzehnte für das Funktionieren einer Idee der späten 60er Jahre konstitutiv waren. Wie andere Maler seiner Generation, mit denen er ausgestellt hatte – Buren, Robert Ryman, Brice Marden und Agnes Martin –, entschloß sich Charlton relativ früh in seiner Karriere, daß er Bilder machen wollte, die privat und persönlich waren, »wo nicht irgendeiner einem sagen konnte, was zu tun war, und ich entschied, daß ich meine eigenen Regeln finden mußte. Ich dachte, ich konnte ein Bild machen, von dem keiner mir sagen konnte, daß es richtig war, und von dem keiner mir sagen konnte, daß es falsch war (...) von Anfang an kannte ich all die Dinge, die ich nicht in dem Bild haben wollte«. Diese Dinge schlossen eine innere Gesetzmäßigkeit, Farbe und das, was Charlton »die Feinheiten des Handwerks« nannte, ein. Das einmal als angemessen befundene Verfahren wurde nun weiterverfolgt. Charlton produzierte Bilder mit Schlitzen, viereckigen

77 Gerhard Merz
Dove Sta Memoria (Raum 3), 1986. Installation im Kunstverein München.

Merz fühlte sich von den nostalgischen, aber kritischen Projekten von Giorgio de Chirico und Ezra Pound angezogen. So klingt in seinen postmodernen Inkunabeln die vergessene Gewalt der europäischen Geschichte nach. In seinem Münchner Projekt werden in einer Suite von bedrückend farblich gestalteten Räumen Bilder des Todes von der Renaissance bis zum Holocaust gezeigt. Eine Siebdruckversion des *Heiligen Sebastian* von da Conegliani funktioniert hier wie eine Altarfigur in einer Kapelle.

Öffnungen und schmalen Kanälen, in Serien, Gruppen oder Teilen, gleichförmig, rechteckig und grau (Abb. 76). Er verwendete Holz in Standardbreite und paßte es nach Größe und Proportion dem intendierten Kontext der Ausstellung an. »Viele meiner Bedingungen oder Regeln waren nicht nur beschränkt darauf, wie man ein Bild macht«, sagte Charlton, »sie waren in gewissem Sinne eine Grundlage dafür, wie ich mein Leben leben wollte. Die Bilder folgten in gewisser Weise nur diesen Grundlagen.« Er meinte eigentlich, daß seine Werke im Grunde von ihrer eigenen Produktion und Ausstellungssituation handelten. Sie sprechen »von Gleichheit, und die Gleichheit ergibt sich manchmal auf eine Art und Weise, wie ich über das Kunstmachen denke (...) von dem Konzept, das Bild zu machen, das Bild zu schaffen, das Bild zu malen, das Bild einzupacken, dann nach dem Transport des Bildes zu sehen, nach dem Layout des Kataloges zu sehen, nach den alltäglichen Angelegenheiten des Ateliers zu sehen: All diese Qualitäten sind für mich völlig gleich (...). Es handelt von Realität.«

Es gibt eine Übereinstimmung zwischen der strengen Einfachheit von Charltons Arbeiten und Werken von Gerhard Merz aus den 80er Jahren, die am besten als »Bild-Installationen« beschrieben werden können: Monochrome Farbfeld-Tafeln werden aufgestellt, als ob sie nicht bloß installiert, sondern Teil des Galerie- oder Museumsraumes seien. Normalerweise verlangen solche Environments ganze Raumfolgen. Während Arbeiten der frühen 80er Jahre die Form von Installationen annahmen, die mit der Struktur von bestehenden Museen verwoben waren, nahmen aktuellere Arbeiten die architektonische Form der modernen Galerie als Bezugspunkt. Für das Projekt *Dove Sta Memoria* (Wo die Erinnerung ist) im Münchener Kunstverein (1986) verwendete Merz einen Siebdruck des *Heiligen Sebastian* von Cima da Conegliani, Otto Freundlichs Skulptur *Der neue Mensch*, die in der NS-Ausstellung »Entartete Kunst« 1937 in München diffamiert worden war, und eine Abbildung mit Menschenknochen aus der Kapuzinergruft in Rom. Er plazierte die Teile in bedrückend leeren Kammern, die grabähnlich symmetrisch angeordnet waren. In solchen Fällen geht es Merz um den nüchternen architektonischen Stil autoritärer Systeme. Seine Installationen fügten sich als Störung in die Räume ein und verstehen sich als Kritik an dem Privileg historischen Wissens, das sie ja verkaufen wollen.

Ein Schlaglicht auf die jüngste Vergangenheit wirft auch die zwischen 1985 und 1988 entstandene Serie *Index: Incidents in a Museum* (Index: Zwischenfälle in einem Museum) der Gruppe »Art & Language«. Ein Teil wurde 1987 erstmals geschlossen in Brüssel gezeigt. Damals unterstützte der Kritiker und Historiker Charles Harrison die schon seit den 60er Jahren existierende Gruppe und fungierte praktisch als Sprachrohr der beiden Künstler Michael Baldwin und Mel Ramsden. Die drei thematisierten wiederholt Aspekte des Kuratierens und des Managements in der »Geschichte der modernen Kunst«, hatten sich

78 Art & Language
Index: Incident in a Museum VIII, 1986. Öl und Alogram auf Leinwand, 170 x 270 cm. Privatbesitz, Belgien.

Nach Harrison »repräsentieren die *Incident*-Bilder in allegorischer Form die Aktivität des Betrachters, wie sie in einem imaginären Museum vor sich geht (...) Vergleiche von Größe und Perspektive eröffnen den Deutungsprozeß, einen Dialog (...). Als Leser des Textes im Bild und der Identifikation mit dem simulierten Zuschauer verstrickt sich der tatsächliche Betrachter in ein Drama von widersprüchlichen Signifikationen.«

aber noch nicht mit dem »Archetyp« Museum beschäftigt. In den *Index*-Bildern tauchte dann Marcel Breuers Whitney Museum of American Art an der Madison Avenue, New York, auf.

Die Bilder dieser Serie sind durch visuelle und konzeptuelle, für das Auge unlösbare Paradoxien charakterisiert. Inkompatible Abstände, Maßverhältnisse und Perspektiven verunsichern selbst den wenig vorgebildeten Betrachter (Abb. 78). Die Farben von *Incident VIII* erinnern seltsamerweise an den Analytischen Kubismus, während die eingearbeitete Kriminalgeschichte einem Opernlibretto entstammt, das die Gruppe über Victorine Meurent, das »Olympia«-Modell von Edouard Manet, geschrieben hatte. Die Faszination des Bildes lag jedoch in der Hauptsache in der Irritation des Betrachters, der sich durch die Darstellung eines fiktiven Zuschauers im Bild (dessen fiktive Anwesenheit durch das Bild impliziert ist) auf seine eigene Person zurückgeworfen sehen mußte. Harrison schrieb, »daß (...) das adäquate Betrachten von *Incident VIII* impliziert, daß man in der Fantasie zum ›Leser‹ des Textes an einer Museumswand werden kann – und nicht nur zum Leser des Textes auf der Leinwand des Bildes (...). Was man in dem Bild lesen kann, droht das auszuschließen, was als das Bild gesehen wird, während die Bedingungen der Betrachtung des Bildes dazu neigen, die Ergebnisse des fantasievollen Lesers als Restbestände abzugeben.« Er schlug weiter vor, daß »das, was gefragt ist, wenn der Betrachter kritisch beteiligt sein soll, die Reflexion über die betreffende Unsicherheit auf einer bestimmten Ebene, eine Art Reflexion über die Tradition der Modernen ist. Sofern

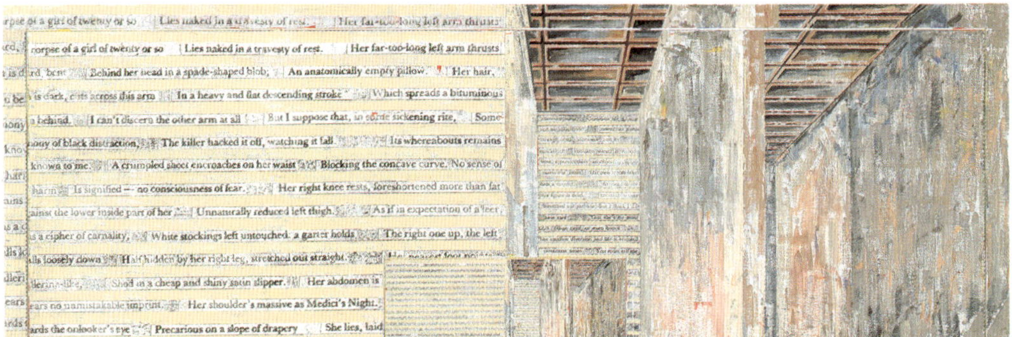

79 Terry Atkinson
Grease-Mute Shelf, 1988.
Hartfaserplatte auf 3,8 cm Holzstäben, Metallregal und Fett, 139 x 61 x 17 cm.

die Bilder funktionieren (...) werden die Bedingungen des Konsums und der Ausstellung der modernen Kunstkultur in sie aufgenommen und umgekehrt als formale Effekte reflektiert (...) Das Bild arbeitet verunsichernd an dem Betrachter.«

Charlton, Merz und »Art & Language« zählten zu den Künstlern, die am entschiedensten versuchten, traditionelle Vorstellungen über die Rolle des Kunstproduzenten wie des Kunstbetrachters zu verunsichern oder gar auszuschalten. Das Werk des Malers und Objektkünstlers Terry Atkinson, der in den 70er Jahren zu »Art & Language« gehört hatte, demonstriert deutlich die europäische Tendenz, Material in Beziehung zu politischen Fragen zu stellen. Teilweise sehr nahe an »Art & Language«, tendierte Atkinsons Arbeit eher zu einer Art Ausweichmanöver als zum »theoretisch Korrekten«. Für die wenig beachtete Ausstellung »Mute«, die 1988 in Kopenhagen, Derry, Nordirland, und London gezeigt wurde, stellte Atkinson einige Arbeiten her, die gattungsmäßig seinem »Fett«-Konzept (Abb. 79) zugeordnet werden. Sie waren als Untersuchung von Negationskonzepten gedacht, die von dem Kunsthistoriker Timothy Clark als notwendige Voraussetzung für emanzipatorische Praktiken erachtet worden waren. Clark hatte einige Jahre zuvor geschrieben: »Mit der ›Praxis der Negation‹ meine ich eine Form von entschlossener Innovation durch eine Methode, Materialien oder eine Bildsprache, durch die ein vorher etabliertes Bezugssystem – Fähigkeiten und Bezüge, die bis dahin für jegliche ernsthafte Kunstproduktion als essentiell galten – ignoriert oder ins Lächerliche gezogen wurden.« Clark hatte des weiteren Charakteristika dieser Methode definiert: »(...) absichtliches Zurschaustellen unbeholfener Malerei oder des Geschicks auf eine Art zu malen, die nicht als unmodern gilt; die Benutzung von trivialen oder ›unkünstlerischen‹ Materialien; der bewußte Verzicht auf die Kontrolle über die Wirkung des Kunstwerks; automatische oder per Würfel ermittelte Verfahren; ein Gespür

Euphrat

Tigris

80 ANSELM KIEFER
Zweistromland, 1985 begonnen. Etwa 200 Bleibücher auf zwei Stahlregalen, mit Glas und Kupferdraht, 420 x 790 x 100 cm.

Da die Elemente von Kiefers Bibliothek zu schwer sind, um angehoben werden zu können, bleiben sie, was ihre Inhalte angeht, größtenteils stumm. Tatsächlich finden sich Fotografien von Wolkenformationen, verlassenen Landschaften, Flüssen, Wüsten und industriellem Ödland, wie auch Menschenhaar, getrocknete Erbsen und leere Seiten in den Büchern. Das Material der Arbeit und ihr flüchtiger Inhalt können als Elemente eines zeitgenössischen alchimistischen Experiments angesehen werden.

für die Peripherie des gesellschaftlichen Lebens und deren Rückstände; der Wunsch, die Schwächen der Modernität zu feiern; die Ablehnung narrativer Konventionen und der Reproduktion von etablierten Genres der Malerei; die Parodie vormals gängiger Stile.«

Atkinson wollte Kunst produzieren, »die Fehler, Finten und Lücken hatte«. Mit den Fett-Bildern spielte er versteckt auf die Bedeutung des Materials in der Kunst an, ironisierte dabei aber auch seine eigenen Werke. Unter den von Atkinson zusammengetragenen Analogien zum Thema »Fett« fand ich dieses Statement: »Fett zu benutzen heißt: 1. Das Material der Avantgarde-Rocker, 2. Fett – das neue Material, 3. Fett als die Quelle der potentiellen Opposition zu benutzen. Kichern! (Ernst bleiben! Fett tritt durch die Portale ernsthafter Kunstgeschichte als soziales Zeichen), 4. Fett als ein verunsicherndes Material – wird es je trocknen?« Die Metapher verwies auf die handfeste Welt der Automechaniker und auf die Elite der Gesellschaft, das »Ölen von Karrieren, Schmieren von Kunst«. Atkinson verwandelte die Kunstwerke mit abstraktem Duktus und Gehalt in Scherzartikel.

Möglicherweise wurden allein in Deutschland die fruchtbaren Lektionen der Konzeptkunst mit historischen Themen kombiniert. Wie andere Künstler, deren Ursprünge in den späten 60er Jahren liegen, hat Anselm Kiefer eine außergewöhnlich ambitionierte, komplexe Kunst geschaffen. Oft fälschlicherweise dem deutschen Malerei-Revival der späten 70er und frühen 80er Jahre zugeordnet, muß Kiefer als Schöpfer von Objekten und Environments verstanden werden. Das Buch spielt in seinem Werk eine wichtige Rolle. Vor allem nach der Kontroverse, die seine Foto-Dokumentation *Besetzungen* von 1969 auslöste, die ihn an symbolischen Orten zeigte, an denen er den Nazi-Gruß imitierte. Hier liegt der Schlüssel zu einem Anliegen Kiefers, das er seither wie besessen ausgearbeitet hat. Ein primäres Interesse an der traditionellen Malerei oder ihrem Wiederaufleben hat er jedoch immer bestritten. Kiefer bezieht sich lieber auf Minimal-Art und Konzeptkunst – zwei Ideenwelten, von denen er sagt, daß sie »einer Vervollkommnung durch Inhalt« bedurften – und eines Geschichtskonzeptes, das Geschichte als »brennende Kohle« auffaßt, »als Material (...) als Lagerhaus voll Energie«. Anders als für die meisten anderen zeitgenössischen Künstler geht für ihn Alte Geschichte mit symbolischer Darstellung zusammen: »Geschichte ist für mich synchron, ob es sich um die Sumerer und den Gilgamesch-Epos oder um die deutsche Mythologie handelt.« Mitte der 80er Jahre entwickelte Kiefer ein großes Buchprojekt, eine tonnenschwere Bibliothek aus zweihundert Bleibüchern. Jedes einzelne war zu schwer, um es allein herausnehmen oder öffnen zu können. Sie waren angefüllt mit Bildern, die für geologische Prozesse, Architektur und Landschaft stehen. Das Material selbst ist mit vergessenen Bedeutungen überladen. »Blei war immer das Material des Geistes«, sagte Kiefer. »In der Alchimie war es grundlegend für die Gewinnung von Gold. Auf der einen Seite besitzt Blei eine große Dichte und wird mit Saturn in Verbindung gebracht, auf der anderen enthält es Silber und spielt auf (...) eine spirituelle Ebene an.« Um sich gegenüber der üblichen Kunstöffentlichkeit abzugrenzen, gab Kiefer wiederholt zu verstehen, daß sein Anliegen eher gnostischer als erkenntnistheoretischer Natur ist, eher mystischer als historischer und eher synthetischer als analytischer Art. In diesem Sinne verbindet die Bleibibliothek *Zweistromland* – der Titel verweist auf das alte Mesopotamien – Material und Idee, Wissen und Nicht-Wissen, historische Tatsachen und eine Art Erlösungsgedanke.

Der moralische Tonfall in Kiefers labyrinthischen Gedanken erreicht jedoch eine Wahrhaftigkeit, die ihn an die Grenze der Avantgardekunst bringt. Was Clark »authentisches Darstellen« nannte, ist häufiger spielerisch anhand von Materialien und Konventionen der modernistischen Kunst in Angriff genommen worden als durch einen Code für einen größeren historischen Prozeß. Susan Smith zum Beispiel schuf in New York abstrakte Bilder, indem sie Materialreste (gefundenes Metall, Gipsplatten und ähnliches) mit minimalistisch bemalten Leinwänden zusammenbrachte, also einen Dialog zwischen den Resonanzen der künstlerischen Oberfläche und denen des Abfalls (Abb. 73) sichtbar machte. Ist nun der Betrachter dieses Werkes überhaupt in der Lage, die ästhetischen Spuren von Piet Mondrian oder Ad Reinhardt auszumachen und gleichzeitig die Haltung des Bricoleurs (Duchamp) im Kopf zu haben? Sind die Verweise auf eine sensibel bearbeitete monochrome Leinwand mit der unbequemen Präsenz eines an einer Straßenecke gefundenen Preßspanstückes zu vereinbaren? Dies sind Fragen, die Susan Smith erst aufwarf.

Die Hinterfragung des Museumsraums als signifikante Struktur hat sich als hartnäckig erwiesen. Louise Lawlers amerikanische Fotoarbeiten kommentieren skeptisch die »Aura« alter Meister und moderner Arbeiten und versuchen diese Aura durch eine Sichtweise abzulösen, die nicht die »Meisterwerke«, sondern die als solche angenommenen in den Mittelpunkt stellen. In den frühen 80er Jahren erzeugte Lawler anhand vergrößerter Fotos von Bildrändern, Rahmen und Bildunterschriften beim Betrachter eine neue Form der Aufmerksamkeit. »Ich zeige, was die Museen zeigen«, sagte Louise Lawler über diese Arbeiten. »Malerei, Skulptur, Bilder, Glas und Worte an gestrichenen Wänden liefern dieselbe materielle Erfahrung: Meine Aufgabe ist es, die Positionen von Ausstellung und Voyeurismus auszutauschen.« Für eine ihrer Arbeiten fotografierte Lawler ein Werk von Stella aus seiner *Protractor*-Serie. Jedoch nahm sie nicht den normalen Blickwinkel ein, der das Bild an der Wand des Museums fixiert, sondern sie fotografierte das Spiegelbild, das auf dem polierten Fußboden erschien.

Man mag von diesen Beispielen ableiten, daß innerhalb des übergeordneten Projektes Selbstbewußtsein im betrachtenden

Subjekt zu erzeugen, Amerikaner innerhalb ihrer Maltradition blieben, während die Europäer Einseitigkeit, Humor, Anti-Formalismus, die Vernachlässigung des Handwerklichen als Haltung kultivierten. Auf der anderen Seite tendierte ein Großteil der europäischen Skulptur der späten 80er Jahre zum Stilmittel der bewußten »Brechung« des Werks, zum Umgang mit trivialen Gegenständen und zur Reduktion der Form.

»Verfall« als Thema der Installation

Aspekte der Avantgarde-Bewegungen hielten eine europäische Kulturkritik virulent, die auf dem »Konzept des Verfalls« basierte. Dazu gehörte das Erbe der Arte Povera, natürliche oder ausrangierte Materialien zu entdecken (also zu ästhetisieren): Holz, Metall, Abfall und Fragmente aus der Welt der Massenmedien. Ein weiterer Aspekt war das Element des Zufalls und die Negation des Kunstbegriffs in der Fluxus-Ästhetik. Als dritter Aspekt kann wohl der Geist des Existentialismus der 40er und 50er Jahre herangezogen werden: Zynismus und Verzweiflung und deren Umkehrung in eine Forderung nach »revolutionären« Ansätzen in der Kunst, die die vergangenen Feuersbrünste von 1789, 1848, 1917 und 1968 wiederbelebten.

Eine Position zwischen den Vereinigten Staaten und Europa nimmt der Maler und Bildhauer John Armleder ein, der in der Schweiz geboren ist und sowohl in Europa als auch in New York arbeitet. Armleders künstlerische Wurzeln liegen im Fluxus, in der Beschäftigung mit Zufallssystemen, wie sie den Komponisten John Cage und damit die Performance berühmt gemacht haben. Armleder rückte in den frühen 80er Jahren zunächst mit »appropriierten« abstrakten Bildern und dann mit seinen Möbelskulpturen ins Blickfeld. Er holte Möbel vom Sperrmüll, stellte sie zu Tableaus zusammen und bemalte sie mit suprematistischen Formen, bevor er sie nach der Ausstellung wieder auf die Straße zurückstellte (Abb. 81). »Da gab es ein großes Sofa, das von seinen ehemaligen Besitzern in zwei Hälften gesägt worden war«, sagte Armleder, »so konnten wir es leicht heraufholen in die Galerie, die damals eigentlich die Wohnung von John Gibson war. Er war nicht besonders begeistert, für die Zeit der Ausstellung in Gesellschaft dieser heruntergekommenen Möbel leben zu müssen.« Formal gesehen, erschienen seine Tableaus als ironische Umkehrung des konventionellen Weges eines Bildes von der Galerie in private Räume. Armleders Fluxus-Vergangenheit brachte ihn auf die Idee, »den Dekorateur zu spielen«, was er als »zynische Abwertung des Unternehmens Kunst« verstand. Indem er vorgab, den Unterschied zwischen Müll und Kunst auflösen zu wollen, setzte Armleder einen ästhetischen Schachzug in Gang, der für viele Künstler dieser Richtung zentral wurde: eine Ausbeutung ausrangierter und unspektakulärer Dinge als Vorwand für philosophische und ästhetische Spekulationen über die Werte der Kunst an sich.

81 John Armleder
Furniture-Sculpture 60, 1984. Dreisitzer, Wachs und Acryl auf Leinen, 80 x 180 x 90 cm. Sammlung Daniel Newburg, New York.

Für seine erste New Yorker Ausstellung durchstöberte Armleder die Billigläden und den Sperrmüll Manhattans und Brooklyns nach Möbelstücken – nur um viele Stücke nach der Ausstellung zurück auf die Straße stellen zu können. Die (erneute) Re-Repräsentation von minimalistischen und suprematistischen Bildern auf überholtem Möbeldesign bildet hier ein Triptychon aus »Flecken, deren Durchmesser sich ständig vergrößert, und die in der Mitte eines jeden Sitzplatzes aufgemalt sind. Dieselbe Serie findet sich auf der Rückseite«.

Seine Bandbreite reicht von der »Präsentation« aussortierter Objekte bis zu ausgewachsenen Installationen. Formal war ein Wechsel von minimaler zu gesteigerter Expressivität zu beobachten, und eine Bewegung von einer spezialisierten zu einer generalisierenden Haltung gegenüber den traditionellen Hierarchien und Medien der Kunst. In jedem Fall problematisierte das Projekt ernsthaft die Frage, was es für einen für die Kunst bereitgestellten Raum bedeutet, als Container für die Kategorie »Kunst« aufgefaßt zu werden.

Post-Fluxus-Künstler im Westdeutschland der späten 80er Jahre veranschaulichen genau diese Haltung. Gelegentlich als »Modellbauer« apostrophiert, waren sie vornehmlich mit einer postkonstruktivistischen Assemblage-Ästhetik beschäftigt, indem sie sich Alltagsobjekte oder Fragmente vornahmen, die sie in realen Räumen aufstellten. Hubert Kiecol und Klaus Jung setzten ihre Arbeiten in Beziehung zur Architektur. Wolfgang Luy und Reinhard Mucha aus Düsseldorf veränderten Materialien im Hinblick auf den ausgewählten Platz. In einer seiner neueren Arbeiten verwandelte Mucha eine Mixtur aus Vitrinen, Leitern und alten Büromöbeln, die er der Umgebung des Ausstellungsortes entnahm, in eine improvisierte Struktur im realen Raum (Abb. 82), die auf Gestaltung verzichtete (vergleiche in dieser Hinsicht Woodrow und Cragg). Muchas Arbeiten waren sowohl völlig normal als auch alptraumhaft komplex; sie sind jedoch nicht illustrierend gemeint und scheinen auf nichts außerhalb ihrer eigenen Geschichte liegendes zu verweisen. Das nach Muchas eigenen Worten »Inszenieren der Bühne« kann als Fortsetzung der modernen Skulptur seit Brancusi gesehen werden, versehen mit einer Spur Nihilismus und dem radikalen Bekenntnis für das nicht Dauerhafte.

Muchas Objekte gaben sich in der Tradition der Beuysschen Philosophie bewußt anti-künstlerisch, wie auch die gleichzeitig ausgestellten Arbeiten einer Gruppe von sieben anderen

82 Reinhard Mucha
Calor, 1986. Die Arbeit entstand in situ für eine Ausstellung des Centre Georges Pompidou, Paris.

Künstlern: Gisbert Huelsheger, Wolfgang Koethe, Jan Kotik, Raimund Kummer, Wolf Pause, Hermann Pitz und Rudolf Valenta. Für ihre kollektive Manifestation *Räume* von 1978 veränderten sie ein leerstehendes Berliner Lagerhaus in der Lützowstraße, indem sie nichts anderes als die im Gebäude zurückgelassenen Fundstücke benutzten. »Niemand kann sagen, wo hier die Kunst anfängt und wo das Leben«, schrieb Pitz über die willkürlich erscheinenden Ensembles im Gebäude. »Wer hat da an der Wand herumgekritzelt? Ein Künstler? Wer hat diese Nägel in solch einer Anordnung in die Wand geschlagen? Ein Künstler? Wer hat das Fenster dort zerschlagen? Wer hat die Linie auf den Boden gemalt? Wer hat hier aus dem Fenster geschaut?« Die Ausstellung war Ausdruck der manifestartigen Feststellung, daß das »Kunstobjekt allein nicht mehr wichtig ist, das Objekt kann eine Haltung dokumentieren«. Die als »Büro Berlin« bekannt gewordene Gruppe hatte sich 1980 mit Kummer, Pitz und Fritz Rahmann konstituiert. Phasenweise stießen Tony Cragg und andere dazu. Sie erweiterten ihren Ansatz auf alle Formen von urbanem Abfall, wie marginal er auch sein mochte. Für sie bestand die Qualität eines Kunstwerkes darin, die Struktur seines Zustandekommens nicht zu verbergen, wie es in dem programmatischen Text »dick, dünn« des 1986 publizierten Kataloges von »Büro Berlin« explizit heißt.

Fritz Rahmanns Projekt für die Ausstellung »Lützowstrasse Situation« 1979 soll exemplarisch beschrieben werden (Abb. 83). Er sammelte Materialreste von zwölf anderen Projekten und ordnete die Stücke so, daß sie sich als das, was sie waren, offenbarten: Fragmente. »Büro Berlin« setzte sich selbst seit den frühen 80er Jahren von den »Neuen Wilden« – Rainer Fetting, Helmut Middendorf und Salome – ab. Mit ihrer anarchischen und teilweise kaum als Kunst erkennbaren Methode entzog sich »Büro Berlin« dem Betriebssystem Kunst und wurde umgekehrt von der Promotionsmaschinerie gemieden, die ihre besser vermarktbaren Nachbarn bevorzugte. Obwohl die Gruppe 1986 formell aufgelöst wurde, haben die meisten der Künstler ihre Arbeit in dieser Weise weiterverfolgt (Abb. 84).

Viele Künstler dieser gegen Ende des Zweiten Weltkriegs geborenen Generation, die während des Wirtschaftswunders aufgewachsen waren, zeigten Interesse an Formen des Verfalls. Adornos Setzung, daß es »nach Auschwitz nicht länger möglich ist, ein Gedicht zu schreiben«, erhält vielleicht durch solche Werke eine neue Dimension. Weit entfernt davon, sich mit der Tradition des deutschen Expressionismus zu identifizieren, stachen die besten Arbeiten jüngerer deutscher Künstler dadurch hervor, nicht als »Kunst« zu erscheinen; ästhetisch war sie nur, indem sie unästhetisch daherkam.

So ging der Beuys-Schüler Imi Knoebel aus Düsseldorf von Dada-ähnlichen Arrangements der späten 60er und 70er Jahre dazu über, Installationen aus Holztafeln zu kreieren, die er bemalte (teilweise mit der Vorderseite nach unten), stapelte oder an der Wand und auf dem Fußboden der »Poesie« des Raumes entsprechend anordnete. Einige Arbeiten Knoebels spielen auf Kindheitserlebnisse an: Eine Serie von dreieckigen Sperrholztafeln (um 1985) ruft das Fenster in Erinnerung, durch das er als

83 Fritz Rahmann
Lützowstrasse Situation 13, 1979. Wandanstrich, Relikte der Situationen 1 bis 12, Wasser.

fünfjähriger Junge den Brand von Dresden beobachtet hatte. Noch im Februar 1945 hatte die amerikanische Luftwaffe die Stadt bombardiert und fast vollständig vernichtet. Der *Genter Raum* aus dem Jahre 1980, der in einigen anderen Museen neu installiert wurde, verbindet Ordnung, Chaos, Geometrie und Formlosigkeit in einem Arrangement, das sich kurz vor dem sich einstellenden Eindruck von Vollständigkeit oder Endgültigkeit unvermittelt entzieht (Abb. 85). Knoebels Werk konstituiert sich aus mehreren Momenten: Bewahrung, Anhäufung, Respekt für die Pioniere der Moderne und aus Verweigerung einer emotionalen Aussage.

»Beuys zeigte Knoebel einen Weg, die Gegenstandslosigkeit von bloßem Design zu befreien«, schrieb ein Kritiker in einem Essay von 1987, »das äußere Erscheinungsbild eines Kunstwerks (...) ist weit entfernt von seiner tatsächlichen Geschichte.« Kennzeichnend für die Bundesrepublik Deutschland der späten 80er Jahre war die Existenz verschiedener Kunstzentren, die jeweils aus einer eigenen, neugewachsenen kulturellen Tradition der Nachkriegszeit hervorgegangen sind. Köln war in den 50er Jahren durch Ernst Wilhelm Nay und Georg Meistermann zu einer Heimat der abstrakten Malerei geworden. Später mit Fluxus, experimenteller Musik (John Cage, Nam June Paik, Karlheinz Stockhausen und David Tudor) und der Ästhetik der »De-Collage« von Wolf Vostell assoziiert, begann die Kölner Kunstszene in den späten 80er Jahren ihr Profil gegenüber anderen Städten abzugrenzen. Die Künstler der Mülheimer Freiheit beispielsweise sind ein einschlägiger Fall. Walter Dahn begann plötzlich, seine früheren Aktivitäten als »Spiel mit dem Expressionismus« zu beschreiben. Jiri Georg Dokoupil wurde durch den spielerischen, intellektuellen und distanzierten Ansatz Sigmar Polkes (der gelegentlich in Köln ausstellte) beeinflußt und gelangte späterhin zu der Ansicht, daß der gefeierte Neoexpressionismus der frühen 80er Jahre ein Produkt unkünstlerischer Interessen war.

84 Hermann Pitz
Aus der Kindheit, 1989.
Neun Guß-Objekte, Aluminiumplatte, Lampe, Caddie, 90 x 100 x 60 cm.
Sammlung des Künstlers.

Pitz stellt bewußt provokativ Objekte aus völlig unterschiedlichen Lebensbereichen zusammen. Diese Komposition auf Rädern kann als besonders verunsichernd eingestuft werden, da sie einen Verstoß gegen die vielleicht älteste Konvention der Skulptur darstellt, nach der sie sich nicht bewegen darf

Eine komplexere Haltung nahmen die Kölner Künstler Martin Kippenberger, Werner Büttner und die Maler Markus und Albert Oehlen ein. In seinen Ausstellungen gegen Ende des Jahrzehnts konfrontierte Albert Oehlen das Publikum mit einem Dilemma, das für jede Avantgarde zentral war: Wie sollte man mit einer Kunst »weitermachen«, die rituell viele Male totgesagt worden war, und wie könnte die Malerei über die nihilistische oder rein wiederholende Fetischisierung hinaus überleben?

85. Imi Knoebel
Genter Raum, 1980. Lack auf Sperrholz, 459 Teile in verschiedenen Größen. Installation im Dia Arts Center, New York, 1987/88.

Diese Rauminstallation, die ursprünglich 1980 in Gent gezeigt wurde, ist in Kassel, Winterthur, Bonn, New York und Maastricht rekonstruiert worden. Die gestapelten und gehängten Tafeln, die je nach Raum variierten, erinnerten an die Begründer der Moderne von Kasimir Malewitsch bis Brice Marden.

Was aus Oehlens Werk in den späten 80er Jahren hervorging, war keine »schöne Malerei«, sondern ein skurriles und defätistisches Zeichensetzen, das sich darüber bewußt war, daß die Kraft der Malerei, deskriptive Bilder herzustellen, zu diesem Zeitpunkt verloren war (Abb. 86). Eine verzweifelte Haltung zur sozialen Funktion der Malerei adaptierend, brachte Oehlen eine spezielles Konzept hervor: Im Bild selbst finden sich feste Begriffe als gemalte Bestandteile wieder. Ich versuche z. B. den Begriff ›Geschmiere‹ oder ›Scheiße‹ oder ›Unscharf‹ oder ›Nebel‹ dem Betrachter aufzudrängen. Mein Ziel besteht darin, daß er nicht darum herum kann, das Wort ›Scheiße‹ im Kopf zu haben.« Seine Äußerung verweist auf eine allgemein verbreitete Unentschiedenheit. Dennoch ist es diese Unentschiedenheit auf der gemalten Leinwand, die Oehlens Ästhetik ausmacht und sie von einem bloß nihilistischen Projekt unterscheidet.

In diese Zeit fällt auch eine Tendenz zu chaotischer Aggression, den der in Berlin ausgebildete Olaf Metzel mit seinen skulpturalen Installationen vermittelte. Sein Beitrag zum »Skulpturenboulevard«, einem Projekt des Neuen Berliner Kunstvereins von 1987, bestand aus einem Haufen von polizeilich angeordneten Absperrungsgittern der Stadt, die er an einer großen Kreuzung des Kurfürstendamms stapelte. Sie wurden durch

86 Albert Oehlen
Fn 20, 1990. Öl auf Leinwand, 210 x 280 cm.

Betonblöcke an der Basis stabilisiert und mit einem Einkaufswagen aus dem Supermarkt versehen, der baumelnd in der Nähe der Spitze hing (Abb. 87). Indem Metzel eine Ikonographie der Zerstörung einsetzt, anhand von ruinierten Maschinen und Apparaten, von gewaltsamem Abbruch und Zusammenbruch, näherte sich der Künstler – der jetzt in München lebt und arbeitet – der Erweiterung der »Bricollage« in ein politisches Symbolfeld.

Paradoxerweise entstand diese unbequeme Variante deutscher Kunst vor dem Hintergrund wachsender Publizität, dominiert von Magazinen wie »Art« und »Kunstforum International«, und einer massiven Ausbreitung von neuen Museen zur Präsentation von zeitgenössischer Kunst. Philip Johnsons Kunsthalle in Bielefeld (1966) und Mies van der Rohes Neuer Nationalgalerie in Berlin (1968) folgten das Wilhelm-Hack-Museum Ludwigshafen (1979), das Städtische Museum Abteiberg Mönchengladbach (1982), die Städtische Kunsthalle Mannheim (1983), das Museum Bochum und die Staatsgalerie Stuttgart (1984), die Kunstsammlung Nordrhein-Westfalen Düsseldorf (1989), das Museum Ludwig Köln (1986) und das Museum für Moderne Kunst, Frankfurt (1991) (Abb. 88), um nur die bekanntesten zu nennen.

Im Kontext einer solchen Expansion der Ausstellungsmaschinerie muß gefragt werden, ob die deutsche Avantgarde nicht in Gefahr geriet, von genau den Qualitäten korrumpiert zu werden, denen sie sich mit ihrer Arbeit auf einer bestimmten Ebene entgegenstellen wollte: Kunst als Freizeitprogramm, Repräsentation der nationalen Kultur und Unterstützung des patriarchalen Managements. Damit wird impliziert, daß eine Avantgarde der Kompetenzen des Museumskurators sowohl bedarf, wie ihnen auch widerstehen muß. Aus dieser Frage erwächst auch ein ideologisches Problem. In wessen Interesse agieren die Kuratoren? Im Interesse welcher Geschlechtszugehörigkeit, welcher Klasse und welcher ethnischer Gruppen funktioniert kulturelles Management? Es erweist sich als problematisch, die Schritte zu erkennen, anhand derer jede Interessengruppe ihre ritualisiert verklausulierten Verhandlungsziele mit den Idealen und Zielen der jeweils anderen vorträgt.

Die Rolle des Kurators

Ende der 80er Jahre erlebte die von freien Ausstellungsmachern konzipierte Mega-Ausstellung mit internationalem Anspruch neuen Aufwind und demonstrierte einmal mehr die

Macht des Kurators. Ein Schlüsselereignis stellte die Schau »Metropolis« dar, die 1991 im Berliner Martin-Gropius-Bau stattfand. Die Konzeption lag in den Händen von Christos Joachimides und Norman Rosenthal, die ein großes Schaufenster westdeutscher und amerikanischer Trends der 80er Jahre darboten, während sie noch 1981 für die »Rückkehr zur Malerei« geworben hatten. Nun fehlte der Begriff »Malerei« gänzlich. »Metropolis« feierte die Väter der Gegenwartskunst, Warhol, Beuys und Duchamp – eine diplomatische Mischung: ein Amerikaner, ein Deutscher und ein Franzose. »Der poetisch-alchimistische Geist von Marcel Duchamp weht über den Horizont dieser jungen Generation, die seit Mitte der achtziger Jahre ins Licht der Öffentlichkeit tritt«, stellte Joachimides fest, »wir können beobachten, daß sich in diesem Jahrhundert immer wieder ein imaginäres Pendel zwischen zwei Polen bewegt: zwischen Picasso und Duchamp. »Wenn 1981 die Stunde Picassos war,

87 Olaf Metzel
13. 4. 1981, 1987.
Stahl, Chrom und Beton, 11 x 9 x 7 m. Installation Ecke Kurfürstendamm/ Joachimstaler Straße, Berlin.

88 Das Museum für Moderne Kunst, Frankfurt, verfügt über eine innovative Serie von Räumen, von Hans Hollein entworfen und 1991 fertiggestellt. Das neue Museum im Zentrum Frankfurts ist ein Symbol für die in den 80er Jahren durch das Bankwesen erzielte Prosperität der Stadt.

so ist 1991 die Zeit von Duchamp. Der Ausstellungsmacher kam zu der Vorstellung, daß »für das Bild der Kunst, wie es sich heute darbietet, es zwei unübersehbare Kulminationsorte gibt, die das Kunstgeschehen magnetisch an sich binden: New York und die Gegend um Köln!« Dennoch blieb wie bei anderen Mega-Projekten der jüngsten Vergangenheit das Kuratorenauge auf männliche Künstler mit einer bereits gesicherten Reputation fixiert, was wiederum das internationale Händler-Netzwerk stimulierte, ohne dabei regionale Unterschiede, die Gender-Problematik oder andere Ungereimtheiten zu berücksichtigen. Von den Kuratoren für die Multiplikatoren, die Journalisten und Kritiker, auf griffige Weise formuliert, postulierte »Metropolis« ein nahtloses internationales Kontinuum, das Europa (sogar Osteuropa) und die Vereinigten Staaten wie selbstverständlich verband.

Die Verbindung der Bilder und Objekte Rosemarie Trockels, einer der wenigen zu »Metropolis« eingeladenen Künstlerinnen, zur Duchamp-Beuys-Warhol-Achse ist zumindest teilweise nachvollziehbar. Trockel besuchte in den späten 70er Jahren die Werkkunstschule Köln und hatte Kontakt mit der Mülheimer Freiheit – Walter Dahn, Jiri Georg Dokoupil, Peter Bömmels und anderen. Diese Künstler kombinierten in ihrer Arbeit historische und soziale Referenzen mit eklektisch und zitierend eingesetzten Stilen. In diesem Kontext entstand eines der gefeiertsten frühen Werkgruppen Trockels, das Computer-Strickbild. Eingearbeitete Symbole wie Hammer und Sichel, Hasenköpfe, die an das Playboy-Logo erinnern, das Zeichen für Wolle aus den Pflegeanleitungen und andere kommerzielle Signifikanten brachen die unmittelbar geschlechtsbezogene Oberfläche auf (Abb. 89). Einer Affinität zum Werk der französischen »Document«-Gruppe der späten 20er Jahre folgend – ihr gehörten Georges Bataille, Michel Leiris an –, nahm Trockel gegen Ende der 80er Jahre eine Art »ethnographischen Surrealismus« auf. Objekte mit sozialen, sexuellen und »magischen« Konnotationen wurden verlockend in Vitrinen (ein von Beuys perfektioniertes Verfahren) plaziert. Zur »Metropolis«-Ausstellung steuerte sie eine möglicherweise auch auf den Minimalismus anspielende Serie bei. Sie bereicherte einen geometrischen Plan mit den Formen einer kompletten Kochecke mit vier Herdplatten, die, als Ganzes von der Horizontalen in die Vertikale gekippt, zu einem parodistischen kubistischen Stilleben erhoben wurde. Ein Duchampscher »Ready-made-Witz«, ein Warholsches Spielen mit dem Banalen, eine Beuyssche Faszination für das Atavistische: Das alles ließe sich in Rosemarie Trockels Arbeiten nachweisen. Unverkennbar bleibt jedoch, daß sich dieses Werk jeglicher Einordnung verweigert.

Katharina Fritsch dagegen hatte schon vorsorglich beteuert, daß sie »nichts mit den Ideen von Beuys oder Warhols Factory zu tun haben wollte«. Im Rahmen der »Skulptur Projekte Münster« 1987 schockierte sie die Bürger mit einer 1,80 Meter hohen, gelben Madonna aus Kunststoff, die sie im Zentrum der Fußgängerzone aufgestellt hatte. Im selben Jahr zeigte sie einen lebensgroßen grünen Elefanten auf einem ovalen Podest im Museum Haus Lange in Krefeld. Im allgemeinen stellte Katharina Fritsch ihre Objekte mit Hilfe von Gußformen her, die Reproduzierbarkeit implizierten. »Sie werden herausfinden, daß meine Arbeiten immer symmetrisch sind (...) es ist sehr wichtig, daß sie perfekt gemacht werden (...). Ich ziele nicht auf Expressivität«, sagte sie. »Das ist ein Konzept, das ich zu schwammig, zu vage finde (...). Ich will mich nicht den Dingen aufzwingen, sondern sie mir mit der Zeit gefallen lassen, und

89 Rosemarie Trockel
Ohne Titel, 1988. Maschinenstrickerei aus Wolle, zwei Tafeln, insgesamt 200 x 320 cm.

ich möchte, daß sie mir die Klarheit der Dinge an sich zeigen.« Bei »Metropolis« zeigte Fritsch den *Roten Raum mit Kamingeräusch*, einen monochromen Raum, in dem Töne aus einem Kamin zu hören waren (Abb. 90). Weniger bemüht um Ikonographie als um Symmetrie und Präzision, eliminieren ihre aus genormten Elementen bestehenden Installationen emotionale Resonanzen oder persönliche Assoziationen, als ob die Bedeutung ihrer Werke allein in ihren skulpturalen Qualitäten bestünde. Katharina Fritsch verweist bei der Deutung ihrer Arbeit auf den von ihr geprägten Begriff der »kollektiven Biographie«.

»Metropolis« funktionierte als Schaufenster für fortschrittliche Tendenzen, was gleichzeitig zu einer vereinfachenden, banalisierenden Darstellung der Kunst am Ende der 80er und zu Beginn der 90er Jahre führte. Sie demonstrierte einige der Paradoxien, bildende Kunst auf einem internationalen Niveau

90 Katharina Fritsch
Roter Raum mit Kamingeräusch, 1991. Farbe, Ton vom Band. Installation in der »Metropolis«-Ausstellung, Martin-Gropius-Bau, Berlin.

Fritsch hat klargemacht, daß sie »niemals Readymades ausstellt«. Sie möchte Objekte oder Environments von ihren üblichen Bedeutungen befreien, indem sie statt dessen mit dem Interesse der Bildhauerin an exakten Dimensionen und Plazierungen arbeitet. Befragt nach dem fehlenden Inhalt, antwortete Fritsch: »Meine Arbeiten sind weder eisig noch kalt, sie sind einfach präzise.«

repräsentieren zu wollen, ein Problem, daß immer noch nicht gelöst ist und vielleicht nie zufriedenstellend überwunden werden kann. Vorlieben, die Tendenz – insbesondere im Fall hochrangiger Kuratoren –, bestimmte Arbeiten auszulassen oder zu stark herauszustellen, müssen der Tatsache gegenübergestellt werden, daß es – wie auch die neueste Kunsttheorie insistiert – keine »endgültige« oder »wahre« Repräsentation einer Kultur geben kann, die nicht wiederum ihre Forderungen nach Endgültigkeit oder Wahrheit in Frage stellt, indem sie ihre Ursprünge und regionalen Kontexte vorzeigt. In einem Zeitalter vieler nebeneinander bestehender Haltungen kann keine globale Perspektive mehr existieren. Kein einziges Wissenssystem hat mehr die Kraft, alle anderen zu dominieren.

Dennoch garantiert die Spezialisierung in der Kunst wie in anderen Bereichen weiterhin Kompetenz und Intellektualität, die sonst nicht im Allgemeinwesen entstehen kann. Viele der großen Museumsausstellungen von zeitgenössischer Kunst haben mit beiden Aspekten dieses Paradoxons gekämpft. Ausstellungen wie die »BINATIONALE Amerikanische und deutsche Kunst der späten 80er Jahre«, die 1988 und 1989 Arbeiten zwischen Düsseldorf und Boston austauschte, oder »Magiciens de la Terre« in Paris 1989, nicht zu vergessen die fortlaufenden documenta-Ausgaben in Kassel oder die Biennalen von Venedig: Alle insistieren energisch, daß ein internationaler (sogar globaler) Querschnitt möglich sei. Gleichzeitig berücksichtigen sie institutionelle oder kritische Stimmen, die eine notwendig selektive Sachkenntnis anmahnen.

Keine noch so raffinierte Indienstnahme von Ansprüchen einer »anderen« Klientel – wie Minderheiten, geographisch abgelegenen Gruppen und kritischen experimentellen Genres – kann jene Kunst perfektionieren, die von multinationalen kommerziellen Interessen, Image förderndem Sponsoring und wettbewerbsorientierten Regierungen repräsentiert wird. Die unterschiedlichen Formen kultureller Macht werden so schwer faßbar sein, wie sie bedeutend werden. Auf der einen Seite der Gleichung wird es den fortgesetzten Versuch geben, eine »hohe« visuelle Kultur zu erhalten, die nicht in den Kommerz oder in reine Unterhaltung zurückfällt. Auf der anderen Seite sieht es so aus, als ob es bedeutende Fehlrepräsentationen wahrscheinlich immer geben wird. Im Falle von Rosemarie Trockel und Katharina Fritsch wird nicht nur deutlich, daß die Ablehnung von Frauenkunst in dieser Periode auftrat – das Verhältnis Männer zu Frauen bei »Metropolis« entsprach 93 zu 7 Prozent; die Ausstellung erhielt schnell das Etikett »Machopolis« –, sondern, daß radikale Kunst in den letzten zehn oder fünfzehn Jahren nur um den Preis ans Licht der Öffentlichkeit gelangen konnte, wenn sie mißverstanden wurde.

Die innovative Kraft der Fotografie

Das oben angesprochene Problem trifft insbesondere für die fotografische Kunst zu. Innovative fotografische Praktiken des letzten Jahrzehnts stellten sich als eine Voraussetzung für die erneute Hinterfragung des Mediums heraus und kamen dem kuratorischen Ansatz entgegen. Das Infragestellen des Bildes an sich und der »Repräsentation« als Konzept etablierte eine neue fotografische Haltung, die neue kritische Ansatzpunkte möglich machte. Solche Probleme waren zwar bislang angedacht, aber nicht weiterentwickelt, sondern im Stadium der schon akademisch gewordenen Konzeptkunst belassen worden.

Die Arbeiten des Düsseldorfer Künstlers Thomas Ruff haben sich im Kern als eine einzige wiederholte Idee entpuppt: große Farbfotografien von Freunden oder Bekannten (oder Architektur, oder Teilen des nächtlichen Himmels), die bar jeder formalen Rhetorik, dramatischen Beleuchtung oder Arrangement-Nuancen sind (Abb. 91). Ruff griff die verlorene Kunst des Porträtierens als Reaktion auf Glamourfotografie, Werbung und Publicity auf, denn er erklärte, daß »die meisten Fotos, die uns heutzutage begegnen, nicht mehr wirklich authentisch sind – sie haben die Authentizität einer manipulierten und vorher arrangierten Realität«. Er sagt von seinen Fotoarbeiten, daß sie »nichts mehr mit der Person zu tun haben (...). Ich bin nicht interessiert, ein Abbild meiner Interpretation einer Person herzustellen«. Diese Arbeiten, die einfach »Portraits« genannt werden, verheimlichen Hinweise auf den Status des Subjekts, wie Alter, Beruf oder Charakter (wir wissen nur, daß alle Freunde oder Bekannte des Künstlers sind), und erscheinen äußerlich lebensecht. Die Serie zeigt, daß paradoxerweise mit der wachsenden Abwendung von den Portraitkonventionen immer weniger statt immer mehr ihres fiktiven Subjekts enthüllt wird. Die logische Folge, daß repräsentierte »Personenheiten« Darstellungsformeln und -konventionen erfordern, wäre sofort akzeptiert worden, wenn Ruff die Malerei als Medium gewählt hätte. Daß sich diese Regel auch für die Fotografie als wahr erweist, wirkt auf die Bedeutung der Fotografie zurück, der allgemein allein die einfache Abbildung der Wirklichkeit zugeschrieben wird.

Weiterhin belegt Ruffs Anordnung seiner Bilder das Interesse an der »Irritation« der Repräsentation. Er zeigt seine »Portraits« Seite an Seite in einer Reihe, so daß seine »Subjekte« wie Exemplare einer Klassifikation erscheinen. Ruff verwirft die

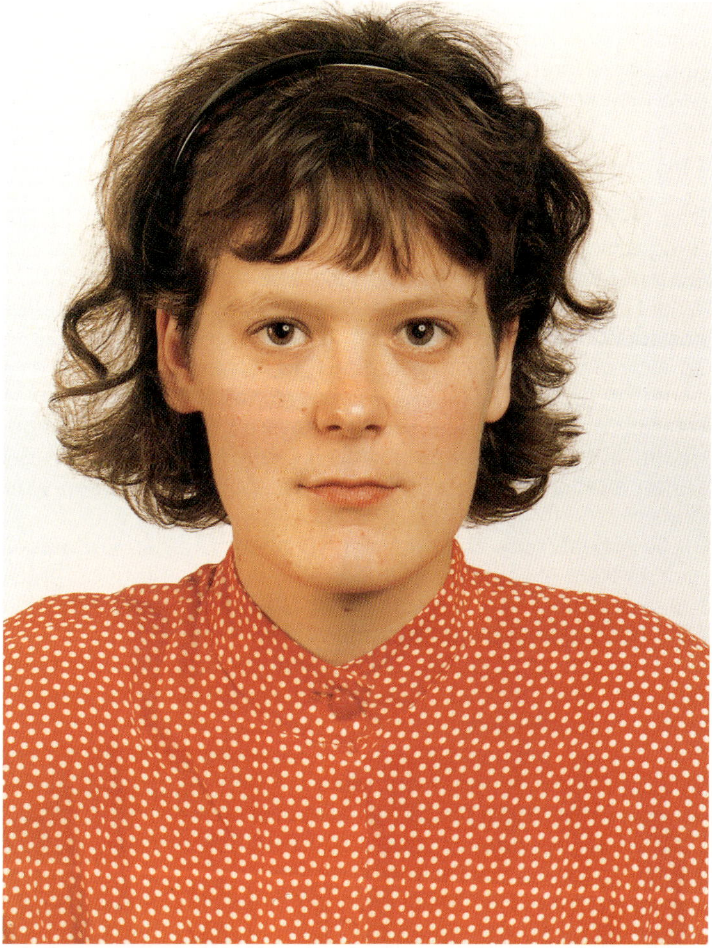

91 Thomas Ruff
Elke Denda, 1989. Farbfotografie auf Plexiglas, 210 x 160 cm.

»direkte« Repräsentation und favorisiert eine Zen-artige Wiederholung des fast schon Willkürlichen; damit folgt er dem Vorbild seiner Lehrer an der Düsseldorfer Kunstakademie, Bernd und Hilla Becher. Dennoch unterscheidet sich Ruffs Arbeit von der Strategie der Serialisten durch überzeugendere Fetischisierung und Detailgenauigkeit: Er strebt eine standardisierte technische Perfektion an, wie man sie in der gehobenen Werbung (für edlere Waren) findet. Wie die Bechers und andere Konzeptualisten scheint Ruff demonstrieren zu wollen, daß die Fotografie eine Konstruktion ist, und niemals ein neutrales Zeichen.

Ein anderer Schüler der Bechers, Thomas Struth, der unter Gerhard Richter zu studieren begann, spielt genauso mit den Paradoxien der fotografischen Partikularisierung. Struths Ansichten von städtischen Straßen und Gebäuden richten das Augenmerk auf Aspekte urbaner Szenerie, die für die Wahrnehmung normalerweise unsichtbar bleiben: Gruppen geparkter Autos, offene und geschlossene Fenster, architektonische Ensembles und Ansammlungen von Sperrmüll. Diese urbanen Szenen sind nur selten mit Personal bevölkert (Abb. 92). Mysteriös leere Straßen werden vorgeführt, deren Normalität dem Betrachter das Gefühl gibt, daß seine Anwesenheit unerwünscht ist. Im Unterschied zu Ruffs Fotoportraits scheinen Struths Arbeiten die fotografische Oberfläche mit Merkmalen des Zufalls und der Geschichte aufzuladen, mit Bedeutungen, die nur Städten zukommen und nur die Kamera »sehen« kann.

Diese neuere Kunstproduktion auf der Basis der Fotografie ist eine Entwicklung, deren Verzweigungen weiter reichen. Die Fotokunst einer ganzen Generation – Andreas Gursky in Deutschland, Clegg & Guttmann und Mike & Doug Starn in den USA gehören dazu –, die das traditionelle großformatige Ge-

92 Thomas Struth *Düsselstrasse*, Düsseldorf, 1979. Schwarzweißfotografie.

93 Christian Boltanski
Chases Schule: Abschlußklasse von 1931, 1987.
Fotografien, Metallkästen, Lampen. Kastelgasse, Wien.

Für diese Installation von 1987 (die Abbildung zeigt ein Detail) verwendete Boltanski Fotos des jüdischen Schülers eines Wiener Gymnasiums von 1931, die er abfotografierte, ausschnittweise vergrößerte und unter dem grellen Schein einer Schreibtischlampe zu einem Altar für die Toten zusammenbaute. »Ich will die Leute zum Weinen bringen«, sagte Boltanski gegen viele zeitgenössische Werke. »Es ist problematisch, das zu sagen, aber ich bin für eine Kunst, die sentimental ist.«

mälde durch farbige Flächen mit ähnlichen Ausmaßen ersetzte, trat selbstbewußt in Erscheinung, um die Museums- und Galerieräume zu okkupieren, die der Konzeptualismus einst radikal neuzudenken anstrebte. Vormals cool und minimalistisch, ist Fotokunst neuerdings nicht nur optisch stärker hervorgetreten, sondern hat die Anti-Establishment-Haltung der 60er-Jahre-Kunst in eine durchdachtere philosophische Kritik verwandelt. In diesem Prozeß wurde das Kunstmuseum nicht zu einem Raum für eine Konfrontation, sondern für die Spekulation über »Repräsentation« und die Realität an sich.

Diese Tendenz hat sich auch in den Nachbarländern durchgesetzt. Die Arbeit des französischen Künstlers Christian Boltanski beschäftigt sich seit den frühen 70er Jahren mit der evozierenden Kraft nicht einer Sache selbst, sondern des fotografischen Berichts als einem – trügerischen – Index für den Erinnerungsprozeß. Seit seinen frühen konzeptualistischen Tagen war Boltanskis Aufmerksamkeit ständig absorbiert vom Archivbild – von persönlichen Wirklichkeiten, von normalen Objekten, die in all ihrer Banalität aufgezählt wurden. In seinen jüngsten Arbeiten benutzte Boltanski die Installation, um nostalgisch aufgeladene fotografische Informationen nach Art eines forensischen Labors, der Arbeitsräume einer Detektei oder des Archivs von Vermißten oder Toten zu arrangieren (Abb. 93). Er berief sich auf Projekte von Tadeusz Kantor und Anselm Kiefer. Er sagte, daß er seine Arbeit auf einer kollektiven Erinnerung aufbaue. »Ich bin für eine sentimentale Kunst«, so Boltanski. »Die Aufgabe ist es, ein formal durchgearbeitetes Werk zu schaffen, das gleichzeitig vom Betrachter als ein sentimental aufgeladener Gegenstand erkannt wird.« Wie Kiefer berührt Boltanski die Verlustmomente der europäischen Geschichte wie den Holocaust, der eigenen Kindheit und der Zerstörungen des Zweiten Weltkriegs, über denen ein Art Vergänglichkeit lag, die durch das Fotoarchiv vermittelt wurden. Roland Barthes' Gedanken in der »Hellen Kammer« könnten beinahe zutreffen. »So schließt das Leben eines Menschen, dessen Existenz der unseren um ein weniges vorausgegangen ist, in seiner Besonderheit gerade die Spannung der Geschichte, ihre Abspaltung mit ein. Die Geschichte ist hysterisch: Sie nimmt erst Gestalt an, wenn man sie betrachtet – und um sie betrachten zu können, muß man davon ausgeschlos-

sen sein. Als lebendiges Wesen bin ich das genaue Gegenteil der Geschichte, ich bin das, was sie dementiert, was sie zugunsten meiner eigenen Geschichte zerstört (...)« Aber Barthes versuchte auch zu zeigen, daß die kontemplative Wahrnehmung eines Fotos offensichtlich diese Trennung durchbrechen kann und das Historische wieder greifbar und nah machen kann.

Ein ähnliches Anliegen hat auch eine Generation Moskauer Fotokünstler beeinflußt, die in relativer Isolation und aufgrund ihrer schlechten Ausrüstung reichlichen Gebrauch von fremden Fotos, Montagetechniken und Performances machten. Sie verdienen eine breitere Anerkennung. Wladimir Kupreanow und Alexeij Shulgin folgten den Arbeiten mit aufgefundenen Schnappschüssen des Ukrainers Boris Mikhailow und sammelten fotografische Überreste aus den Tagen des altkommunistischen Staates. Sie zerknitterten, verschleierten, parodierten sie oder ließen sie elektronisch rotieren, so wie ungezogene Kids in einem unbenutzten Archiv ihrer Imagination freien Lauf lassen würden. In ihrem Fall dient »der Staat« als Ursprung und Ausgangspunkt des »Realen« in der Repräsentation, der nun überprüft wird.

Keine Repräsentationstechnik oder -tradition ist immun gegen die Revision gewesen, die aus dem fotografischen Lager kam. Die scharfsinnigsten neuen Foto-Konzeptualisten waren vielleicht Ian Wallace, Rodney Graham, Ken Lum und Jeff Wall aus Vancouver. Wall stellt Situationen mit peinlich genauen Details nach, die nur für die Kamera inszeniert wurden, obwohl sie den Anschein erweckten, als ob die Kamera sie gerade beobachtet hätte: Zwischenfälle am Arbeitsplatz, Unfälle auf der Straße, Zusammenstöße von Angehörigen unterschiedlicher Klassen. Er zeigt diese Szenen als übergroße Cibachrome, die in schwarzen Kästen von hinten angestrahlt werden, wie es bei aufwendiger Straßenwerbung üblich ist. Wall intendierte eine Art »Gemälde des modernen Lebens«, eine Anhäufung von komprimierten, aber dennoch symptomatischen Details der sozialen Wirklichkeit (Abb. 94). Seine Arbeit hat mit dem Ansatz von Ruff und Struth gemeinsam, daß ihr offensichtlich extremer Mimetismus tatsächlich durch ebendiesen Mimetismus verraten wird: die Präzision, mit der Ergebnisse auf bestimmten Bildern inszeniert werden, die sich als abhängig von hochkomplexen Anordnungen von fotografischen Zeichen in Beziehung zu ihren allgemeinen und besonderen Referenten erweist. Wall sagte, daß »es der allergrößte Wert des Bildinhaltes ist, nicht die sinnliche Erfahrung der Schönheit eines Bildes zu zeigen, die alles Kritische in der Kunst aufsaugt, alles in der Kunst, das der etablierten Form von den Dingen und ihrer Erscheinung widerspricht«. Da der Künstler so weit geht, mit einer bildnerischen Tradition zu sympathisieren, die aus einer Zeit vor der modernen Kunst datiert, kann man Walls Arbeiten kunsthistorisch neu verorten und als eine Art konzeptualistische Negation des Konzeptualismus begreifen.

Welche übergreifenderen Strategien werden innerhalb dieses Neo-Neo-Duchampschen Rahmens für die auf Fotografie bezogene Kunst verfolgt? Die künstlerischen Ansätze scheinen vorauszusetzen, daß die Konzeptkunst zu schnell in den Markt integriert worden war und noch ist, und damit in der Umklammerung der Museumskuratoren landete, die darauf erpicht waren, »radikale« Kunst als Spektakel zu inszenieren, also letztendlich kontroverse Kultur für den Kulturtourismus zu mißbrauchen. Für sie blieb offen, ob in einer Zeit, die durch den Rückzug aus der Politik und den emanzipatorischen Momenten der späten 60er und frühen 70er Jahre gekennzeichnet war, das hochglänzende Foto-Objekt eine Erweiterung oder nur eine Reminiszenz der Ideale sein kann, die damals aktuell waren: das Ideal einer relativen Unabhängigkeit vom Galerien- und Marktsystem, eine flexible Haltung gegenüber dem räumlichen Kontext der Arbeit, und der Wunsch, sich mit kompetenten Betrachtern auseinanderzusetzen.

Kunst im öffentlichen Raum

Der Sieg der Fotografie in der männlichen Arena der Malerei, der einiges der vorausgegangenen Gender-Debatte verdankt, ist ein Beweis dafür, daß unlösbar geglaubte Strukturen aufgebrochen werden können. Die Projektionen im öffentlichen Raum von Krzysztof Wodiczko, eines in Polen geborenen New Yorker Künstlers, könnten als weiterer Beleg angeführt werden. Wodiczkos Strategie, ein öffentliches Denkmal, ein Gebäude oder einen Platz auszuwählen und Bilder darauf zu projizieren, die deren übliche öffentliche Bedeutungen (militärisches Gedenken, Kulturdenkmal, Geschäft oder Ruhm) ablösen, könnte vielleicht als exemplarisch gelten. Repräsentativ sind folgende Arbeiten: die Projektion der Hand Ronald Reagans auf den »Brustkorb« des AT&T-Gebäudes 1984 in New York; die Projektion eines Hakenkreuzes ins Zentrum des Giebeldreiecks am Südafrika-Haus 1985 in London; oder 1986 die Idee, der Lincoln-Statue am Union Square in New York eine Krücke zu verpassen. Im Hinblick auf diese Projekte sagte der Künstler, daß »der gnadenlos dynamische Raum, entstanden durch ungleiche ökonomische Entwicklung in der heutigen modernen Immobilienstadt, es den Stadtbewohnern und Nomaden extrem erschwert hat, durch die Symbole der Stadt zu kommunizieren (...). Nicht über die städtischen Monumente zu sprechen heißt, sie zu verlassen und uns selbst zu verlassen, und damit den Sinn für die Geschichte und die Gegenwart zu verlieren.« Natürlich erhöhen die enormen Schwierigkeiten, den Auftrag und die Genehmigung für die Projektionen zu erhalten, die Bedeutung der Arbeit Wodiczkos. Es ist also nicht überraschend, sondern aufschlußreich, daß das Kunstmuseum in seiner Rolle als Lagerhaus, Stütze und Filter von alter und zeitgenössischer Kultur ein neues Ziel für Wodiczkos jüngste Arbeiten werden sollte (Abb. 95).

94 Jeff Wall
The Stumbling Block, 1991.
Cibachromedia, Neonlicht, Schaukästen, 230 x 340 cm. Marian Goodman Gallery, New York.

Wall kehrte zu einer Tradition der Repräsentation zurück, die oft von der neuen orthodoxen Linken in den späten 60er und 70er Jahren angegriffen wurde. Er stellte nicht nur Szenen des modernen Lebens, »typische« Ereignisse und Verhaltensweisen wieder her, sondern stellte das Vorurteil der Linken in Frage, daß jedes Abbilden notwendigerweise kapitalistisch oder »auf seiten des Dominanten« stehen müsse.

»Kunst auf die Straße bringen« mag romantisch, vielleicht sogar nach sozialem Bewußtsein klingen. Dennoch kann es nach den Vorschlägen der derzeitigen Debatte über »Kunst im öffentlichen Raum« und dem, was Wodiczkos Projekte demonstrierten, keine solche Kategorie geben, die nicht gleichzeitig auch weitergefaßte Fragen über den öffentlichen Raum, über die Ansichten des Publikums, und über die Kontroversen, die die Avantgarde selbst zu provozieren plant, aufwirft. Insbesondere die alte Idee von Architekten und Stadtverwaltern, wenig ansprechende Gebäude mit »Kunst am Bau« zu veredeln, ist für die Vertreter einer emanzipatorischen Kunst im öffentlichen Raum ein Greuel. Die lebendigsten jüngsten Projekte in städtischer Umgebung sind vielmehr entworfen worden, um dieses gewohnte städtische Verhalten herauszufordern, ja sogar eine Anti-Haltung gegenüber der Stadt als solcher zu fördern.

Seit den späten 60er Jahren arbeitete der amerikanische Bildhauer Richard Serra sowohl im Atelier als auch in der Galerie mit extrem schweren Blei- und Stahlplatten. Er lehnte sie gegeneinander oder stellte sie steil nebeneinander auf. Serra erklärte in Interviews, daß die ästhetische Funktion dieser Arbeiten, obwohl sie formal auf den Minimalismus rekurrierten, darin lägen, die Aufmerksamkeit auf die Beschaffenheit der physischen Räume zu lenken. »Ich bin interessiert daran, die Struktur, den Inhalt und Charakter eines Raumes und eines Or-

95. KRZYSZTOF WODICZKO
Projektion auf das Hirshhorn Museum, Washington, D.C., Oktober 1988. Hal Bromm Gallery, New York.

Wodiczkos Technik, Projektoren mit Xenon-Bogenlampen zu benutzen, um öffentliche Monumente mit neuer Bedeutung zu versehen, bedeutete für das Museum eine unumgängliche Erweiterung. Die Bilder, die er auf das Hirshhorn-Museum projizierte, zeigen einen Widerspruch in drei Teilen: eine Kerze, die ein bedrohlich erscheinendes Gewehr beleuchtet, und Lautsprecher, aus denen jemand über Publicity und Macht spricht.

tes zu enthüllen, indem ich die eine physische Struktur durch die Elemente, die ich benutze, definiere (...) es hat mehr mit einem Kraftfeld zu tun, das erzeugt wird, so daß der Raum mehr physisch als optisch wahrgenommen wird.« »Skulptur«, sagte Serra 1980, »wenn sie überhaupt ein Potential hat, hat sie das Potential, sich ihren eigenen Ort und Raum zu schaffen und gegen die Räume und Orte zu arbeiten, wo sie entstanden ist. Ich bin an Arbeiten interessiert, bei denen der Künstler zum Initiator eines ›Anti-Environment‹ wird, das seinen eigenen Raum einnimmt oder seine eigene Situation schafft, oder seinen eigenen Bereich abtrennt oder deklariert.«

Auf die »Stadtarena« angewandt, mag man diese Äußerung leicht auf Serras *Tilted Arc* (Geneigter Bogen) beziehen, die 1979 in Auftrag gegeben und 1981 auf der Federal Plaza in New Yorks Rechts- und Verwaltungszentrum aufgestellt wurde (Abb. 96). Unmittelbar nachdem sie plaziert worden war, entfachte der New Yorker Richter Edward Re eine öffentliche Kontroverse um diese Arbeit. 1985 kam es bei einem öffentlichen Hearing, das von William Diamond, einem Verwaltungsbeamten der städtischen Dienstleistungsbehörde New Yorks, geleitet wurde, vor allen Augen zu polarisierenden Stellungnahmen für und gegen die Entfernung des *Arc* aufgrund der These, daß die Skulptur das »normale« Funktionieren des Platzes beeinträchtigte. Obwohl auch Ansichten von Laien gegen die Skulptur ins Feld geführt wurden (nach Grace Glueck von der »New York Times« war es »das häßlichste Außenkunstwerk der Stadt«), erhielt das Projekt überzeugende und (allein von der Anzahl her) überwältigende Unterstützung von der Künstler- und Intellektuellengemeinde der Stadt. Rosalind Krauss wies auf die Fähigkeit der Skulptur hin, eine Vision nach außen zu tragen: *Tilted Arc*, sagte sie, würde »andauernd eine Art Blickachse abbilden, die (...) wie die Verkörperung des Konzeptes der visuellen Wahrnehmung den Weg, den der Betrachter über die Plaza nehmen wird, abbildet. In diesem Einzugsbereich, der gleichzeitig visuell und körperlich ist, beschreibt *Tilted Arc* die Beziehung des Körpers zur Vorwärtsbewegung, bis zu der Tatsache, daß unsere Vorwärtsbewegung zustande kommt, weil unsere Augen schon Ausschau halten nach dem Ort, zu dem wir gehen wollen, um für uns eine Verbindung herzustellen«. Benjamin Buchloh wies darauf hin, daß Serras Arbeit in einer historischen Linie mit Picasso, Brancusi, Schwitters, Tatlin und Lissitzky stehe, die einst von den Nazis diffamiert wurden, aber nun im Museum of Modern Art vertreten seien, und daß die beabsichtigte »banausenhafte« Entweihung der Skulptur ein Beispiel für die »Herrschaft des Mobs in der Kultur« sei. Douglas Crimp argumentierte, daß Richter Res Klage über den Verlust effektiver Sicherheitsüberwachung demonstriere, daß an der Basis der städtischen Dienstleistungsbehörde New Yorks Ängste zutage gekommen wären, das soziale Leben auf der Plaza könnte plötzlich instabil und unkontrollierbar werden. Ungeachtet dessen stimmte das Gremium des Hearings vier zu eins dafür, die Skulptur zu entfernen. Trotz einer Prozeßlawine, die von seiten des Bildhauers angestrengt wurde, mußte die Arbeit in der Nacht zum 15. März 1989 abgebaut und ohne weiteres Zeremoniell auf einen Parkplatz der Stadt nach Brooklyn verbracht werden.

96 Richard Serra
Tilted Arc, 1981.
Cortenstahl, 3,6 m x 36 m x 5,1 cm. Federal Plaza, New York City, entfernt.

Auch die wesentlich jüngere britische Bildhauerin Rachel Whiteread wurde von dem Konzept des Anti-Monuments angeregt. Ihre Reputation beruhte bis vor kurzem auf einer Serie von Galeriearbeiten, die aus »negativen« Volumen bestanden. Sie entstanden, indem die Künstlerin mit Wachs oder Gips die Räume zwischen oder hinter den Objekten ausgoß: das Volumen hinter einem Schrank oder einer Badewanne. Ihr vieldiskutiertes öffentliches Projekt *House* schuf Whiteread, indem sie ein für abbruchreif erklärtes Haus am Ende einer Häuserreihe in East London mit Beton ausgoß. So ragte es aus der umliegenden Einöde heraus, als Monument für das Leben, das es einst beherbergte, und als ein Symbol für die Brutalität, die den Gemeinden und Stadtlandschaften durch moderne Stadtplanung zugefügt wurde (Abb. 97). *House* überlebte noch einige Wochen, nachdem die unmittelbare Nachbarschaft schon zerstört worden war, bis es, begleitet von widersprüchlicher Berichterstattung, aufgrund lokalpolitischer Interessen auf rituelle Art ebenfalls zerstört wurde.

97 RACHEL WHITEREAD
Ohne Titel (House), 1992.
Metallanker und Beton.
Grove Road, East London
(1994 zerstört).

Jochen Gerz riskierte mit einer Serie von Monumenten im öffentlichen Raum ebenso negative Publicity wie Serra mit dem *Tilted Arc* und Whiteread mit *House* und rückte den Denkprozeß aus dem Atelier ins Rampenlicht journalistischen Bewußtseins. Gerz war während der 70er Jahre Dichter, Konzeptkünstler und ein produktiver Autor von Foto-Text-Arbeiten, ein Genre, in dem er bis heute arbeitet. 1984 jedoch wurden Gerz und seine jüdische Frau Esther Shalev-Gerz beauftragt, für die Stadt Hamburg ein *Mahnmal gegen Faschismus* auszuführen, daß 1986 fertiggestellt wurde. Von Anfang an war klar, daß die Arbeit kein reines Propagandabild und kein Werk mit einer einfachen Botschaft sein konnte. Statt dessen entwarfen die Künstler eine 14,60 Meter hohe hohle Aluminiumsäule, die mit Blei ummantelt war und an deren unterem Abschnitt Passanten mit einem Stahlstift etwas eingravieren konnten. Von Zeit zu Zeit wurde die Säule ein Stück weit in die Erde versenkt, und es präsentierte sich eine neue Oberfläche. Ende 1993 war sie bis auf die Deckplatte vollständig versenkt. In der Zwischenzeit war die Säule mit Graffiti aller Art einschließlich »ausradierter« Stellen, Klagen, Botschaften voll Hoffnung und Verzweiflung bedeckt worden. Die »Hamburger Rundschau« charakterisierte die entstandenen Markierungen von »Zustimmung, Haß, Ärger und Dummheit« als »ein der Säule aufgedrückter Fingerabdruck unserer Stadt«. In einem späteren, an der Schnittstelle »zwischen dem Realen und seiner Reproduktion« angesiedelten Projekt hat Gerz mit Hilfe seiner Studenten von der Hochschule der Bildenden Künste Saar ein »Denkmal gegen Rassismus« in Saarbrücken ausgeführt. Sie ließen Namen von jüdischen Friedhöfen auf die Unterseite der Pflastersteine eines normalen Platzes eingravieren (Abb. 98). Dem »Mahnmal« wurde eine zusätzliche Schärfe verliehen, weil es unterhalb des Saarbrücker Schlosses lag, das einst ein Hauptquartier der Gestapo gewesen war, aber heute ein lokales Museum beheimatet. In beiden Projekten verweigert Gerz eine Repräsentation als solche, bzw., er begräbt sie lieber. Gerz spezifiziert den Sachverhalt, indem er Namen aufzählt und die »Gewalt der Namengebung« als eine Funktion des öffentlichen

Denkmals perpetuieren will. In Saarbrücken betonte er die Horizontalität und die »Absenz der Präsenz« – beides Kennzeichen konzeptualistischer Kunstwerke. Dieses Anti-Monument zog heftige politische Reaktionen auf sich, bevor es zu einem touristischem Ausflugsziel wurde.

Auch die amerikanische Künstlerin Jenny Holzer stützt sich in ihrer Arbeit auf Schrift und die Horizontale. Holzer gelangte nach einer kurzen Phase abstrakter Malerei zu Kunstprojekten im öffentlichen Raum. Sie besann sich darauf, als Studentin »The Fox« gelesen zu haben, und realisierte, daß nicht jede Kunst heroisch, sublim oder Werkcharakter haben mußte. Als Jenny Holzer von 1976 bis 1977 in das »Independent Study Programme« des New Yorker Whitney Museums aufgenommen wurde, übergab man ihr eine umfangreiche Bücherliste, die allein vom Umfang her nicht zu bewältigen war. Das regte sie aber zur Produktion einer Serie von einzeiligen, selbstverfaßten Statements an, die zwischen philosophischem Tiefsinn und Volksweisheit changierten. Sie nannte sie »Truisms«: »A LITTLE KNOWLEDGE CAN GO A LONG WAY«, »CHILDREN ARE THE CRUELEST OF ALL«, »ABUSE OF POWER COMES AS NO SURPRISE«. Sie ordnete sie alphabetisch und stellte sie anonym auf Plakatwänden überall in New York aus. Die Affinität zur Werbung und zur öffentlichen Bekanntmachung lag auf der Hand. In einem gleichermaßen pragmatischen wie erschreckend offiziellen Ton erschien eine wahre Flut weiterer Projekte, in denen Holzer, wie zuvor die Konzeptualisten, Bilder aus Wörtern schmiedete.

98 Jochen Gerz
2146-Steine-Monument gegen Rassismus, Saarbrücken, 1990 – 1993.
Foto: Esther Shalev-Gerz.

Nachts nahmen Gerz und seine Studenten Pflastersteine heraus und ersetzten sie durch falsche, während die tatsächlichen, insgesamt 2146, mit den Inschriften von jüdischen Friedhöfen versehen wurden. Obwohl die Arbeit im geheimen ausgeführt wurde, sanktionierte man sie offiziell nach einer Debatte im Stadtrat . Der Platz selbst wurde in »Platz des unsichtbaren Denkmals« umbenannt.

Wie die meisten Künstler, die im öffentlichen Raum arbeiten und den Möglichkeiten des Konzeptualismus gegenüber aufgeschlossen waren, bewegte sich Holzer mit ihrer Arbeit zwischen dem Stadtraum und der Galerie hin und her, als ob sie nur so den Kontakt zu einem avantgardistischen Schmelztiegel und Testfeld aufrechterhalten könnte. So erreichte sie ein überdurchschnittliches Publikum mit einer Reihe von Botschaften wie »FATHERS OFTEN USE TOO MUCH FORCE« oder »TORTURE IS BARBARIC«, die 1982 von einer Spectracolor-Tafel am New Yorker Times Square ausgestrahlt wurden. 1990 entwarf Holzer für den amerikanischen Pavillon der Biennale von Venedig eine Reihe von Räumen, die aufwendig mit Marmor ausgekleidet waren, in denen gleichfalls flankierend Bänke aus Marmor standen, die mit Inschriften versehen waren. An den Wänden angebrachte LED-Displays (light-emitting diode = Leuchtdiode) in verschiedenen Sprachen erzeugten die Aura eines religiösen Raumes für eine kleine Klientel (Abb. 99). Trotz der enormen Medienbeachtung und einem offensichtlich unkritischen Publikum stellte der kompetentere Betrachter Holzers Vertrautheit mit der Tradition der Epigraphie zur Diskussion. Der Kritiker Stephen Bann schlug einen für Holzer ungünstigen Vergleich mit dem kalifornischen Maler Ed Ruscha und dem schottischen Bildhauer Ian Hamilton Finlay vor und hinterfragte, inwiefern die Verbreitung ihres Epigrammstiles auf T-Shirts, kleineren LED-Tafeln in limitierter Auflage und Sarkophagen mit den entsprechenden Inschriften letzten Endes ihre bislang ehrgeizige Wiederbelebung des öffentlichen Raumes untergräbt und banalisiert. Nicht bestritten werden kann dagegen, daß Holzers Syntax-Spektrum beachtlich war. Es ist anzusiedeln zwischen knappen philosophischen Einzeilern und umgangssprachlichem Graffiti-Abfall, zwischen autoritär klingender Verlautbarung und kommerziellem Zeichen, zwischen Schlagzeilenjournalismus und Klatsch. In diesem Sinne haben ihre Projekte die Aufmerksamkeit auf die Kraft der Sprache als einem allgegenwärtigen Charakteristikum des zeitgenössischen öffentlichen Lebens gelenkt.

All diese Projekte sind durch das Anliegen des Künstlers gekennzeichnet, traditionelle Materialien der Erinnerung oder Re-

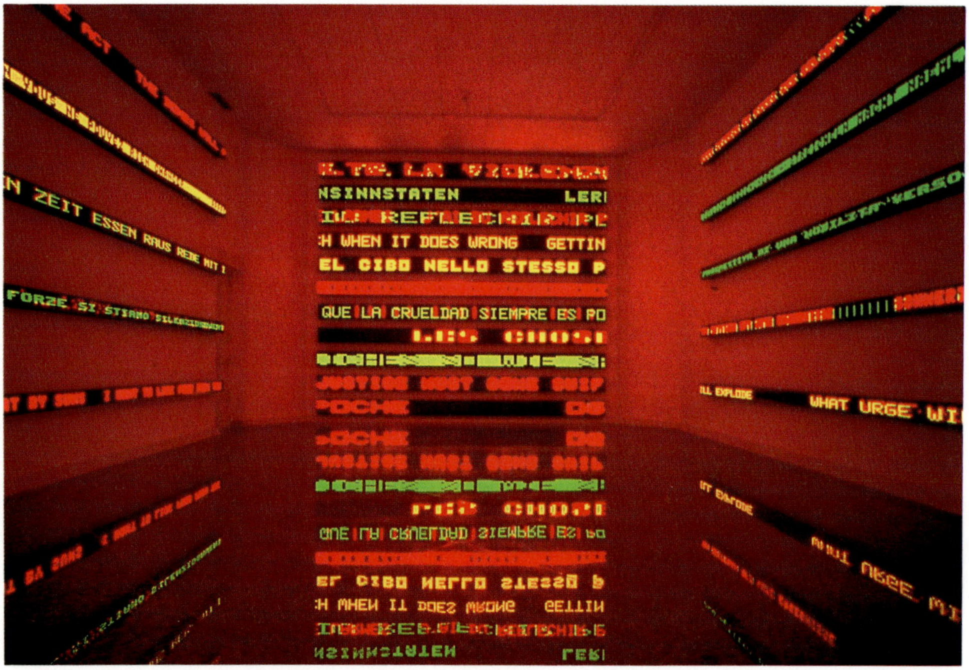

99 Jenny Holzer
Venice Installation, US-Pavillon, Biennale Venedig, 1990. Foto: David Regen.

präsentation hinter sich lassen zu wollen. Als ob zu den bestehenden Formen des subtilen Dissens, derer die zeitgenössische Kunst fähig ist, lediglich neue Techniken und Orte hinzugefügt werden müßten. Mit Sicherheit strafte die Idee des Anti-Monuments die Behauptung Lügen, daß der Radikalismus der 60er Jahre verwässere. Die Kritik an den Institutionen, die in den aktuellen Arbeiten impliziert ist, hat sich von der Frage, ob Kunstwerke unvermeidlich Opfer der Musealisierung oder des Marktprozesses werden, entfernt. Die Impulse, der gewinnsüchtigen Hand der Macht einen Schritt vorauszueilen und nicht zum bloßen »guten Geschmack« der Kulturindustrie zu werden, die aus der Konzeptkunst entstanden waren, haben weiterhin eine Art rudimentärer Gegenkultur angeregt, auch wenn sie sich dem unvermeidlichen Zugriff der Macht selbst darbietet.

Die Widersprüchlichkeit eines post-konzeptuellen Radikalismus in einer neuen Umgebung hat sich unbestritten als fruchtbar erwiesen. Das Museumsnetz für zeitgenössische Kunst wurde immer dichter; die dort beschäftigten Kuratoren machten es sich zur Aufgabe, zwischen den subversiven Intentionen der Künstler und dem Bewußtsein der Öffentlichkeit zu vermitteln. In diesem weiten Spielraum hatte sich ein hoher Prozentsatz der wichtigen zeitgenössischen Kunst realisiert. In den frühen 90er Jahren jedoch zeichnete sich eine Wende ab, die die Duchampsche oder konzeptualistische Tradition herausforderte. Die Anfänge dieser Wende wurden im Jahre 1985 oder früher sichtbar und nahmen die Form einer unerwarteten Rückkehr zu offener Referenz, Ikonographie und Symbolik an; im weiteren versuchte sie sich auf Fragen der Rasse, der ethnischen Zugehörigkeit und des Körpers zu konzentrieren, die jenseits der institutionellen der Kunst lagen. Immer auf der Hut, weitverbreiteten gesellschaftlichen Überzeugungen und Gewohnheiten entgegenzuarbeiten, stellte diese Tendenz, für die der formale Schlüsselbegriff das »Narrative« sein könnte, verstärkt zur Diskussion, ob die konzeptualistische Tradition zum Gegenstand neuer Zwänge geworden war.

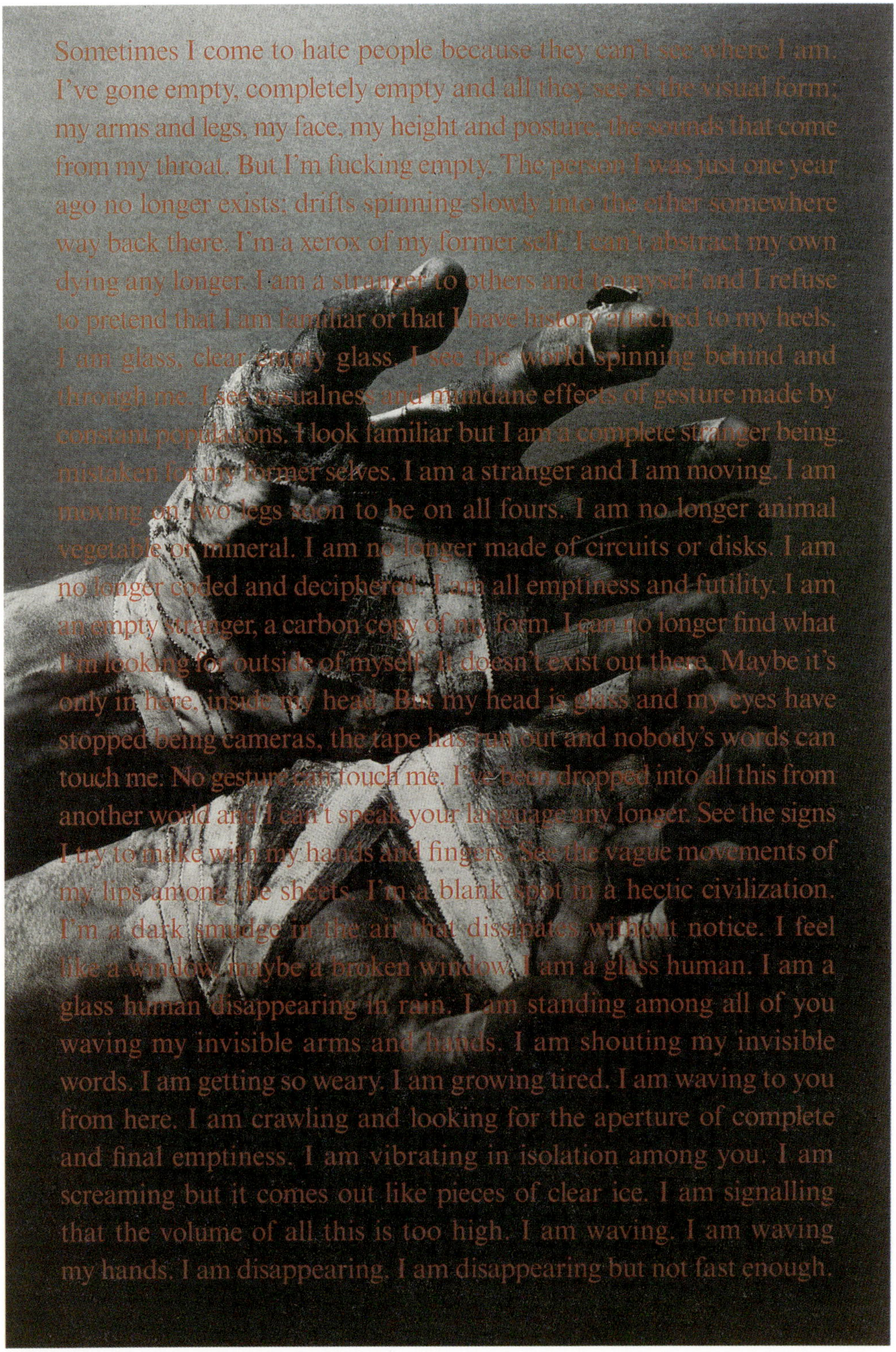
Sometimes I come to hate people because they can't see where I am. I've gone empty, completely empty and all they see is the visual form; my arms and legs, my face, my height and posture, the sounds that come from my throat. But I'm fucking empty. The person I was just one year ago no longer exists; drifts spinning slowly into the ether somewhere way back there. I'm a xerox of my former self. I can't abstract my own dying any longer. I am a stranger to others and to myself and I refuse to pretend that I am familiar or that I have history attached to my heels. I am glass, clear empty glass. I see the world spinning behind and through me. I see casualness and mundane effects of gesture made by constant populations. I look familiar but I am a complete stranger being mistaken for my former selves. I am a stranger and I am moving. I am moving on two legs soon to be on all fours. I am no longer animal vegetable or mineral. I am no longer made of circuits or disks. I am no longer coded and deciphered. I am all emptiness and futility. I am an empty stranger, a carbon copy of my form. I can no longer find what I'm looking for outside of myself. It doesn't exist out there. Maybe it's only in here, inside my head. But my head is glass and my eyes have stopped being cameras, the tape has run out and nobody's words can touch me. No gesture can touch me. I've been dropped into all this from another world and I can't speak your language any longer. See the signs I try to make with my hands and fingers. See the vague movements of my lips among the sheets. I'm a blank spot in a hectic civilization. I'm a dark smudge in the air that dissipates without notice. I feel like a window, maybe a broken window. I am a glass human. I am a glass human disappearing in rain. I am standing among all of you waving my invisible arms and hands. I am shouting my invisible words. I am getting so weary. I am growing tired. I am waving to you from here. I am crawling and looking for the aperture of complete and final emptiness. I am vibrating in isolation among you. I am screaming but it comes out like pieces of clear ice. I am signalling that the volume of all this is too high. I am waving. I am waving my hands. I am disappearing. I am disappearing but not fast enough.

Kapitel 5:

Narrative Identität: die frühen 90er Jahre

100 David Wojnarowicz
Ohne Titel, 1992. Seidensiebdruck auf silbernem Druck, Edition (4 Exemplare), 96,5 x 66 cm.

Der Text dieser Arbeit beginnt folgendermaßen: »Manchmal hasse ich die Leute, weil sie nicht sehen können, wo ich schon bin. Ich bin leer, total leer, und alles, was sie sehen, ist sichtbare Erscheinung, meine Arme, meine Beine, mein Gesicht, meine Größe und Haltung, die Töne, die aus meinem Rachen kommen. Aber ich fühle mich verdammt leer. Die Person, die ich noch vor einem Jahr war, existiert nicht mehr. Sie treibt dahin und dreht langsam in den Äther ab, der irgendwo dahinten liegt.«

Bei dem in den letzten Jahren zu beobachtenden Wandel in Kunsttheorie und -praxis ging es um die Wiedereinführung des Bildes in bereits bestehende Formen. Das klingt ganz selbstverständlich: Wenn alle Kunst auf einer bestimmten Ebene bildhaft ist, welche Bedeutung könnte dann die Betonung (oder Unterdrückung) dieses Bildhaften haben? Dieser Wandel hat die Tradition der Konzeptkunst mit einer ernsthaften Alternative konfrontiert. Sie basiert auf einer Bereicherung aus dem Bildvorrat der Tradition, Verweisen auf unterschiedliche Formen des Lebens und theaterähnlicher Illusionsarbeit, an der der Zuschauer beteiligt ist. Wenn ich diesen Impuls »narrativ« nenne, beziehe ich mich vorrangig auf die Verwendung einer Bildsprache, die ihren Ursprung in einer Massenkultur hat, ihre Konnotationen auf den Bereich körperlicher Erfahrung, persönlicher und rassischer Identität ausdehnt und die object-trouvé-Strategien in einem Großteil seiner klassischen wie neueren Formen ausschließt. Damit steht sie im Gegensatz zu einer Kunst im Sinne Duchamps, die von einer Kritik der Kunst mit den Mitteln der Kunst ausgeht.

Der »Körper« und AIDS

Narrative Kunst benutzt Sprachvarianten wie das Erzählen, das Andeuten, die Anspielung. Eine neuere Arbeit des Amerikaners Robert Gober verfügt zwar auf den ersten Blick über eine minimalistisch kreisförmige Form, wirbt jedoch auf Schritt und Tritt und mit allen Mitteln um die Aufmerksamkeit des Betrachters (Abb. 101). Gezeigt werden ein Hundekorb mit einer Decke, auf der Bilder eines schlafenden weißen Mannes und eines gehängten schwarzen Mannes zu erkennen sind. Der weiße Korb selbst wirkt warm und gemütlich. Sein Durchmesser beträgt 111 Zentimeter, was allerdings auf einen großen, möglicherweise unangenehmen Bewohner hinweist. Ohne einen Diskurs

101 ROBERT GOBER
Ohne Titel, 1988. Rattan, Flanel, Lack und Stofffarbe, 25 x 96 x 111 cm. Sammlung Jacob und Ruth Bloom, Los Angeles.

Gober: »Es ist ein so gutes Bild (…) weil es so viele verschiedene Antworten auf das erzeugt, was passiert. Dann fehlt aber buchstäblich etwas in der Geschichte, wenn man es als eine Geschichte ansieht – und das sollte man irgendwie. Man muß folgende Fragen beantworten: Welches Verbrechen geschah hier, was ist wirklich passiert, und welche Beziehung besteht zwischen diesen beiden Männern?«

über Kunst als Kategorie, über das Museum oder die Geschichte der Skulptur auslösen zu wollen, kombiniert Gober Assoziationen zu Gewalt, Rassenproblematik, Amerika, häuslicher Gemütlichkeit und Tod. Als er hörte, daß Begriffe wie »gemütlich« und »hausbacken« auf sein Werk angewendet wurden, (absichtlich in verächtlicher, weil auf das Weibliche anspielender Art), erklärte Gober, genau dies sei seine Absicht gewesen. Er zählt eine ganze Generation von amerikanischen Frauen als seine Mentoren auf: Cindy Sherman, Jenny Holzer, Barbara Kruger und Sherrie Levine. Ihr Werk sei »aussagestark und dennoch populär, unterhaltsam und dennoch fundiert«. Seiner Meinung nach produzierten die meisten männlichen Künstler Werke, deren Beispiel es nicht zu folgen lohne.

Gobers bewußte Feminisierung der Kunst mittels seiner ungewöhnlichen Bildsprache deutet auf die Tatsache hin, daß ein Weg zum Konzept des »Narrativen« über die Sensibilität und das Selbstverständnis der Schwulenszene führt. Es wird viel zu selten darauf hingewiesen, daß die »Postmoderne« in Amerika und anderswo – eine Tradition, die Ende der 50er Jahre von Jasper Johns, Robert Rauschenberg und Andy Warhol in Gang gesetzt wurde – nicht nur auf unterschiedlichen Lebensstilen basierte, sondern auch auf der ausdrücklichen Ablehnung der männlich-heterosexuellen, modernen Ästhetik und den diversen Konzepten des »Expressionismus«, die damit einhergingen. Die Pop-Art lieferte die erste getarnte Version dieser Postmoderne und wurde folgerichtig von modernistischen Kritikern rundweg abgelehnt. Schon 1968 hatte Leo Steinberg über die »für jeden Zweck verwendbare Bildfläche« von Rauschenberg und Warhol gesagt, daß sie »den Verlauf der Kunst wieder einmal nicht-linear und unvorhersehbar« mache. Sie habe »einen Wandel in der Beziehung zwischen Künstler und Bild, Bild und Betrachter« verursacht, und dieser sei »Teil einer drastischen Veränderung, die alle reinen Kategorien vergiftet« (damit waren die von Greenberg und Michael Fried aufgestellten Kategorien gemeint).

Obgleich es schon seit Beginn der 70er Jahre erste Anzeichen dafür gab, können die Jahre von 1982 bis 1984 als Blüte einer »feminisierten« postmodernen Kunst und zugleich der aufkommenden Emanzipation eines schwulen Bewußtseins angesehen werden. Einige Schlüsselbegriffe dieser Entwicklung fielen bei einer Podiumsdiskussion, die auf die Ausstellung »Extended Sensibilities« Ende 1982 in New York folgte. In dieser Diskussion beschuldigte Bertha Harris (Autorin von »Confessions of Cherubino«, »Catching Saradove« und »Lover«) die »heterosexuelle Gier nach Zweckmäßigkeit«, unablässig »Verweise zu Geschichte, Erbe, Vorfahren, Freunden, Nachbarn und Stämmen« zu konstruieren und »uns damit in der Illusion zu wiegen, daß auch eine Zukunft existiert«. Im Gegensatz dazu liegt das einzige Privileg der homosexuellen Sensibilität darin, »das Geschehen der Dinge zu verhindern«. Bertha Harris wies darauf hin, daß der schwule Künstler oder Schriftsteller an zwei Prinzipien festhält: »Erstens, daß die Realität nur dann interessant ist, wenn sie verzerrt wird, und zweitens, daß Realität im allgemeinen deshalb nicht interessant ist, weil sie dem Prinzip der Zweckmäßigkeit folgt und diese nur für das heterosexuelle Kontinuum relevant ist. So fällt unser hypothetischer Künstler die positive Entscheidung: Er oder sie verschreibt sich dem Unzweckmäßigen und Ungehörigen.« Edmund White (Autor von »A Boy's Own Story« und »The Beautiful Room is Empty«) leugnet zwar, daß »Schwulsein« ein ahistorisches oder transsoziales Konstrukt impliziere, versucht aber dennoch, heterosexuelle Vorlieben als Mischung von Understatement und Beherrschung, von Moral und einem Hang zu Konformität zu definieren. Den Geschmack eines durchschnittlichen schwulen weißen Mannes charakterisierte er mit dem Sinn fürs Ornamentale, der Liebe zum Detail, Fantasie, Theatralik und »rein inhaltlich ein Interesse für eine Identifikation mit dem Underdog«.

102 Demonstration am 24. Juni 1990 in New York City gegen die Untätigkeit der amerikanischen Regierung, Maßnahmen gegen die weitere Verbreitung von AIDS zu ergreifen.

Die Ironie einer solchen Identifikation im Jahre 1982 lag in der Tatsache, daß ihre Bedingungen kurz darauf einer tragischen Entwicklung unterworfen wurden. Das Aufkommen von AIDS in San Francisco, Los Angeles und New York im Jahre 1981, seine offizielle Anerkennung 1982 und die rasche Ausbreitung bedeuteten, daß die amerikanische Kunstszene gezwungen war, das Verhältnis zwischen »Form« und »Inhalt« in einem neuen Licht zu sehen. Bertha Harris' Identifizierung »eines menschlichen wie auch ästhetischen Bedürfnisses nach Risiko« bei homosexuellen und lesbischen Künstlern nahm ungewollt neue Bedeutung an. Plötzlich machte sich eine neue aktivistische Stimmung breit (Abb. 102). Die schwule Künstlerszene von New York unter der Führung des Kritikers Douglas Crimp rief nach Aufklärungsprogrammen, nicht-diskriminierenden Werbekampagnen, medizinischen und gesellschaftlichen Hilfsorganisationen und allgemeiner Anerkennung der Tatsache, daß nicht den soziologischen und biologischen Geschlechtsnormen entsprechende Männer und Frauen als Kunstpublikum rituell verdrängt worden waren. Nicht nur die Interaktion zwischen Politik und Kunst veränderte sich mit ungeheurer Geschwindigkeit, auch die Identifikation und Benennung der Gender-Problematik innerhalb der kunstpolitischen Diskussion entwickelte sich umgehend.

Als Folge der AIDS-Krise in Amerika – von der die europäische Kunstszene nicht annähernd so einschneidend betroffen

103 Robert Mapplethorpe
Don Cann, 1981. Schwarzweißfotografie.

104 Robert Gober
Ohne Titel, 1991/93. Holz, Wachs, menschliches Haar, Stoff, Stoffmalerei, Schuhe, 28 x 43 x 113 cm. Museum für Moderne Kunst, Frankfurt.

war – bahnte sich der Wille zur Ausschaltung der Regeln der linken wie der konzeptualistischen Theorie an, die ebenso als männlich, akademisch, weiß und heterosexuell eingestuft worden waren. Die Körpererfahrung im Gegensatz zu dem Umgang mit Materialien und Gegenständen der Repräsentation wurden unter diesen Umständen zum vordringlichsten gemeinsamen Anliegen der jüngeren Künstler.

Das neue visuelle Spektrum der Schwulenszene, ihre Klischees vermeidende Sichtweise, reichte von Robert Mapplethorpes fotografischen Huldigungen an die männliche Anatomie und das Porträt (Abb. 103) – ein Werk, dem Edmund White das Verdienst zuerkannte, »die Unsichtbarkeit der Schwarzen« beendet zu haben – bis zu Robert Gober, der Körperteile aus Bienenwachs nachbildete und in bizarren Stellungen im Galerieraum plazierte (Abb. 104). Mit Kerzen oder »Rohren« aus Kunststoff bestückt, wecken diese Objekte Assoziationen an einen verletzlichen, möglicherweise kranken Körper. »Es gab den Arsch mit Musik, den Arsch mit Abflußrohren und den Arsch mit Kerzen«, erklärte Gober jüngst. »Sie schienen eine Dreieinigkeit von Möglichkeiten zu symbolisieren – Lustvarianten von der Katastrophe bis hin zur Wiederbelebung.«

Bevor der Künstler und Schriftsteller David Wojnarowicz 1992 an Aids starb, wurde er nicht nur mit Bildern bekannt, die die herrschenden Vorurteile gegenüber Schwulen anprangerten, sondern auch mit seinem öffentlichkeitswirksamen Protest gegen die Untätigkeit der Regierung angesichts der Epidemie. In *Untitled* (1992) setzt er die bandagierten, ausgestreckten Hände eines Bettlers mit denen eines verkrüppelten, also ausgegrenzten aids-infizierten Künstlers gleich, der Pflege braucht

(Abb. 100). Der zugehörige Text aus dem Kapitel »Spiral« in Wojnarowicz' Buch »Memories That Smell Like Gasoline« endet mit folgenden Worten: »Ich schreie unsichtbare Worte. Ich bin erschöpft. Ich werde müde. Ich winke dir von hier. Ich krieche und suche nach dem Riß, der zur vollständigen und endgültigen Leere führt. Ich zittere in meiner Isolation unter euch. Ich schreie, aber es klingt wie Stücke von durchsichtigem Eis. Ich gebe Zeichen, daß alles viel zu laut eingestellt ist. Ich winke. Winke mit den Händen. Ich verschwinde. Verschwinde, aber nicht schnell genug.« Wie Gober setzt Wojnarowicz auf den narrativen Charakter seiner Werke, auf ihre Bildhaftigkeit und ihren Gehalt. Beide Künstler haben sich entschieden, Zeichensysteme bewußt im Dienst der drängenden gesellschaftlichen Probleme zu mobilisieren.

Die Postmoderne der Westküste

Das Zeichen selbst stand im Gegensatz zur Strategie des Bezeichnenden auffällig lange im Brennpunkt des Interesses der Randgruppenkulturen, beispielsweise in Chicago oder an der amerikanischen Westküste. Insbesondere schwule Künstler in San Francisco und Los Angeles haben sich auf unnachahmliche Weise mühelos der narrativen Strömung angepaßt. Eine Veranstaltung wie »Helter Skelter: LA Art in the 1990s«, die Anfang 1992 in Los Angeles stattfand, machte sich zum Ziel, »die Schattenseite des zeitgenössischen Lebens« zu feiern: Visionen von »Entfremdung, Besessenheit, Vertreibung oder Perversion«. Obendrein mit einer Lasterhaftigkeit assoziiert, die die Fin-de-siècle-Stimmung zu fördern scheint, wurde Kunst

105 Robert Williams *Mathematics Takes A Holiday. Scholastic Designation: The Physics of Relative Motion Brings the Victim to the Bullet as the Ratio of Abstraction is Always Altered in Favour of Those Who Find It to their Advantage to Judge the Moon as a Hole in the Sky. Remedial Title: Piss-Pot Pete's Daughter Soils Apache Loincloths on a Jabberwocky Trajectory*, 1991. Öl auf Leinwand, 100 x 120 cm. Sammlung Robert und Tamara Bane, Los Angeles.

aus Los Angeles durch apokalyptische Szenarien von nekrophilem Sex, fiktiver Gewalt, drogeninduzierter Entfremdung oder nackter Angst repräsentiert. Die Texte von Benjamin Weissman und Dennis Cooper sind symptomatisch. Die Gemälde eines Künstlers wie Robert Williams (Abb. 105), der Ende der 60er Jahre Autos frisierte und bei Zap Comix arbeitete, bevor er zur Kunst wechselte, lassen sich von ihren trivialen Quellen unterscheiden, weil sie visuell und narrativ überfrachtet sind. Dies fungiert als formale Allegorie für die Tendenz zur Desorientierung und zum Exotischen, die Künstler an der Westküste ohnehin gern für sich in Anspruch nehmen. Andere Versionen des Apokalyptischen beschäftigen den von den Philippinen stammenden Manuel Ocampo, begegnen uns in Performance und Videokunst von Paul McCarthy und in Llyn Foulkes' zynischen Collage-Meditationen über die institutionalisierte Gewalt der Konzerne, der Kirche und des Staates.

Eine andere narrative Tendenz, die teilweise aus der homosexuellen Sensibilität der Westküste und teils vom Einfluß des California Institute of the Arts herrührt, war ein Interesse für die Teenager-Ästhetik, beispielsweise bei Larry Johnson, Raymond Pettibon, Jim Shaw und in einzelnen Aspekten auch bei Mike Kelley. Larry Johnsons neuere Werke zu betrachten setzt voraus, sich mehrerer ironischer Ebenen seiner Beschäftigung mit der Trickfilm-Sprache Hollywoods (insbesondere in der Disney-Tradition) und seiner völlig unauthentischen Verwendung von Texten bewußt zu werden (Abb 106). Johnsons Rei-

106 Larry Johnson
Untitled Negative (H),
1991. Ektafarbabzug,
150 x 210 cm.

Wie Warhol ist Johnson nicht an Emotionen interessiert, nicht an dem als bedeutend Angenommenen, sondern an »den Prinzipien, die mit Emotionen einhergehen: das Bekenntnis, die Selbsterklärung, die Erleichterung, die Referenz, die Aussage/Bezeugung, die Dinge, die das, was bedeutungsvoll ist, bezeichnen«.

107 JIM SHAW
Billy's Self-Portrait, Tafel aus der narrativen Arbeit *My Mirage*, 1987 – 1991. Gouache auf Karton, 43 x 35,5 cm.

me, sein Grafikstil und seine Szenarien weisen ausnahmslos auf einen Teenager-Underground voller fantastischer Abenteuer, schnoddriger Witze und gedankenloser Übernahme von Werbesprüchen hin. Johnson arbeitet in diesem Genre mit Sequenzen, und jede neue scheint inkonsequenter zu sein als die vorige. Er propagiert eine Kunst, die man »ebenso schnell rezipieren kann wie das tägliche Horoskop oder einen Schönheitstip«.

Oder nehmen wir Raymond Pettibon, der in seinen seriellen kleinen Tafeln eine Palette von grafischen Effekten aus Comic-Strip-Zeichnungen einsetzt, die nur dazu dienen, allerlei Klischees vom Reisen, von Heldentum, Geheimnis und anderen Standardsituationen aus populären Action strips zu produzieren. Trotz des vertrauten Quellenmaterials und der unübersehbaren Banalität seiner »Stories« sind Pettibons Szenen und Erzählungen tatsächlich ziemlich ungewöhnlich. Seine Zeichnungen sind durchsetzt von tiefsinnigen, halb ausgegorenen Sprüchen, die im Extremfall ans Existentielle oder Metaphysische appellieren, oder von inneren Monologen. Jim Shaw, der Dritte im Bunde, scheint gar in die Banalität der Saturday Evening Post in den 60er Jahren zurückzufallen. In seinem Werk *My Mirage* (1987–1991) finden sich seiner Aussage nach »so viele ästhetische Konzepte der Zeit, wie ich nur reinstopfen konnte«. Einzelbilder, aus denen sich die Arbeit zusammensetzt, zeigen, wie Billy, der Held, zum Christen erzogen wird, jedoch der Versuchung des Weltlichen nicht entgehen kann und vergeblich versucht, seine verlorene Unschuld in psychedelischen Drogen wiederzufinden, von denen er in »Time« gelesen und auf CBS gehört hat (Abb. 107). Schließlich wird Billy aus Ekel vor diesen neuen Formen des Lasters zum wiedergeborenen Christen (in einem weiteren sinnlosen Versuch, seine Unschuld wiederzuerlangen). Im gleichen Werk läßt Shaw ein paar Teenager ziellos über die Antihelden spekulieren, die ihre Freizeit ausfüllen: Donovan, Frank Zappa, Timothy Leary und so weiter. Trotz seiner Akzeptanz von Drogengenuß und anderen leichten Fällen von Kriminalität weiß Shaw (genauso wie er weiß, daß wir es wissen), daß seine Helden damit nur die Rituale eines völlig harmlosen Widerstands gegen das soziale System ausleben, dem sie selbst angehören.

Angesichts der Tatsache, daß die »Jugendkultur« eine der einflußreichsten Erfindungen des Westens seit den 50er Jahren war, ist es ein Wunder, daß ihr wirklicher Sittenkodex (im Gegensatz zu den ihr zugeschriebenen Eigenschaften) sich nicht schon vorher deutlicher niedergeschlagen hat. Zwar scheint sie nach außen von Infantilismus und Boshaftigkeit geprägt, doch sind die ästhetischen Strategien selbst dieser Kunst alles andere als das. Von Billys vertrackten Irrungen und Wirrungen bei Jimmy Shaw und Larry Johnsons überdrehter Nostalgie bis hin zu der Welt schmerzhafter sexueller Entdeckung, wie sie in Larry Clarks Foto-Essay »Teenage Lust« (1975) beschrieben ist, oder der Welt des Cowboy-Junkies in »Tulsa« (1971) oder den grenzüberschreitenden Motorrad- und Club-Gangs aus Richard Princes neuesten Arbeiten etablieren diese Künstler pubertäre Probleme, eine bestimmte Wahrheit angesichts der abgeklärten und moralisierenden Gewißheiten der Erwachsenen, die normalerweise für die Kunst maßgebend sind. Zum einen ist Kitsch (camp) nicht länger unpolitisch, selbst wenn Warhol das behauptet hätte. Zum anderen zeigt der neue Infantilismus noch dringlicher, daß Künstlichkeit der Schlüsselbegriff in sämtlichen gängigen Konstruktionen sozialer und sexueller Identität ist. Zynischer und weltlicher gesinnt als ein Großteil der Pop-Art – seine Protagonisten sind weit über dreißig oder vierzig Jahre alt –, mag man dem Infantilismus durchaus einen reflektierten ironischen Tonfalls zubilligen. Er hat einen bis dahin unerforschten Bereich des »Primitivismus«, der Erotik und Perversion in einem entdeckt. Man könnte sogar sagen, daß sein Interesse für die Jugend als Übergangsphase zwischen Kindheit und Erwachsenenalter letztendlich den Boden bereitet hat für ähnliche Ausflüge in die verborgenen, subversiven Bereiche der mittleren Jahrgänge oder des Alters.

Ein Interesse am Narrativen, das aus einer nicht heterosexuellen und postmodernen Sensibilität herrührt, beschränkt sich natürlich nicht auf bestimmte sexuelle Identitäten, Medien oder Themen. Genau wie die erste Generation schwuler Kunst von Johns, Rauschenberg und Warhol haben sich die Entdeckungen einer neuen und vormals marginalen Sensibilität in einem Prozeß, der von Natur aus unkontrolliert und unberechenbar verläuft, in der westlichen Kultur verbreitet. Eine Betrachtung der persönlichen und gesellschaftlichen (erfundenen oder realen) Stellung stand häufig im Mittelpunkt des Interesses. So hat sich die gerade beschriebene Faszination für »Identität« vom rechteckigen Tafelbild bis zu den ungeordneteren Formationen der Installation etwa bei Mark Dion, Jack Pierson, Laurie Parsons und Karen Kilimnik, aber auch auf breiterem internationalem Feld verlagert.

Die Installation der Deklassierung

Die Idee der Installation stammt aus der Dada-Bewegung und dem Surrealismus, sie taucht in der Fluxus-Bewegung auf, ebenso in der Konzeptkunst und anderen avantgardistischen Bewegungen, beispielsweise in der deutschen Plastik der 80er Jahre. Es geht den Künstlern darum, die Aufmerksamkeit von einzelnen Objekten weg auf komplexe Beziehungen zu lenken, die sich innerhalb des Ausstellungsraumes abspielen. Dieser Raum gilt jetzt mehr denn je als Kontext denn als neutraler Hintergrund für die Arbeit.

108 Laurie Parsons
Stuff, 1988. Äste, Steine, Abfall etc., 40,6 cm x 365 m. Nicht mehr vorhanden.

Stuff ist ein Projekt, das niemals fertig wurde und gleichzeitig ein Dokument ist. Parsons sagt, daß es »bloß das Foto von dem vor der Tür verteilten Material gab(...) Ich sammelte die gesamte Szenerie zusammen, aber dann wurde sie versehentlich von dem Platz entfernt, wo ich sie bewahrt hatte.« Sie fügt hinzu: »Früher oder später hätte ich es sowieso getan. Da bin ich ziemlich sicher.«

Die narrative Darstellung gesellschaftlicher und persönlicher Identität bedient sich der Form der Installation, weil ein Raum komplexere Strukturen herstellen kann als Einzelobjekte. Die Beschäftigung mit Teenagerträumen führt unweigerlich zu einer Faszination für schmuddelige und verschlissene Objekte. Was diese Kunst bewirkt, wird beispielhaft deutlich an Laurie Parsons Assemblagen aus gefundenen oder aus dem Müll gezogenen Materialien. Parsons schaffte es, Probleme der Heranwachsenden ins Dreidimensionale umzusetzen. Parsons fotografierte zufällige Anordnungen von Abfall oder bereits bekannten Szenarien, etwa ihr eigenes Schlafzimmer, als »Gedanken, Beute, was auch immer« und deponierte die entstandenen Dias bei ihrem Galeristen, ohne sie unbedingt als Kunstwerke zu betrachten (Abb. 108). 1988 stellte sie in New York – im Hinterzimmer, nicht im eigentlichen Galerieraum – ihren eigenen Schreibtisch aus, der bedeckt war vom üblichen Papierwust. Der Kritiker Jack Bankowsky hat darauf hingewiesen, daß solche Setzungen mehr oder weniger die Welt von Richard Linklaters 1991 entstandenem Film »Slacker« widerspiegelten, die Welt der »Trostlosigkeit einer mittelamerikanischen Universitätsstadt während der Semesterferien«. Slackers planlos in den Tag hineinlebende Studenten, die sich ziellos eigene Kultwelten schaffen, »basteln sich eigene, improvisiert gebaute Altäre und huldigen einer Privatreligion (...) sie kochen ihr anarchistisches Süppchen (...) doch ohne sich je die Finger dran zu verbrennen«. In ähnlichem Sinne führte Jack Piersons Installation mit dem Titel *One Man's Opinion of Moonlight* 1991 das Publikum in eine nachgestellte Bohème-Bude inklusive einer Schreibtischschublade voll üblichem Plunder, wie es sich für eine alte Schreibtischschublade gehört – Streichholzschachteln, vergilbte Fotos, eine leere Batterie und ein paar Bleistifte. Pierson kannte sich aus eigener Erfahrung mit dem Bildersystem eines Bohèmiens, Trinkers oder gescheiterten Studenten aus, während Laurie Parsons einen künstlich naiven, »wahrhaftigen« Lebensstil kultiviert, den sie an sich als Kunst betrachtet. Wenn sie erklärt, daß sie Kunst außerhalb der Galerie produzieren, die Institutionen der Kunst umgehen und die Wiederbegegnung mit dem Wirklichen will – alles Grundprinzipien der 60er Jahre, wenn nicht noch früherer Zeiten –, schafft sie erstaunliche Möglichkeiten, ihre Praxis an den Kunstinstitutionen vorbei und dennoch innerhalb des Betriebssystems zu verkaufen.

Ein ähnlicher Geschmack für das Halbfertige in der Welt der Jugendlichen läßt sich in den neuesten Installationen von Karen Kilimnik ausmachen. Ihre »Slack-Art« erscheint in Form spezifischer Rekonstruktionen von möglichen Ereignissen, die (vermutlich) nie passiert sind. Man betritt einen chaotisch wirkenden Raum, in dem offensichtlich entweder gerade etwas passiert ist oder gleich passieren wird. Objekte und Oberflächen sind verdreckt und von allem möglichen Schund bedeckt (Abb. 109). Solche Installationen lassen sich autobiographisch verstehen: »Ich bin eine schreckliche Schlampe«, sagt Karen Kilimnik, »bei mir scheint grundsätzlich alles auf dem Boden rumzufliegen, als wäre ich bloß zu faul, es aufzuheben, was immer es ist.« Die Arbeit der Künstlerin läßt sich aber auch als Reaktion auf Glamourstars und ihren luxuriösen Lebensstil verstehen – in diesem Fall Madonna –, vom Blickwinkel einer Person aus, die die Show gerade verpaßt hat. Karen Kilimniks

109 Karen Kilimnik
Madonna and Backdraft in Nice, 1991. Nebelmaschine, schwarzer Samt, Angelschnur, Taschenlampe, Feuerwehrhelm, zwei Hüte, Zellophan, Fotografien, elektrischer Ventilator und Audiocassette. Maß variabel. Installation in der Villa Arson, Nizza.

Installationen so zu beschreiben bedeutet, daß man sich als Zuschauer in ihrem statischen Theater definiert. Es heißt, die Objekte und das übrige Ambiente so zu akzeptieren, wie sie sind, hinsichtlich der Geschichte, auf die sie anspielen oder des aus dem Leben gegriffenen Szenarios, das sie nachstellen. Es heißt anzuerkennen, daß das Theatralische – la bête noire der formalistischen Modernisten in den 60er Jahren – sich zu einem Punkt entwickelt hat, an dem das Narrative ausdrücklich als Illusion konstruiert ist, mit der ikonographischen Bandbreite, die ein statisches Tableau eben zuläßt.

110 CADY NOLAND
The Big Shift, 1989. Mischtechnik mit Stange, Gitter, Ringen, Flaggen, Insektenspray, Bungee-Seil, Handschellen, 160 x 420 x 15 cm. Sammlung Jeffrey Deitch.

In solchen Arbeiten bezieht Noland zwanglos auch einfache Dinge wie Handschellen und Flaggen mit ein. Sie zeigen eine täuschende Zwanglosigkeit, die das suggeriert, was ein Kritiker der »New York Times« die »Schwierigkeiten und emotionalen Schwächen im Herzen Amerikas, speziell der südlichen Hälfte«, nannte.

Slack-Art richtet sich im allgemeinen gegen jegliche Idealisierung. Angesichts ihrer Beschäftigung mit dem Unfertigen und Second-hand-Material ist sie auch als Reorganisation der Mechanismen von Erwartungen des Betrachters denkbar. Denn Slack-Art funktioniert auf der Basis einer Doppelstrategie von Faszination und Enttäuschung: Faszination bei der Aussicht, die verworfenen Projekte oder das persönliche Gerümpel (die intimste Hinterlassenschaft überhaupt) eines anderen voyeurhaft zu betrachten, zugleich aber die Enttäuschung bei der Erkenntnis in Kauf zu nehmen, daß alles ein künstlerisches Spektakel ist.

Ein Großteil der Slack-Art läßt sich als Ablehnung von Koons', Bickertons oder Steinbachs Appropriationsästhetik verstehen, die eine Meditation über das kommerziell und verlockend Neue in Gang gesetzt hat. Diese Beschreibung gilt auch für die bedrohlichen Tableaus der Amerikanerin Cady Noland. Wenn sie Requisiten von Sportveranstaltungen und polizeilichen Ermittlungen oder nationale Embleme wie die amerikanische Flagge neu arrangiert, evoziert sie damit eine personifizierte Gewalt, die auf gewisse Art charakteristisch für die Staaten des amerikanischen Mittelwestens oder Südens ist (Abb. 110). Doch die Besonderheit ihrer Arbeiten liegt darin, daß sie Synonyme für die harte Ausrüstung des Sich-zur-Wehr-Setzens – Aluminium, verzinkten Stahl und Eisenblech – mit einer erstaunlichen Sicherheit, die durch das für die Kunst ungebräuchliche Material noch gewinnt, unerwartet in (und gegen) das räumliche System der Galerie einbringt.

In einer Hinsicht läßt sich eine solche Ästhetik der Enttäuschung auf Robert Smithsons Texte in »Artforum« in den 60er Jahren zurückführen. In einem Essay mit dem Titel »Entropy and the New Monuments« äußerte Smithson als erster Bewunderung für »versprengte und auseinandergerissene« Gelände, die weit vom sauber gepflegten Kern des Stadtzentrums entfernt liegen. »Unweit der großen Highways finden sich riesige Discountcenter und Billigmärkte mit sterilen Fassaden (...) die trostlose Komplexität ihres Interieurs hat der Kunst ein neues Bewußtsein von Leere und Langeweile vermittelt.« Ein solches Bewußtsein fand nach Smithsons Meinung erfolgreichen Ausdruck in den »ungeheuer inaktiven« zeitgenössischen Werken von Robert Morris und Sol LeWitt, doch hallt es ebenso in der neuen Kunst der Slacker wider.

Bei beiden wird die Situation des Betrachters häufig in einer Form problematisiert, die wenig mit dem scheinbaren Gehalt des Werkes zu tun hat. In Mike Kelleys Installationen zum Beispiel weiß man manchmal nicht, ob »die Leere und das Langweilige« überhaupt interessant sind – und genau das ist ihre Absicht.

Kelley gehört auch zu einer Generation von Künstlern mittleren Alters, die eine jugendliche Sensibilität mobilisieren, um sich über Mittelstandsrituale wie Religion, Familie und offizielle Geschichtsschreibung als Symptome erwachsener Rationalität lustig zu machen. Eine Arbeit aus dem Jahre 1988 mit dem Titel *Pay For Your Pleasure* besteht aus groß skizzierten Transparenten mit 42 Schriftstellern, Künstlern und Philosophen (darunter Baudelaire, Degas, Goethe und Sartre) sowie Zitaten, die darauf anspielen, daß Genialität außerhalb jeglicher Ordnung stehe. Um die Verbindung zwischen Kreativität und Kriminalität zu verdeutlichen, hat Kelley diese Transparente dann bei den diversen Installationen in einem Gang aufgehängt, an dessen Ende die Amateuraufnahme eines lokalen Verbrechers hing, der sich zum Künstler gemausert hatte. In Chicago war es das Selbstporträt des Kindermassenmörders John Wayne Gacey aus Illinois als »Pogo der Clown«, in Los Angeles der Freeway-Killer William Bonin, und für Berlins »Metropolis« -Ausstellung wählte er den Mörder Wolfgang Zocha. Eine Sammelbüchse am Eingang forderte zu Spenden für Solidaritätsgruppen auf, die zugunsten der Opfer um Geld baten. Eine andere neue Strategie Kelleys besteht darin, schmutziges Kinderspielzeug aus dem Laufstall in diversen Arrangements auszustellen: in eine Art Wandteppich eingearbeitet, in Szenen nachgestellter Gewalt

111 Mike Kelley
Craft Morphology, Flow Chart, 1991. 13 Tischgruppen mit 113 »soft toys« und Schwarzweißfotografien. Installation im Carnegie Museum of Art, Pittsburgh, 1991/92.

oder spielerischer Ambivalenz eingebaut oder einfach auf dem Tisch liegend (Abb. 107). »Ich versuche, Alter und Verschleiß des Prototyps zu zeigen, statt ihn zu romantisieren«, erklärt Kelley. »Nichts ist verabscheuenswerter als romantische, nostalgische Kunst (...). Meine Arbeit steht zwischen nostalgischen Assemblage-Künstlern auf der einen Seite und der klassischen Gebrauchskunst auf der anderen. Es geht nicht um Idealisierung.« Man kann Kelleys unterschiedliche Szenerien durchaus so lesen, wie sie scheinbar gemeint sind: Kinderspielzeug als Beschwörung von Kindheitserinnerungen, Laken als Erinnerung an die Enge des Laufstalls. Doch wird seine Arbeit zunehmend als Allegorie von Projektionen eines Erwachsenen verstanden, die sich in Spielzeugherstellung und -gebrauch manifestieren. Kelley zeigt, daß die Puppe als perfektes Abbild des Kindes gefürchtet und abgelehnt (also unterdrückt) wird, sobald sie schmutzig ist. In diesem Zustand zeugt sie von Vernachlässigung und Mißhandlung und wird sogar wegen ihrer unerwünschten Präsenz dämonisiert. Der Mythos von der unschuldigen Kindheit liegt am Ursprung der modernen Zivilisation, sagt Kelley. »Die Puppe symbolisiert den Menschen als Ware mehr als alles andere. Deshalb ist sie auch das aussagekräftigste Objekt im Hinblick auf Abnutzung und Verschleiß.«

Kelleys Verstöße können auf einer anderen Ebene als Angriffe auf den Geschmack und die Prinzipien der Avantgarde selbst verstanden werden: Duchamps Ready-made wird mit einem bewußten Mangel an Zartgefühl behandelt. Bezeichnenderweise wettert Kelley gegen die Arroganz der klassischen Moderne, insbesondere gegen ihre unlösbare Dichotomie zwischen Abstraktion (Mondrian) und Expression (Matisse), die Kelley transzendiert, indem er sich billiger Comic-Kunst, Spielzeug und diversen Paradigmen des Weiblichen zuwendet. Minimal-Art – eine seiner Hauptzielscheiben – definiert er als »reduzierte, im wesentlichen heroische Primärformen, (die) sich prima für die Rolle einer Autoritätsfigur eignen. Daher ist es nur recht und billig, wenn wir sie diffamieren.« Minimal-Art »needs to be pissed on« – so sein abschließendes Urteil.

Die Installation spielt auch in der zeitgenössischen osteuropäischen Kunst eine wichtige Rolle. Ilya Kabakov war in den 70er Jahren der führende Moskauer Konzeptkünstler und machte sich damals einen Namen mit »Alben« über den Lebenslauf von Figuren, deren persönliche Identität in auffälligem Kontrast zu dem stand, was die Gesellschaft ihnen zugedacht hatte. Im übrigen war Kabakov Mitbegründer von »Kollektive Aktionen«, die ab Mitte der 70er Jahre für minimalistische Performances an abgelegenen Schauplätzen sorgten – als Reaktion auf das abgestorbene Leben der Szene in den Städten.

Kabakovs erste Reise außerhalb der Sowjetunion führte ihn 71981 in die Tschechoslowakei. Im gleichen Jahr erschien sein gefeierter Aufsatz »Über die Leere«, und er begann seine »Zehn-Charakter«-Serie, die er bis zum Ende des Jahrzehnts fortsetzte. Dann folgte eine Reihe von Installationen, darunter

112 Ilya Kabakov
He Lost His Mind, Undressed, Ran Away Naked, 1990.

Der Mann, der aus seinem Appartement in den Weltraum flog (1988). Sie rekonstruierte die häuslichen Hinterlassenschaften eines Mannes, der eine Identitätskrise erlebt und sich durchs Dach seiner vollgestopften Wohnung in den Weltraum katapultiert. Solche Arbeiten haben mit der westlichen Slack-Art das authentische Detail der menschlichen Spur gemeinsam, aus der jegliche menschliche Präsenz verschwunden ist, was zu einer nostalgischen Träumerei über Verlust und Flüchtigkeit führt. Kabakov hat sich über die Möglichkeiten des Installa-

113 Aimee Morgana
Ecstasy-Serie, 1986/87. Installation in der Postmasters Gallery, New York.

Der Betrachter schaute in einen Kasten mit dem Titel *Perversity*, der parfümierte Seidenblumen, Amethyste und blauviolette Exotica enthielt. Dazu ertönte über Kopfhörer ein Song von David Bowie. Morganas Kästen, die an Huysmans Roman »Gegen den Strich« und Duchamps *Optische Präzision* erinnern, nutzen die Selbsterkenntnis des Betrachters als Voyeur aus und bieten eine Palette reichhaltiger sinnlicher Effekte.

tionsgenres geäußert: »Von ihrem Wesen her kann sie – auf gleicher Stufe, also ohne irgendwelche Überlegenheiten festzustellen – alles mit allem verbinden, vor allem Phänomene und Konzepte, die außergewöhnlich weit voneinander entfernt sind. Hier lassen sich Politik und Küche, Gegenstände des alltäglichen Gebrauchs und wissenschaftliche Objekte, Abfall mit sentimentalen Ergüssen vereinen.« In einer mehrteiligen Arbeit, die er im Jahre 1990 fertigstellte, konstruierte Kabakov eine ausführliche Geschichte aus Requisiten und Instrumenten der Kunst. Der Betrachter betrat einen überfüllten, labyrinthähnlichen Raum voller großformatiger Gemälde eines »glücklichen« kommunistischen Lebens, etwa einer Baustelle oder eines Lagers für Pioniere. Sie wurden »in schrecklicher Unordnung in zwei Reihen übereinander« gehängt, erklärt Kabakov (Abb. 112). »Über einigen hängen aus nicht ersichtlichen Gründen Kleider – Unterwäsche, Socken, Hemden. Die Gemälde sind teils realistisch, andere zeigen alle möglichen Pläne und Listen.« Auf einem Tisch in der Nähe liegen Papiere, die erzählen, wie der Bewohner eines vollgestopften Appartements »besessen ist von der Vorstellung, daß er seinen Verpflichtungen, bestimmte Dinge zu einer bestimmten Zeit zu tun und Termine einzuhalten, nicht erfüllen kann. Er wird allmählich verrückt und hängt all seine Kleider über diese Listen und Vorschriften, sogar die Unterwäsche. Er hängt alles auf, was er besitzt, und

dann läuft er nackt aus seiner ›Roten Ecke‹ davon.« Nach Kabakov besteht die Technik der Installation darin, »dafür zu sorgen, daß der Betrachter keinen Moment sicher sein kann, ob er einem Bild oder einem Objekt gegenübersteht (...). In meinem Fall verläuft das Spiel so, daß der Betrachter nicht herauskriegen kann, ob er es mit einem ethnographischen oder semiotischen System zu tun hat (...). Eine Installation ist eine Möglichkeit, Kritik zu üben, ständige, fortwährende Kritik!«

Narration und der »Körper«

Narrative Strukturen, die dem Installationsgenre eigen sind, haben sich auch in anderer Hinsicht als wirkungsvoll erwiesen. Sowohl für Kabakov wie für Kelley erscheint eine schon manisch zu nennende Überlagerung des Materials als Teil einer generellen Auflehnung gegen die Strenge der Minimal-Art charakteristisch. Auf einer Ebene begründet diese Haltung einen Protest gegen eine von männlichen Künstlern und Kritikern in reduzierte geometrische Formen gepreßte Autorität und Logik. Auf einer anderen Ebene bildet sie darüber hinaus den Versuch, die kalten Formeln des Minimalismus in Träger »menschlicher« Inhalte zu verwandeln, insbesondere die Merkmale des Körpers, seine soziale Geschichte und seine biologisch bedingten Schmerzen.

So installierte Aimee Morgana (geborene Rankin) in ihrer *Ecstasy*-Serie (Abb. 113) eine an Judd erinnernde Reihe von Wandkästen mit Gucklöchern, die erotische Szenen zum Thema Perversion, Besitz, Traurigkeit, Sex, Angst, Erstickung, Anziehung, Glück und Wut offenbaren. Aus Protest gegen die männliche »Theorie«, gleichzeitig aber auch auf der Suche nach einer auf diese Theorie bezogenen Position erklärte Aimee Morgana jüngst, daß das logische System, das unseren Denkprozeß formt, Zeichen von Abnutzung und Verschleiß zeigt. »Manchmal macht mich logisches Denken auf nette Art an, und ich gönne mir das Vergnügen«, fuhr sie fort. »Aber manchmal benutze ich es auch, um es zurückzuficken logisches Denken als eine Art Schwanzprothese, die man sich umschnallt.« Die Metapher nur leicht variierend, spricht sie auch von ihrer Vorliebe »für eine hemmungslose Orgie geistiger Gymnastik, die zu einem flüssigen Austausch von Bedeutung führt (...) für das Prickeln, das beim Reiben der Ideen aneinander entsteht, wenn man sieht, welche Funken entstehen«.

114 John Miller
Ohne Titel, 1988. Styropor, Holz, Papiermasse, Modellierpaste, Acryl, 86 x 121 x 106 cm.

Wenn Aimee Morgana von der »revolutionären Macht weiblichen Lachens« spricht, beginnt man, die Beweggründe zu verstehen, die ihren und anderen Modifikationen des männlich minimalistischen Würfels zugrunde liegen. Debby Davis hat Würfelformen geschaffen, die alles andere als rein sind, nämlich Abgüsse von Formen komprimierter Tierkadaver. Liz Larner hat in Ausweitung des ursprünglich »weiblichen« Minimalismus Jackie Winsors (Abb. 12) Würfel- und Rechteckformen für Behälter mit Giftfläschchen verwendet oder als Blei-und Stahlkisten, bedeckt mit ätzenden Chemikalien, wie sie bei der Herstellung von Bomben benutzt werden. Die Kunsthistorikerin Anna Chave hat kürzlich über männlichen Minimalismus geschrieben, er verkörpere eine Rhetorik der Macht, die ihn in seinen weniger gelungenen Manifestationen mit der Psychologie des Faschismus auf eine Ebene stelle. Eine solche Haltung weist die Dogmen linker Kritik ebenso zurück wie modernistische Theorien und fordert die Wiedereinführung der Ikonographie, des sozialen Ich und des Körpers in die Tradition innovativer Bildhauerei und Malerei.

Mit dem Konzept des »abject body« stand eine ebenso auf Narration ausgerichtete Tendenz auf der Tagesordnung. Auf theoretischer Ebene formuliert durch die englischsprachige Veröffentlichung (1982) von Julia Kristevas Arbeit »Le pouvoir de l'horreur: Essai sur l'abjection« (Mächte des Grauens: Ein Versuch über den Abscheu) und Georges Batailles »Visions of Excess: Selected Writings 1927 – 1939« (1985), konnotiert dieser Begriff alles, was vergiftet oder besudelt, was überflüssig, abgesondert oder minderwertig ist, alles, was psychische Traumata auslöst oder die Stabilität des »body-image« bedroht. Mike Kelley beispielsweise spricht von der herrschenden »intensiven Angst vor dem Tod und allem, was den Körper als Maschine zeigt, die Abfälle produziert oder sich abnutzt«. John Millers koprophile Skulpturen unternehmen den Versuch, Widersprüche zwischen der Hygiene der Galerie und den

115 SUE WILLIAMS
Your Bland Essence, 1992. Acryl und Lack auf Leinwand, 150 x 170 cm. Regen Projects, Los Angeles.

Zeugnissen für den »extremen« Körper aufzudecken, wie sie selten zu sehen war seit den selbstverstümmelnden Performances von Hermann Nitsch, Stuart Brisley oder Gina Pane in den 60er bzw. Anfang der 70er Jahre oder den noch früheren koprophilen Installationen von Sam Goodman und Boris Lurie aus der amerikanischen »No! group« zwischen 1959 und 1964 (Abb. 114).

Die Präsenz von Körperflüssigkeiten – Kot und Erbrochenes – in den jüngsten Arbeiten der Künstlerin Kiki Smith hat durch ihr narratives oder ikonographisches Vokabular die Aufmerksamkeit auf die Hierarchie des »zivilisierten« Körpers gelenkt, der Ratio und Funktion feiert, Instinkt und Emotion unterdrückt. Smith weist darauf hin, daß uns unsere Körper ständig »gestohlen werden (...) wir leiden an einer Spaltung, wenn wir sagen, der Intellekt ist wichtiger als das Physische: Wir hassen das Physische«. Sie spricht davon, sich »das Vehikel des Hierseins wiederzuerobern«, »Geist, Seele, Körper und Intellekt auf heilende Weise zu verbinden, selbst wenn das bedeuten sollte, daß man sich mit Dingen beschäftigen muß, die der Körper nicht leicht faßt«. Smith unterstreicht, daß »die Erfahrungen von Frauen viel mehr auf den Körper konzentriert sind«, wobei sie Erfahrung als entscheidend sieht. »Es geht um ständige Veränderung, um einen Fluß, der sich nicht verliert. Der Mensch ist ein flexibles Wesen, keine schwerfällige Definition.«

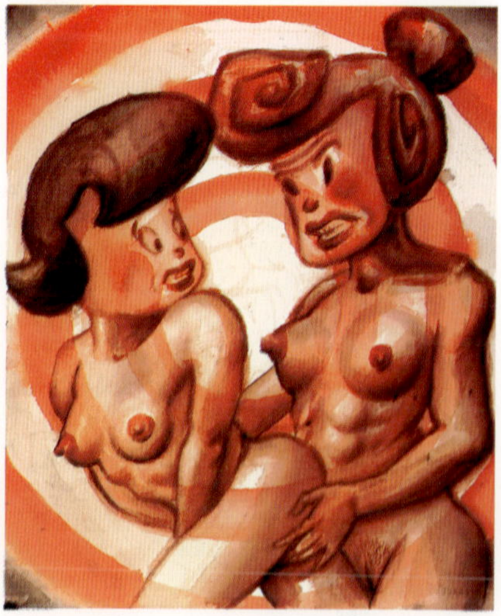

116 NICOLE EISENMAN
Betsy Gets It, 1992.
Tusche auf Papier,
35,5 x 27,9 cm.

Eisenmans Satiren über sexuelle Stereotypen sind wie ihre großen Wandgemälde unbeständig. Es sind Bilder, die schnell ausgeführt werden, die oft kurz vor Beginn der Ausstellung »aufgeführt« werden.

Ähnlich haben sich Frauen gegen die ihrer Meinung nach überintellektuelle Art der Konzeptkunst aufgelehnt. Sue Williams' Stil erinnert an jene Bilder und Sprüche, die Leute aus Frust an die Wände öffentlicher Toiletten kritzeln. Sie benutzt diesen naiven Stil, um eine Reihe von aktuellen feministischen Problemen zur Sprache zu bringen: die Haltung von Männern Frauen gegenüber, die sie zu lieben behaupten, die Anti-Porno-Debatte, die Zensur von sexuell freizügiger Kunst durch das National Endowment for the Arts (NEA) (Abb. 115). Sue Williams' Kunst ist weder komisch noch ironisch, sondern vertritt die bittere Stimme eines traumatisierten Vergewaltigungsopfers wie den sachlichen Protest, der die öffentliche Arena der Galerie als Plakatfläche benutzt. Der Fall der aus Frankreich stammenden lesbischen Künstlerin Nicole Eisenman ist ähnlich und dennoch anders. Ihre Wandgemälde und kleineren Arbeiten auf Papier sind deutlich gegen die Männer gerichtet und mokieren sich über die von ihnen geschätzte Kunst. Ein großes Wandbild, *The Minotaur Hunt* (1992), zeigt einen Picasso-Minotaurus, der aggressive Sexualität symbolisiert. Er wird lustvoll gejagt, zur Unterwerfung gezwungen und getötet. Eisenmans Zeichnungen beschäftigen sich mit dem verbotenen Akt lesbischer Sexualität (Abb. 116) oder entpuppen sich als gnadenlos böse Satire auf das männliche Geschlecht.

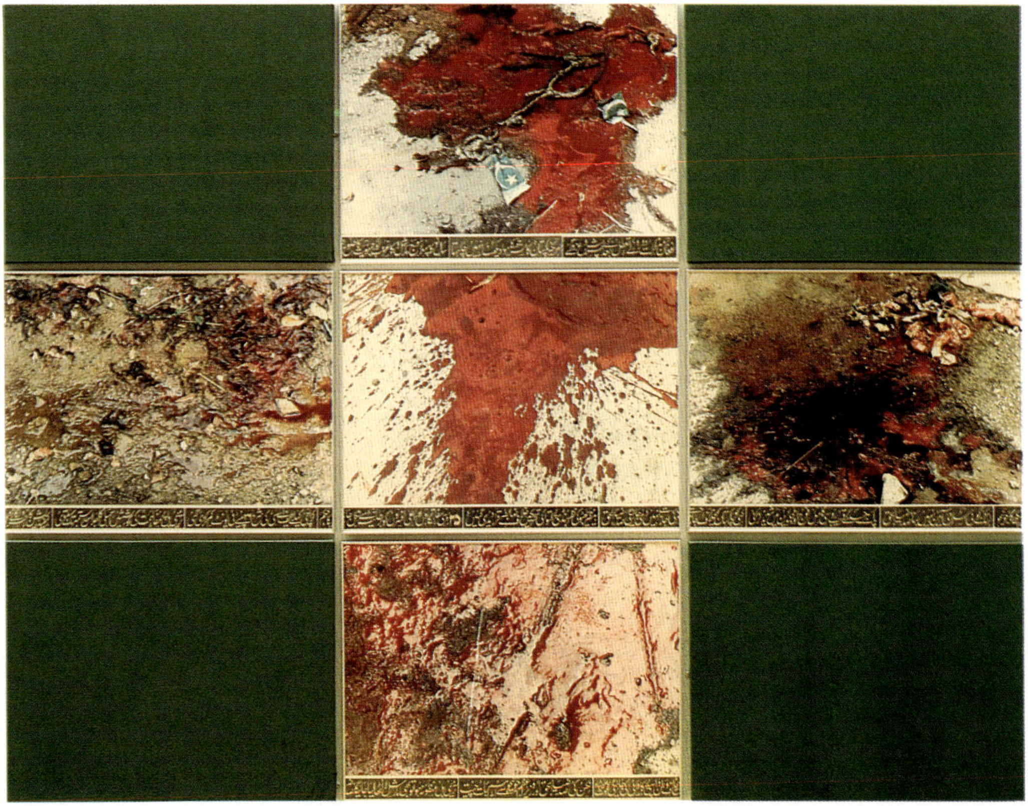

117 RASHEED ARAEEN
Green Painting I, 1984/85.
Mischtechnik, neun Tafeln, insgesamt 170 x 220 cm.
Sammlung des Arts Council of Great Britain.

Rasse, Identität und der westliche Blick

Ein weiterer Vorstoß in gesellschaftlich tabuisierte Bereiche, der außerhalb der westlichen, von Duchamp geprägten Tradition entstanden ist, beschäftigt sich mit dem Thema der Rasse und ihrer geographischen Identität. Daß es keine stilistische Übereinstimmung zwischen den Arbeiten von australischen Ureinwohnern und zeitgenössischen Künstlern aus Indien oder Afrika geben kann, liegt auf der Hand. Sie teilen jedoch die Erfahrung als moderne Künstler am Rande der weißen, urbanisierten, NATO-orientierten Umlaufbahn, die akzeptablen Bedingungen ihrer Anerkennung und Legitimation erkämpft zu haben.

Der in Pakistan geborene Rasheed Araeen hat sich sowohl als Künstler wie auch als Herausgeber des 1987 gegründeten einflußreichen Magazins »Third Text« lange Zeit mit der von ihm beobachteten Marginalisierung in der britischen und westlichen Kunstszene herumgeschlagen und dabei Strategien entworfen, die den Gesichtskreis des Betrachters destabilisieren sollen. In *Green Painting I* (Abb. 117) arrangierte Araeen vier grüne Tafeln (die Farbe der pakistanischen Flagge), um Fotos von einer blutbefleckten Straße (Bilder von einem muslimischen Fest, bei dem Tiere geopfert werden, die sich auch als

Verweise auf die organisierte politische Gewalt lesen lassen). Sie sind mit mehreren Zeitungsschlagzeilen in Urdu über den Hausarrest von Benazir Bhutto und Richard Nixons Besuch in Pakistan dekoriert. Die Arbeit verwendet etablierte Gitterstrukturen der westlichen modernen Abstraktion, plaziert aber ihren herausfordernden Inhalt jenseits der Wiedererkennungsschwelle der meisten westlichen Betrachter. Indem er also auf beiden Seiten mit Signalen des Wiedererkennens wirbt, jedoch falsche Interpretationen liefert, weist Araeen auf die Lippenbekenntnisse und die scheinheilige Vereinnahmung der »anderen«, der sogenannten »dritten« Welt durch den Westen und seine Politik hin. Der kompetente Betrachter einer solchen Arbeit kann sich nicht hinter nur einer simplen Identität verstecken. Aufbau und Bedeutung des Bildes tragen gleichermaßen dazu bei, diese Identität zu überwinden.

Araeen hat in seinen Texten wiederholt darauf hingewiesen, daß das Problem größtenteils nicht bei den Kolonisierten, sondern bei den Kolonialmächten liegt: dem weißen nordeuropäischen und amerikanischen Establishment. Ästhetisch gesehen datiert es aus dem 18. Jahrhundert und trat in der frühen modernen Kunst und in den Arbeiten von Gauguin, Picasso und anderen machtvoll an die Oberfläche. Sie versuchten, Formen des »Primitivismus« als Wege zu einem tieferen, angeblich authentischeren Bewußtsein zu entwickeln. Die Tatsache, daß diese Suche ein Klischee weißer Sehnsüchte ist, ein Versuch, sich selbst zu entkommen – in Fantasien von »Orient«, »Eingeborenen«, »Ursprünglichkeit« und so weiter –, ist mittlerweile zu einer wichtigen Quelle von Spannungen innerhalb der herrschenden Kultur geworden.

Der großangelegte kuratorische Versuch der späten 80er Jahre, eine globale Vision zu etablieren, in der Künstler aller Nationen als zeitgenössisch gefeiert werden sollten, schlug sich in der monumentalen Ausstellung »Magiciens de la Terre« nieder, die Jean-Hubert Martin und Mark Francis 1989 im Pariser Centre Georges Pompidou organisierten. Martins erklärtes Ziel, »Künstler aus aller Welt zu zeigen und das Ghetto der zeitgenössischen westlichen Kunst zu verlassen, wo wir die letzten drei Jahrzehnte eingeschlossen waren«, führte zwar zu einem farbenprächtigen und vielbesprochenen Spektakel, spielte jedoch auch mit der allseits bekannten Gefahr, im Westen geschmiedete Ideen der modernen Kunst zu bemühen, um im eigenen Kulturkreis vermißte exotische Vorstellungen von »Magie« wiederzuentdecken. Mit der Plazierung von Künstlern wie Nuche Kaji Bajracharya aus Nepal, Dossou Amidou aus Benin (Abb. 118), Sunday Jack Akpan aus Nigeria, dem inuitischen Künstler Paulosee Kuniliusee und dem aus Nordaustralien stammenden Jimmy Wululu neben bereits etablierten Künstlern wie John Baldessari, Hans Haacke und Nam June Paik forderte

118 Dossou Amidou
Masque, bemaltes Holz, 47 x 30 x 40 cm.

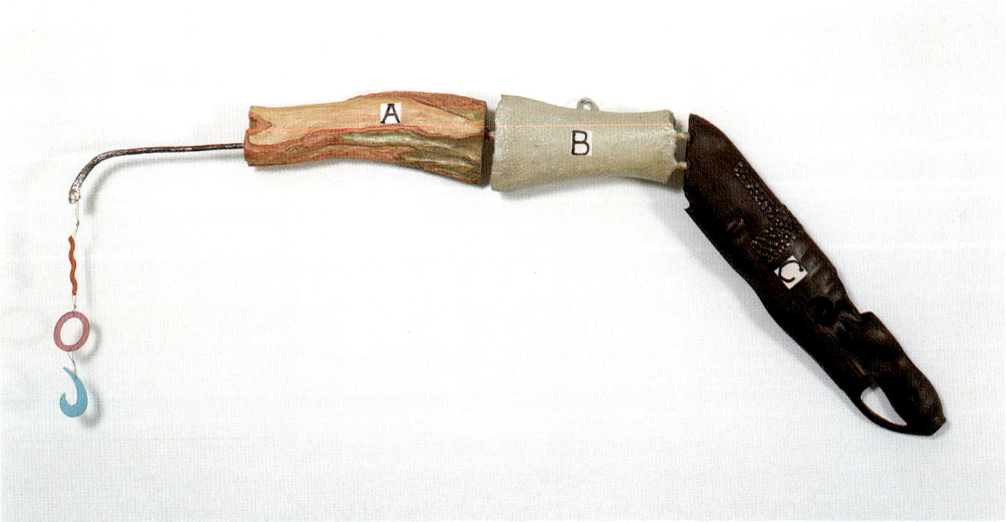

119 Jimmie Durham
Wood, 1990. Acrylfarbe auf Holz und Kunststoff, 46 x 137 x 7 cm. Sammlung Galerie Micheline Szwajcer, Antwerpen.

Durhams lakonische Arbeiten drücken nicht die Identität eines Cherokee aus, sondern die Identität, die den Cherokee von den weißen Siedlern aufgedrängt wurde. »Einer der schrecklichsten Aspekte unserer heutigen Situation ist, daß keiner von uns fühlt, daß wir authentisch sind. Wir fühlen nicht, daß wir wirkliche Indianer sind (...) Meistens fühlen wir uns schuldig und versuchen, der Definition des weißen Mannes zu entsprechen.«

»Magiciens« peinliche Fragen über die Fortsetzung quasi-kolonialistischer Motive in zeitgenössischer Verkleidung heraus. Benjamin Buchloh argumentierte in einem Interview mit Martin, das Projekt riskiere den Vorwurf eines »kulturellen und politischen Imperialismus, wenn es diese abgelegenen Kulturen dazu auffordere, uns ihre kulturellen Erzeugnisse zur Inspektion und zum Konsum vorzulegen«. Sie werde Opfer eines »Kultes angeblicher Authentizität, der ›andere‹ kulturelle Praktiken gerne auf den Bereich reduzieren möchte, den wir ›primitiv‹ und ›anders‹ empfinden«.

Die Cherokee-Künstler Edgar Heap-of-Birds und Jimmie Durham sind vom westlichen System absorbiert worden, allerdings nur aufgrund jener Identitätssymbole, mit denen sie als Künstler zum ersten Mal in Erscheinung traten. In Durhams Fall waren es Schädel, Federn, Holzstücke, Stöcke und harmlose Witze über den Körper (Abb. 119). Durhams Bedeutung liegt jedoch in seiner Fähigkeit, den westlichen Kurator, der sein Gegenüber noch immer instinktiv als eingeborenes »Anderes« kolonisiert, zu durchschauen. »Authentizität ist ein rassistisches Konzept«, erklärt Durham. »Es dient dazu, uns in ›unserer Welt‹ (an unserem Platz) einzusperren – zum Wohle der herrschenden Gesellschaft.« Einer Gesellschaft, die in einem Wertekanon von Selbstdarstellung, Besitz und dem – angeblich – autonomen Individuum gefangen ist. Doch »keine der Namen, die ihr uns gegeben habt, sind Namen, die wir uns selbst geben«.

Versuche, nicht eine rassisch definierte Identität zu retten, sondern eine Möglichkeit, über das die Identitäts-Diskussion prägende Denken zu sprechen, beflügeln an den Rand gedrängte Künstler wie die Cree-Künstlerin Jane Ash Poitras oder die Mohikaner-Künstlerin Shelley Niro. Ihre Arbeiten bilden eine Parallele zu denen von Sherrie Levine und Cindy

120 SHELLEY NIRO
The Rebel, 1987. Handkolorierte Schwarzweißfotografie, 16,5 x 24 cm. Sammlung der Künstlerin.

Sherman. Nicht nur formal und strategisch ähneln sie sich, weil sie das Foto als Dokument benutzen, um sich gegen die Erwartungen einer männlichen Kultur zu wehren, sondern auch, um festgefahrene Vorstellungen aufzubrechen, mit denen Weiße jene betrachten, deren Traditionen sie durch ihre eigenen ersetzt haben. In *The Rebel* fotografierte Shelley Niro ihre Mutter, wie sie sich wollüstig auf dem schlammbespritzten Kofferraum des Familienwagens räkelt (Abb. 120) – eine Parodie des aus der Werbung bekannten Klischees vom Modell auf der Motorhaube. So bildet Shelley Niros kleiner handkolorierter Abzug den Beginn einer Auflehnung gegenüber den von der herrschenden Kultur gefeierten Ideen von Schönheit, Besitz und Status. Solche Werke reihen sich mühelos in den Diskurs der westlichen Kunst ein, weil sie ihre Sprache und Codes – selbst die avantgardistischen – übernehmen, um subversive Ziele zu erreichen. Hier nutzt das Marginale seine Marginalität, um das Zentrum zu okkupieren und damit neu zu definieren.

Natürlich stößt der Versuch, Themen aus der Peripherie – etwa Sexualität, Rassenproblematik und Psychologie – ins Zentrum einer Kultur rücken zu wollen, meist auf heftige Gegenwehr. Besonders in Fragen der Religion und der Moral sowie in Ländern mit extremen Kontrasten in der gesellschaftlichen Zusammensetzung (wie den Vereinigten Staaten) waren und werden die Folgen dieser Entwicklung weiterhin unberechenbar bleiben.

Kapitel 6: Ausblick

Das vorliegende Buch beschäftigt sich mit der prekären Kontinuität der Tradition von Minimal- und Konzept-Art sowie mit den sie bekämpfenden Tendenzen seit den 70er Jahren. Der stärkste Konflikt entspann sich in mancherlei Hinsicht zwischen der konzeptualistischen Position und den Werken, die einem referentiellen oder narrativen Ansatz folgten und reich an expliziter Bedeutung waren: Arbeiten, die unmittelbar zu Fragen der Geschlechtsidentität, der Rasse und Identität Stellung nehmen wollten. Diese Werke, die den lesbaren Inhalt über Form und Strategie stellten, entwickelten sich in der Dekade bis 1995 zur vorherrschenden Kategorie anspruchsvoller Kunst. Obwohl eine solche Aufspaltung selten endgültig ist, wurde die narrative Kunst, die von Installationen über schwule und lesbische Kunst zu Slack-Art und ethnischer Kunst reichte, eben gerade von Ansätzen und Ressourcen angezogen, die aus dem Pantheon der hegemonialen, männlichen, sie fördernden Kritik ausgeschlossen worden waren.

Konzeptualisten werden argumentieren, daß eine Kunst der Ikonographie und Signifikation zur Komplizenschaft mit dem Museums- und Galeriesystem tendiert. Narrative Kunst werde sich aufgrund ihrer Indifferenz gegenüber Form- und Strategiefragen als unfähig erweisen, die kritische Initiative fortzusetzen, die im 19. Jahrhundert als eine »Kunst des modernen Lebens« – das war ursprünglich der Impressionismus – erfunden wurde. Ihre Absicht war es, eine offen zugängliche Bedeutung zu verweigern und den Unterschied, der zwischen formaler Ambition und den kulturellen Erwartungen der sie unterstützenden Klasse besteht, festzuhalten. Eine echte Avantgarde, so wird man

121 Dan Flavin
Untitled (to Tracy, to celebrate the love of a lifetime)
1992. Neonlicht/Neonröhren, variable Dimensionen. Installiert am Solomon R. Guggenheim Museum, New York.

argumentieren, braucht ein gewisses Maß an Unpopularität, um ihre philosophische und ökonomische Unabhängigkeit von der Kultur aufrechtzuerhalten, von der sie umgekehrt ihre formalen Effekte entlehnt. Selbst in der besten narrativen Kunst scheint diese Unabhängigkeit recht weit ausgelegt zu werden.

Im Gegensatz dazu tendierte die vollendetere, in der Tradition des Konzeptualismus stehende Kunst zum theoretisch Schwierigen, zum übertrieben Ambitiösen und teilweise zum Obskuren. Ihr Publikum blieb klein, und Fürsprecher gab es nur wenige. Trotzdem war sie von entscheidenden Ansprüchen begleitet. Annette Michelson schrieb 1969 über Robert Morris, daß sich der Bildhauer mit einer einzigartigen Entschlossenheit philosophischen Fragen gestellt habe, die, in einer nicht spekulativ ausgerichteten Kultur, ihren Künstlern in letzter Konsequenz zufallen. Thomas Crow hat kürzlich behauptet, daß diese Äußerung »eine der akkuratesten Rechtfertigungen der anspruchsvollen Forderungen ist, die die wichtigste Minimal- und Konzept-Art ihrem Publikum auferlegt. Man könnte dies noch erweitern und sagen, daß in einer Kultur, in der die Philosophie sich weitgehend auf den Austausch zwischen akademischen Gelehrten zurückgezogen hat, die künstlerische Praxis in der Tradition von Duchamp antrat, um ein Forum beizusteuern, wo anspruchsvolle philosophische Themen vor einer im wesentlichen aus Laien bestehenden Öffentlichkeit dargelegt werden konnten«.

Natürlich müssen solche Ansprüche als nach innen gewandte Anwendung und nicht als außerhalb des endlos revidierten und umkämpften modernistischen Kontinuums verstanden werden. Sogar die konservativste Form der modernistischen Doktrin, der Greenbergsche oder Friedsche Formalismus, hatte die breitere kulturelle Evolution als einen Prozeß kontinuierlicher Selbstreinigung der diversen spezialisierten Medien der Kunst identifiziert. Und die Herausforderung der orthodoxen Moderne, die von der Minimal- und Konzept-Art vorbereitet wurde, gipfelte in der umgekehrten Forderung, daß bildende Kunst immer allein als bildende Kunst praktiziert werden solle. Eine universelle Bildsprache blieb in diesen Bewegungen weitgehend verbannt zugunsten von Devisen und Techniken, die vom Bild an sich handelten: Negation, Verschiebung, Unterbrechung, Nihilismus und Inkompetenz. Insgesamt steuern solche Ansätze eine Art Antwort auf das Rätsel bei, wie modernistische Kunst ein revolutionäres Engagement in einer historischen Periode beibehalten kann, die wenig Raum für Revolutionen hatte, ganz zu schweigen von den abweichlerischen Subkulturen, die dazu notwendig sind.

Die Schwierigkeit ist – das hat die narrative Richtung der aktuellen Kunst gezeigt –, daß die formalen Gesten des Konzeptualismus selbst zunehmend unter emblematischen und ikonographischen Gesichtspunkten gesehen werden. So plazierte Dan Flavin, obwohl er zur Generation der nichtmalenden Ikonoklasten der späten 60er Jahre gehörte, vor kurzem seine eigene hochaufragende, pinkfarbene Neonstruktur im Zentrum des Guggenheim-Museums. Es war eine Geste, die sofort als ein fleischfarbenes phallisches Totem wahrgenommen wurde, eine Zelebrierung schwulen sexuellen Stolzes im Kern der zeitgenössischen Kultur (Abb. 121).

Diese Interpretation fängt das neueste Dilemma der zeitgenössischen Kunst in seiner allgemeinsten Erscheinungsform ein: auf der einen Seite das Verlangen, sich Bilder und Werte zu eigen zu machen, die zum breiten Publikum in einer sinnlich reichen, formal meisterlichen Art und Weise sprechen; auf der anderen das Bedürfnis, die konzeptualistische Manier immer noch weiter zu intensivieren, indem man sich bislang noch nicht formulierten Techniken der Vermeidung, der Mystifikation und der Verschiebung von normativen Erwartungen der Kultur zuwendet. Die Duchampsche Tradition ist vielleicht erschöpft. Sie mag Brüche und Löcher haben (Abb. 122). Dennoch repräsentiert sie wohl den lebendigsten Motor des avantgardistischen Modernismus, den wir haben, der darüber hinaus stets sicherstellen wird, daß die beste fortschrittliche Kunst niemals mühelos oder leicht zu »verstehen« sein wird.

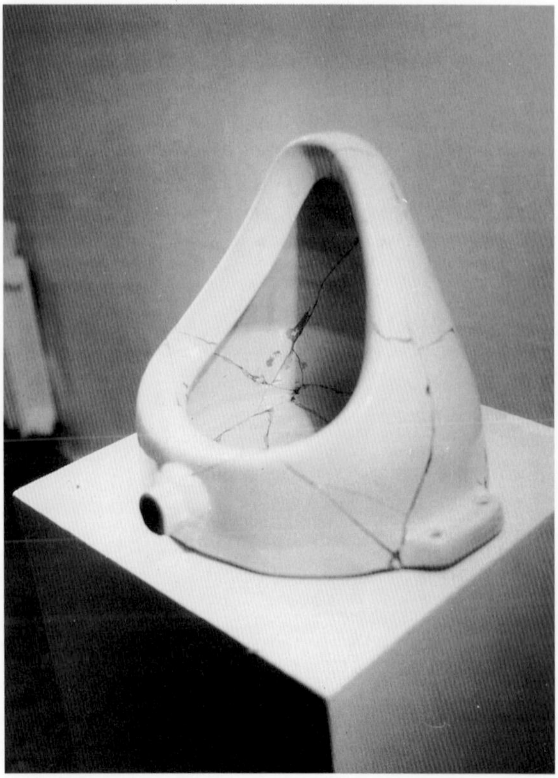

122 Avdei Ter Oganyan
Some Questions of Contemporary Art Restoration, 1993.

In diesem Epitaph für die Konzeptkunst hat der Künstler ein dem berühmten »Pissoirbecken« Marcel Duchamps von 1917 ähnlichen Gegenstand zerschlagen und wieder zusammengeklebt. Wie andere Projekte der zeitgenössischen russischen Avantgarde zeigen Ter Oganyans Performances bissige Reflexionen der modernistischen Vergangenheit, obwohl sie den Launen der interessierten Kunstwelt mit einer offensichtlichen Indifferenz gegenüberstehen.

Genauso steht die Kultur des Westens, obwohl sie durch ähnliche Spannungen gespalten wird, nun auch unter dem Druck, sich weit über die im wesentlichen lokalen Konflikte innerhalb der fortschrittlichen Konsumwelt hinaus auszudehnen – Konflikte, die sie durch Objekte, deren Status als Formen und Waren, deren Beziehung zum Körper und zum Museum, und zunehmend durch eine Verbindung zum Ökosystem zu artikulieren versuchte. Mit Sicherheit wird diese Kultur sich an neue geographische und politische Zwänge anpassen müssen, die einfach nicht vorhersehbar sind – Zwänge, die, wenn die Zukunft die Vergangenheit ersetzt, dazu tendieren werden, die philosophischen Ansätze und Ressourcen des Kunstwerks in unvorhergesehener und unvorhersehbarer Weise zu entfalten. Man sollte hoffen, daß innerhalb dieses erweiterten Systems die konzeptuelle Praxis – die Reflexion fördert und einen kritischen Blickwinkel beibehält – fortfahren wird, ohne Publicity-Aufwand die Kunst zu bekämpfen, die von der Reflexion weg zum Entertainment, zur schnellen Stimulierung und Assimilation tendiert. Aber fast alles ist möglich.

	Politik	Sport und Wissenschaft
1970	1972 Nixon wird für eine zweite Legislaturperiode zum Präsidenten der USA gewählt 1973 USA ziehen ihre Truppen aus Vietnam ab Krieg zwischen Israel und den arabischen Staaten 1974 Nixon tritt wegen des Watergate-Skandals zurück	1972 »Apollo 16« landet auf dem Mond Der Taschenrechner wird erfunden 1973 Der erste Farbkopierer wird auf den Markt gebra (Japan)
1975	1975 General Franco stirbt Nordvietnamesen nehmen zum Kriegsende Saigon ein Rote Khmer ergreifen die Macht in Kambodscha 1976 Jimmy Carter wird zum Präsidenten der Vereinigten Staaten gewählt Mao Tse Tung stirbt 1977 erste demokratische Wahlen in Spanien Steve Biko stirbt in seiner Gefängniszelle (Südafrika) 1978 Papst Johannes Paul II folgt Papst Paul VI 1979 Ayatollah Khomeini kommt im Iran an die Macht In der US-Botschaft werden Geiseln genommen (Iran) Margret Thatcher wird Premierminister (GB)	1975 Erste gemeinsame Weltraummission der USA u UdSSR Das Kampfflugzeug F 16 entwickelt (USA) 1976 Olympische Spiele in Montreal US-Raumsonde »Wiking I« landet auf dem Mars 1977 Der Microcomputer »Apple II« wird auf den Mark gebracht (USA) 1978 Erstes Retortenbaby wird geboren (GB) 1979 Walkman wird vorgestellt Compact Disc »CD« wird entwickelt
1980	1980 Ronald Reagan wird Präsident der USA 1981 François Mitterrand wird zum Staatspräsidenten Frankreichs gewählt 1982 Die Polnische »Solidarnocz« wird verboten Helmut Kohl wird zum Bundeskanzler gewählt 1983 Thatcher zum zweiten Mal Premierministerin (GB) Proteste gegen Stationierung von nuklearen Sprengkörpern in GB, F, der BRD und den USA 1984 Reagan wird wiedergewählt (USA) Bürgerkrieg in Äthiopien verschärft sich	1980 Beunruhigende Abnahme der Ozonschicht Olympische Spiele in Moskau 1981 Weitverbreitete Nutzung von Faxgeräten Mikrocomputer (LapTop o. Powerbook o. Notebook) entwickelt 1982 US Air Force übernimmt Cruise Missiles 1983 Erste US-Amerikanerin im Weltall AIDS-Virus wird in Frankreich isoliert 1984 Zwei Quark-Moleküle werden entdeckt (Genf) Olympische Spiele in Los Angeles
1985	1985 Mikhail Gorbatschow wird zum Präsidenten der Sowjetunion gewählt Abrüstungsabkommen v. Gorbatschow und Reagan Hungersnot in Afrika 1986 Ferdinand Marcos wird abgesetzt (Philippinen) 1987 Irangate-Untersuchung kritisiert Reagan (USA) Konservative gewinnen ihre dritte Legislaturperiode Börsenkrach am »Schwarzen Montag« 1988 George Bush wird zum Präsidenten gewählt (USA) Mitterrand wird wiedergewählt (Frankreich) 1989 Demonstration auf dem Tiananmen-Platz blutig niedergeschlagen (China) Ayatollah Khomeini stirbt (Iran) Demokratische Wahlen in der Sowjetunion Fall der Berliner Mauer, deutsche Wiedervereinigung wird vereinbart	1986 Das Raumschiff »Challenger« explodiert nach dem Start Der Atomreaktor von Tschernobyl explodiert (Ukraine) 1987 CD-Video (Bildplatte) wird vorgestellt Protokoll von Montreal über FCKW Emissionen/Ausstoß 1988 Olympische Spiele in Seoul (Südkorea) Transatlantisches optisches Glasfaserkabel wirc verlegt 1989 Erdbeben in San Francisco »Handy«-Telefone weit verbreitet erhältlich 10 Millionen Faxgeräte weltweit im Gebrauch Tarnbomber auf Jungfernflug
1990	1990 Nelson Mandela wird freigelassen (Südafrika) Irakische Invasion Kuwaits, USA sendet Truppen an den Persischen Golf Kohl wird wiedergewählt (BRD) Demokratische Wahlen in Polen B. Jelzin wird zum Präsidenten Rußlands gewählt 1991 NATO startet Offensive gegen den Irak im Golf Formale Auflösung der Sowjetunion Bürgerkrieg in Jugoslawien beginnt 1992 Konservative gewinnen die 4. Legislaturperiode (GB) Bill Clinton wird zum Präsidenten der USA gewählt 1993 Der Schriftsteller Vaclav Havel wird zum Präsidenten der Tschechischen Republik gewählt 1994 Die Herrschaft der Weißen in Südafrika geht zu Ende	1990 Bedrohung durch globale Erwärmung wird erka 1991 BCCI Bankskandal wird aufgedeckt Die »Tomahawk missile« wird im Golfkrieg einge setzt Weltweit werden 10 Millionen HIV-Infizierte vermutet 1992 Olympische Spiele in Barcelona (Spanien) Satellit »COBE« erforscht den kosmischen Hintergrund (USA) Digitalisiertes Video wird vorgestellt 1993 Konzept »Datenautobahn« wird vorgestellt (USA Globales Netzwerk »Internet« verbindet 5 Millior Benutzer 1994 Fußballweltmeisterschaft in den USA

Bildende Kunst

1972 documenta 5
1973 Picasso stirbt
1974 Beuys-Aktion mit dem Kojoten in New York

1975 Zeitschrift »The Fox« wird in New York herausgegeben
1976 Ausstellung »The Human Clay« in London
Magazin »October« erscheint in New York
Max Ernst stirbt
1977 documenta 6
»Pictures«-Ausstellung in New York
Centre Georges Pompidou wird eröffnet
Magazin »Heresies« erscheint in New York
1978 Giorgio de Chirico stirbt
Harold Rosenberg stirbt

1980 »Picasso's Picassos« in New York
Baselitz und Kiefer Sensation bei der Biennale in Venedig
1981 »A New Spirit in Painting« in London
»Die helle Kammer« von Barthes wird veröffentlicht
»Westkunst« Köln
1982 »Zeitgeist« in Berlin
documenta 7
1983 »Simulations« von Baudrillard erscheint
1984 »Primitivism in 20th Century Art« in New York

1985 Die Saatchi Gallery wird eröffnet
Marc Chagall stirbt
1986 »Damaged Goods« in New York
Das Museum Ludwig in Köln wird eröffnet
Museum of Contemporary Art (MoCA) in Los Angeles wird eröffnet
Joseph Beuys stirbt
1987 documenta 8
Andy Warhol stirbt
1988 »BINATIONALE Amerikanische und Deutsche Kunst der späten 80er Jahre«, Ausstellung in Düsseldorf und Boston
1989 »Magiciens de la Terre«, Ausstellung in Paris
Tilted Arc von Richard Serra von vorgesehenem Platz entfernt

1990 »Between Spring and Summer«, Ausstellung in Washington
1991 »Metropolis«-Ausstellung in Berlin
Das Museum für Moderne Kunst, Frankfurt, wird eröffnet
1992 »Helter Skelter: L.A. Art in the 90s«, Ausstellung in Los Angeles
documenta 9
SoHo-Guggenheim wird in New York eröffnet
1993 »Abject Art«, Ausstellung in New York
1994 »Bad Girls/Bad Girls West«, Ausstellungen in New York und Los Angeles

Literatur, Film und Philosophie

1972 John Berger: »Ways of Seeing« (»Sehen«, 1974)
Bertolucci führt beim »Letzten Tango in Paris« Regie
1973 E.F. Schumacher: »Small is Beautiful« (»Die Rückkehr zum menschlichen Maß«)
1974 Alexander Solschenizyn verläßt die Sowjetunion

1975 Friedensnobelpreis an Andrej Sacharow
Saul Bellow: »Humboldts Vermächtnis«
Solschenizyn: »Archipel Gulag«
1976 Film »Taxi Driver« von Martin Scorsese
Michel Foucault: »Überwachen und Strafen«
1977 Film »Krieg der Sterne« von George Lucas
1978 Graham Greene: »Der menschliche Faktor«
1979 Film »Apocolypse Now« von Francis Ford Coppola
Film »Berlin Alexanderplatz« von Rainer Werner Fassbinder

1980 Roland Barthes und Jean Paul Sartre sterben
John Lennon wird in New York erschossen
William Golding: »Das Feuer der Finsternis«
1981 Salman Rushdie: »Mitternachtskinder«
1982 Film »E.T.« von Steven Spielberg
Film »Blade Runner« von Ridley Scott
1983 Umberto Eco: »Der Name der Rose«
Film »Gandhi« von Richard Attenborough
1984 Michael Jacksons LP »Thriller«
M. Kundera: »Die unerträgliche Leichtigkeit des Seins«

1985 »Live Aid« sammelt weltweit Geld, um den Hunger in der Welt zu bekämpfen
Heinrich Böll und Italo Calvino sterben
Film »Amadeus« von Milos Forman
1986 Film »Caravaggio« von Derek Jarman
1987 Literaturnobelpreis für Joseph Brodsky
Tom Wolfe: »Fegefeuer der Eitelkeiten«
1988 Salman Rushdie: »Die Satanischen Verse«
»Die Satanischen Verse« lösen weltweit eine Kontroverse über den muslimischen Fundamentalismus aus
Film »Fatal Attraction« von Adrian Lyne
1989 Khomeini gibt den Befehl zur »Fatwah« gegen Salman Rushdie
Samuel Beckett stirbt

1990 Film »Teenage Mutant Ninja Turtles« von Steve Barron
1991 Film »Das Schweigen der Lämmer« von Jonathan Demme
Film »Terminator 2« von James Cameron
Literaturnobelpreis für Nadine Gordimer
1992 »Euro Disney« in Paris eröffnet
»AIDS quilt« in Washington, D.C, ausgestellt
Madonna verkauft 100.000 Exemplare ihres Buches »Sex« bei der Präsentation
1993 Film »Schindlers Liste« von Steven Spielberg
1994 Der einflußreiche Kritiker Clement Greenberg stirbt

Bibliographie

Über die Kunst der 70er, 80er und 90er Jahre ist qualitativ recht unterschiedliche Literatur erschienen. Die besten der verstreut in Zeitschriften, kleineren Katalogen oder als Reviews erschienenen Texte sind heute über Anthologien zugänglich; um tiefer einzudringen, empfiehlt sich die Lektüre von Interviews mit Künstlern. Diese Bibliographie listet Literatur auf, die zur Zeit auch lieferbar ist.

Anthologien und Interviews mit Künstlern

Ferguson, Russel, William Olander, Marcia Tucker und Karen Fiss (Hg.), Discourses: Conversations in Postmodernist Art and Culture, New York 1990

Halley, Peter, Collected Essays, Zürich/New York 1988

Meyer, Ursula, Conceptual Art, New York 1972

Siegel, Jeanne (Hg.), Artwords: Discourses in the 60s and 70s, New York 1985

dies., Art Talk: the Early 80s, New York 1988

Wallis, Brian (Hg.), Blasted Allegories: An Anthology of Writings by Contemporary Artists, New York/London 1989

Kritische Essays

Bann, Stephen und William Allen (Hg.), Interpreting Contemporary Art, London 1991

Battcock, Gregory (Hg.), Minimal Art: A Critical Anthology, New York 1968

ders., Idea Art: A Critical Anthology, New York 1973

Burgin, Victor (Hg.), Thinking Photography, Basingstoke 1982

Duncan, Carol, The Aesthetics of Power: Essays in Critical Art History, Cambridge 1993

Foster, Hal (Hg.), Discussions in Contemporary Culture, Seattle 1987

ders., The Anti-Aesthetic: Essays on Postmodern Culture, Seattle 1983

Harrison, Charles, Essays on Art & Language, Oxford 1991

Harrison, Charles und Paul Wood (Hg.), Art in Theory 1900 – 1990: An Anthology of Changing Ideas, Oxford 1992

Lippard, Lucy, From the Centre: Feminist Essays on Women's Art, New York 1976

Nochlin, Linda, Women, Art and Power and Other Essays, London 1989

Squires, Carol (Hg.), The Critical Image: Essays on Contemporary Photography, Seattle 1990

Wallis, Brian (Hg.), Art After Modernism: Rethinking Representation, New York 1984

Kataloge

Abject Art: Repulsion and Desire in American Art, Whitney Museum of American Art, New York 1993

Bad Girls, New Museum of Contemporary Art, New York 1994

Bad Girls West, UCLA Wright Art Gallery, Los Angeles 1994

Between Spring and Summer: Soviet Conceptual Art in the Era of Late Communism, hg. von David Ross, Tacoma Museum of Art, Washington und ICA, Boston 1990/91

Die BINATIONALE, Deutsche und Amerikanische Kunst der späten 80er Jahre, Kunsthalle Düsseldorf und ICA Boston, DUMONT Köln 1988

BINATIONALE Deutsche Kunst der späten 80er Jahre, Kunsthalle Düsseldorf und ICA Boston, DUMONT Köln 1988

Damaged Goods: Desire and the Economy of the Object, New Museum of Contemporary Art, New York 1986

documenta 5–9, Kassel 1972, 1977, 1982, 1987, 1992

Endgame: Reference and Simulation in Recent Painting and Sculpture, ICA, Boston 1986

Helter Skelter: L.A. Art in the 90s, hg. von Catherine Gudis, Museum of Contemporary Art, Los Angeles 1992

Magiciens de la Terre, Centre Georges Pompidou, Paris 1989

Metropolis, hg. von Christos Joachimides und Norman Rosenthal, Martin-Gropius-Bau, Berlin 1991

A New Spirit in Painting, hg. von Christos Joachimides und Norman Rosenthal, Royal Academy of Arts, London 1981

On the Passage of a Few People Through a Rather Brief Moment in Time: the Situationist International 1957–1972, hg. von Elizabeth Sussman, Centre George Pompidou, Paris ICA, London und ICA, Boston 1989–90

Zeitgeist, hg. von Christos Joachimides und Norman Rosenthal, Martin-Gropius-Bau, Berlin 1982

Theorie

Barthes, Roland, Die helle Kammer, Bemerkung zur Photographie, Frankfurt a.M. 1989

Baudrillard, Jean, Simulations, in der Reihe: Semiotext(e), New York 1983

Burgin, Victor, The End of Art Theory: Criticism and Postmodernity, Basingstoke 1986

Crimp, Douglas, On the Museum's Ruins, Cambridge/London 1993

Debord, Guy, Die Gesellschaft des Spektakels, Düsseldorf 1974

Foucault, Michel, Überwachen und Strafen. Die Geburt des Gefängnisses, Frankfurt a.M. 1986

Frascina, F., J. Harris, C, Harrison und P. Wood, Modernism in Dispute: Art Since the Forties, New Haven/London 1993

Home, Stewart, An Assault on Culture: Utopian Currents from Lettrisme to Class War, Stirling 1991

Sontag, Susan, Über Fotografie, München/Wien 1978

Zeitschriften und Magazine

art, Artforum, Art in America, Art Journal, Artscribe, Avalanche, neue bildende kunst, Flash Art, Frieze, Kunstforum International, October, Parkett, Studio International, Tema Celeste, Third Text

Abbildungsnachweis

Titel wie 84

1 © The Solomon R. Guggenheim Foundation, NY; Foto: Robert E. Mates und Paul Katz. © 1995 VG Bild-Kunst, Bonn
2 Courtesy Galerie Marie-Puck Broodthears, Brüssel
3 Dallas Museum of Art, General Aquisation Fund und National Endowment for the Arts. © ARS, NY und DACS, London 1995
4 Courtesy des Künstlers. © 1995 VG Bild-Kunst, Bonn
5 Courtesy der Künstlerinnen
6 Courtesy des Künsters, Foto: Jerzy Gladykowski
7 Judy Chicago, 1973; Foto: © Donald Woodman
8 Range/Bettmann/UPI
9 © Lynda Benglis, 1995 VG Bild-Kunst, Bonn und Annie Liebowitz
10 Courtesy der Künstlerin, New York
11 Courtesy der Künstlerin, Brüssel
12 Courtesy Paula Cooper Gallery, New York; Foto: Efraim Lev-Er
13 Courtesy der Künstlerin, New York
14 Courtesy der Künstlerin, New York
15 Courtesy der Künstlerin, New York
16 Courtesy der Künstlerin, New York
17 Courtesy des Künstlers, Kalifornien
18 Courtesy des Künstlers; Foto: Janet Anderson
19 Courtesy Galerie Stadler, Paris
20 Courtesy Ronald Feldman Fine Arts, New York; Foto: Caroline Tisdall. © 1995 VG Bild-Kunst, Bonn
21 Courtesy the Holly Solomon Gallery. The Estate of Gordon Matta-Clark
23 Courtesy Ronald Feldman Fine Arts, New York
24 Victor und Margarita Tupitsyn Archiv, New York City
25 Courtesy Heiner Bastian, Berlin (Cy Twombly, Werkverzeichnis derGemälde)
26 Courtesy Leo Castelli Gallery, New York. © 1995 VG Bild-Kunst, Bonn
27 Courtesy der Künstler, New York; Foto: Eddie Owen
Seite 43: Detail von 32, Courtesy des Künstlers; Foto: Friedrich Rosenstiel, Köln
28 Courtesy des Künstlers, Köln
29 Courtesy des Künstlers, Foto: David Reynolds, New York City
30 The Bridgeman Art Library, London
31 Courtesy Gallery Bruno Bischofberger, Zürich; © Sandro Chia, 1995 VG Bild-Kunst, Bonn
32 Courtesy des Künstlers, Foto: Friedrich Rosenstiel, Köln
33 Courtesy Sotheby's, London
34 Courtesy des Künstlers, Köln
35 Courtesy Lisson Gallery, London
38 Courtesy Waddington Galleries, London. © David Salle, 1995 VG Bild-Kunst, Bonn
39 Courtesy Anthony Reynolds Gallery, London
40 Courtesy Leo Castelli Gallery
41 Courtesy des Künstlers, New York
43 Courtesy der Künstler und Edward Totah Gallery, London. © 1995 VG Bild-Kunst, Bonn
45 Courtesy Gagosian Gallery, New York
46 Courtesy Sidney Janis Gallery, New York. Valerie Jaudon/DACS, London/VAGA, New York 1995
47 Courtesy Max Protetch Gallery, New York; Foto: Steven Sloman
Seite 73: Detail von 65, Courtesy Postmasters Gallery, New York. Foto: Tom Powel
48 Courtesy Anthony d' Offay Gallery, London
50 Courtesy Metro Pictures, New York
51 Courtesy der Künstlerin, New York
52 Courtesy John Weber Gallery, New York
53 Courtesy Thomas Amman, Zürich
54 Courtesy des Künstlers, Paris
55 Courtesy des Künstlers, D
56 Courtesy Lisson Gallery, London
58 Courtesy Lisson Gallery, London; Foto: Gareth Winters
59 Courtesy der Künstler, New York; Foto: Ken Schles
61 Rex Features Ltd. , London
62 Courtesy des Künstlers, New York
63 Courtesy der Künstler, New York
64 Courtesy des Künstlers, Illinois
65 Courtesy Postmasters Gallery, New York; Foto: Tom Powel
66 Courtesy J. Weber Gallery, New York
67 Courtesy des Künstler, New York; Foto: Steven Sloman
68 Courtesy Mary Boone Gallery, New York
69 Courtesy der Künstlerin, New York
71 Victor und Margarita Tupitsyn, Archiv, New York City
Seite 73: Detail von 95, Courtesy Hal Bromm Gallery, New York; Foto: Lee Stalsworth
73 Courtesy des Künstlers und Margarete Roeder Gallery, NK
74 Courtesy der Künstlers, Paris. © 1995 VG Bild-Kunst, Bonn
75 Courtesy Galerie Buchmann, Basel
76 Courtesy des Künstlers, London
77 Courtesy Galerie Philomene Magers, Köln
78 Courtesy Lisson Gallery, London
79 Courtesy Gimpel Fils, London
80 Courtesy Anthony d'Offay Gallery, London
81 Courtesy des Künstlers, Genf; Foto: Tom Warren. New York
82 Foto: Florian Kleinefenn, Paris
83 Courtesy des Künstlers, Berlin
84 Courtesy des Künstlers, Düsseldorf, © VG Bild-Kunst, Bonn
85 Courtesy DIA Center for the Arts, New York; Foto: Nic Tenwiggenhorn
86 Courtesy Galerie Max Hetzler, Berlin
87 Courtesy des Künstlers; Foto:

Ulrich Görlich. © 1995 VG Bild-Kunst, Bonn
88 Courtesy Museum für Moderne Kunst, Frankfurt am Main; Foto: Rudolf Nagel
89 Courtesy der Künstlerin und Barbara Gladestone Gallery; Foto: Bill Orcutt
90 Courtesy der Künstlerin, Düsseldorf. © 1995 VG Bild-Kunst, Bonn
91 Courtesy Johnen & Schöttle, Köln. © DACS 1995
92 Courtesy des Künstlers, Düsseldorf
93 Courtesy Galerie Ghislaine Hussenot, Paris. © 1995 VG Bild-Kunst, Bonn
94 Courtesy Marian Goodman Gallery, New York
96 Courtesy Hal Bromm Gallery, New York; Foto: Lee Stalsworth
97 Courtesy Artangel, London; Foto: Sue Omerod
98 Courtesy Galerie Crousel, Paris
99 © Barbara Gladestone Gallery, NewYork; Foto: David Regen
Seite 143: Detail von 110, Courtesy Paula Cooper Gallery, New York
100 Courtesy P.P.O.W., New York; Foto: Adam Reich
101 Courtesy Daniel Weinberg Gallery, San Francisco
102 Rex Features Ltd., London
103 © 1981 The Estate of Robert Mappelthorpe
104 Courtesy Paula Cooper Gallery, New York; Foto: Andrew Moore
105 Courtesy Robert Bane Editions, Los Angeles
106 Courtesy 303 Gallery, New York
107 Courtesy Rosamund Felsen Gallery, Santa Monica, Kalifornien
108 Courtesy der Künstlerin, New Jersey
109 Courtesy 303 Gallery, New York
110 Installation Touko Museum, Tokio. Courtesy Paula Cooper Gallery, New York
111 © der Künstler/Metro Pictures, New York; Foto: Richard Stoner
112 Courtesy Ronald Feldman Fine Arts, New York; Foto: © Richard Stoner; © VG Bild-Kunst, Bonn
113 Courtesy Postmasters Gallery, New York
114 Courtesy Metro Pictures, New York
115 Courtesy Regen Projects, Los Angeles
116 Courtesy Jack Tilton Gallery, New York
117 Courtesy des Künstlers, London
119 Courtesy Nicole Klagbrun Gallery, New York
120 Courtesy des Künstlers, Ontario/Kanada
121 Vollständiger Titel: Dan Flavin, *Ohne Titel* (for Tracy, to celebrate the love of a lifetime), 1992, erweiterte Version von *Ohne Titel* (to Ward Jackson, an old friend and colleague, who, during the fall of 1957 when I finally returned to New York from Washington and joined him to work together in this museum, kindly communicated), 1971, Guggenheim-Museum, New York; Foto: David Heald, © The Solomon Guggenheim Foundation, New York. © 1995 VG Bild-Kunst, Bonn

Register